高职高专经济管理系列规划教材

GAOZHIGAOZHUAN JINGJIGUANLI
Xilieguihua JIAOCAI

现代礼仪教程

XIANDAILIYIJIAOCHENG

孙虹乔 著

U0669086

XIANDAILIYIJIAOCHENG   XIANDAILIYIJIAOCHENG   XIANDAILIYIJIAOCHENG

中南大学出版社
www.csupress.com.cn

前　言

　　礼仪是人生的必修课，知书达理、待人以礼是每个人应当具备的基本素养，也是立足社会、不断发展的重要保障，因为礼仪关系到每个人的形象塑造和人格展示，只有知礼、守礼、行礼才能得到他人的尊重和信任，才能在交往日益频繁的现代社会让自己广结良缘，进而获得事业的成功。然而，综观当今社会，在西方思潮侵蚀和经济全球化的冲击下，很多人特别是当代大学生，因其世界观、人生观、价值观产生了错位和倾斜，不能正确区分善与恶、公正与偏私、诚实与虚伪、高尚与卑劣、荣誉与耻辱的界限，进而出现了道德观念淡薄、生活作风失范、人际关系恶劣等现象，不知礼、不守礼、不行礼的行为比比皆是，这种现状小则阻碍个人发展、企业声誉，大则影响社会和谐、国家形象。基于这样的背景，作者编写了《现代礼仪教程》，并以此作为自己自 2000 年至今近 14 年高职礼仪教学工作的一个阶段性总结。

　　"现代礼仪"是一门应用性和实践性很强的课程，针对这一特征，本教材在编写过程中，从体系、体例、方法和内容上进行了大胆的创新，其特点体现在以下几个方面：

一、教材体系创新

　　本教材分成理论和实训两大部分进行编排，理论部分要求学生了解现代礼仪的理论框架，熟知现代礼仪的基本内容，从理论上掌握必备的礼仪基础知识；实训部分则要求以能力培养作为教材的依据和主线，真正体现高职教育"以能为本"的特色，要求教师从细节入手，灵活、实用、具体地把礼仪规范的详细要点与操作技巧细致准确地传授给学生，并帮助他们在日常工作与生活中有效的运用，提升自己的品位和形象，丰富自己的精神与物质生活，以获得人生意义上的真正成功。

二、教材体例创新

　　本教材在编写体例上，特别注重理论教学内容的"必需、够用"，实践教学内容的"实用性和可操作性"，为此理论部分每章开头设计了"教学目标"，使学习者在学习本章内容之前就明确应知应会的理论知识和技能，每章结束设计了如"知识题"、"素质题"、"技能题"等作业，使学习者能够进行礼仪知识运用情况及相关知识掌握情况的自我测验；实践部分以理论体系为依据分主题项目设计了实训目的和要求、实验内容及标准、实训指导设计与教师点评，使学习者真正学会如何去操作。

三、教学方法创新

　　"现代礼仪"这门课程理论知识浅显易懂，但实际操作点多面广，难以实施。所以，本教材在编写过程中意在引导教师教学组织上有所探索，比如理论部分按传统教材模式的章节来编排和讲授，而实训部分则按"某一专项礼仪技能的培养"作为教学单元而非以"章""节"作为教学单元来编排，教师讲授时则按以下模式来组织实施：理论知识讲授—实训项目确定—实训标准设计—实训步骤指导—实训结果考核。同时，每一专题的理论教学与实践教学可以灵活变通，在时间上既可以前后紧跟，也可以分开进行；在空间上，则可由同一教师在同一教学地点或不同教师在不同地点教授完成。

　　总之，本教材希望坚持理论联系实际、知识与能力兼顾、学以致用的原则最终实现理论教学和实践教学的统一，建立起"现代礼仪"的教学框架，培养学生良好的礼仪习惯，提高学生综合素质。

　　本教材在编写过程中，作者参阅了大量已经出版的礼仪教材和礼仪读物，并引用和借鉴了其中的许多观点、材料和案例，因为行文篇幅有限，未能在书中一一注明。在此，谨向相关作者表示最真挚的谢意！

　　最后需要说明的是，限于作者的水平、视野和时间，本书肯定存在不少缺陷与不足，如果您有建议与批评，请及时与作者联系，谢谢您的帮助，我们将改进与提高。如果您觉得有所收获，请转告您的朋友和同事，与大家一起分享！

著者

目　录

（一）理论部分

（一）理论部分

代理伦理（一）

第一章　现代礼仪概述

[知识目标]

了解礼仪、现代礼仪的基本概念、特征，把握现代礼仪的基本功能和作用。

[素质目标]

树立正确的现代礼仪意识，能够反思与修正自身行为；同时能准确地理解现代礼仪对企业与个人的影响和作用。

[能力目标]

初步具备正确的礼仪理念，具有在与公众交往过程中正确运用现代礼仪的能力。

修养是第一课

有一批应届毕业生，毕业实习时被导师带到北京国家某部委实验室里参观，全体学生坐在会议室里等待部长的到来，这时有秘书给大家倒水，同学们表情木然地看着她忙活，其中一个还问了句："有绿茶吗？天太热了。"秘书回答说："抱歉，刚刚用完了。"对此，同学林然看着有点别扭，心里嘀咕："人家给你倒水还挑三拣四。"轮到他时，他轻声说："谢谢您，辛苦了！"秘书抬头看了他一眼，满含着惊奇，虽然这是很普通的客气话，却是她今天唯一听到的一句。

不一会，门开了，部长走进来挥了挥手和大家打招呼，然而会议室静悄悄的，没有一个人回应。还是林然左右看了看，带头鼓起了掌，同学们这才稀稀落落地跟着拍手，由于不齐，越发显得零乱起来。这时部长说："欢迎同学们到这里来参观。平时这些事一般都是由办公室负责接待，因为我和你们的导师是老同学，非常要好，所以这次我亲自来给大家介绍一下有关情况。我看同学们好象都没有带笔记本，这样吧，王秘书，请你去拿一些我们部里印的纪念手册，送给同学们作纪念。"接下来，更尴尬的事情发生了，大家都坐在那里，很随意地用一只手接过部长双手递过来的手册。部长脸色越来越难看，来到林然面前时，已经快要没有耐心了。就在这时，林然礼貌地站起来，身体微倾，双手握住手册，恭敬地说了一声："谢谢您！"部长闻听此言，不觉眼前一亮，伸手拍了拍林然的肩膀："你叫什么名字？"林然照实作答，部长微笑点头，回到自己的座位上。早已汗颜的导师看到此景，才稍微松了一口气。

两个月后，同学们各奔东西，林然的去向栏里赫然写着国家某部委实验室。有几位颇感不满的同学找到导师："林然的学习成绩最多算是中等，凭什么推荐他而没有推荐我们？"导师看了看这几张尚属稚嫩的脸，笑道："是人家点名来要的。其实你们的机会是完全一样的，你们的成绩甚至比林然还要好，但是除了学习之外，你们需要学的东西太多了，其中修养是第一课。"

礼仪是人们步入文明社会的"通行证"。人类自诞生那天起，便开始了对文明与美的追求。礼仪体现了人类社会不断摆脱愚昧、野蛮、落后的程度，也是一个国家、一个民族进步、开化与兴旺的标志。我国作为东方文明古国和东方文化的发源地，素有"礼仪之邦"的美誉。数千年对文明的不懈追求，中国形成了丰富多彩的东方文化和礼仪。

今天，随着社会生产力的不断发展，物质生活条件的逐步改善，社会文明程度的日益提高，人们对礼仪倍加推崇。讲文明、懂礼貌，尊重他人、服务社会已成为现代人的共识。无论是人际的、社会的乃至国与国之间的交往，抑或是旅游、商业、服务业等行业的接待服务工作，都离不开对礼仪规范的遵守。现代人都开始注重文明修养，讲究礼仪，几乎每个人都成为礼仪的载体、文明的化身。

第一节　礼仪的起源及其基本内涵

礼仪是人们在社会交往过程中形成的并得到共同认可的各种行为规范，它是人们以一定的程序、方式来表现的律己、敬人的完整行为。它体现了一个国家、一个民族、一个地区的道德风尚和人们的精神面貌。所以，礼仪是人类精神文明的产物。

一、礼仪的起源与发展

礼仪的历史是漫长而久远的。它随着人类社会的产生而产生，随着经济的发展、社会的进步而不断前进。

（一）中华礼仪的渊源

中国是世界公认的文明古国之一，也是人类文明的发源地之一。中国自古以来都崇尚礼仪，而且素有"礼仪之邦"的美称。那么，礼仪研究起源于何时？人们一直都在进行种种论述和探讨。古人有言："中国有礼仪之大，故称夏；有服章之美，故称华。"古代华夏族正是以丰富的礼仪文化而受到周边其他民族的赞誉。早在孔子以前，已有夏礼、殷礼、周礼三代之礼，因革相沿，到周公时代的周礼，已比较完善。孔子是我国历史上第一位礼仪学专家，他把"礼"作为治国安邦的基础。他主张"为国以礼"，"克己复礼"，并积极倡导人们"约之以礼"，做"文质彬彬"的君子。孟子也重视"礼"，并把仁、义、礼、智作为基本道德规范，他还认为"辞让之心"和"恭敬之心"是礼的发端和核心。荀子则比孟子更重视"礼"，他说："礼者，人道之极也。"把礼看作是做人的根本目的和最高理想，把识礼、循礼与否作为衡量人的贤愚和高低贵贱的尺度。因而他强调:"人无礼则不生,事无礼则不成,国无礼则不宁。"管仲则把礼看作人生的指导思想和维持国运的支柱。他说:"礼义廉耻,国之四维,四维不张,国乃灭亡。"从这些思想家的言论中,不难看出,礼仪是适应调节人际关系的需要而产生和发展的。

(二)西方礼仪的起源

在西方,"礼仪"一词,最早见于法语的 Etiquette,原意为"法庭上的通行证"。但它一进入英文后,就有了礼仪的含义,意即"人际交往的通行证"。西方的文明史,同样在很大程度上表现着人类对礼仪追求及其演进的历史。人类为了维持与发展血缘亲情以外的各种人际关系,避免"格斗"或"战争",逐步形成了各种与"格斗"、"战争"有关的动态礼仪。如为了表示自己手里没有武器,让对方感觉到自己没有恶意而创造了举手礼,后来演进为握手。为了表示自己的友好与尊重,愿在对方面前"丢盔卸甲",于是创造了脱帽礼等。

在古希腊的文献典籍,如苏格拉底、柏拉图、亚里士多德等先哲的著述中,都有很多关于礼仪的论述。中世纪更是礼仪发展的鼎盛时代。文艺复兴以后,欧美的礼仪有了新的发展,从上层社会对遵循礼节的繁琐要求到 20 世纪中期对优美举止的赞赏,一直到适应社会平等关系的比较简单的礼仪规则。历史发展到今天,传统的礼仪文化不但没有随着市场经济发展和科技现代化而被抛弃,反而更加多姿多彩,国家有国家的礼制,民族有民族独特的礼仪习俗,各行各业都有自己的礼仪规范程式,国际上也有各国共同遵守的礼仪惯例等。有的国家和民族对不遵守礼仪规范者,还规定了一定的处罚规则,有的已把礼仪作为公民就业前的"入门课",被企业录用的大学毕业生,也必须先经过严格的礼仪训练,才能上岗工作。

二、东西方文化差异对礼仪的影响

东方的礼仪文化主要指以中国、日本、朝鲜、泰国、新加坡等亚洲国家为代表的具有东方民族特点的礼仪文化。西方的礼仪文化主要指以英国、法国、意大利、美国等欧美国家为代表的具有西方民族特点的礼仪文化。

作为两种不同的社会文化及其环境下生长的人们来说,各自表现出的礼仪也各有不同。以中国为主的东方文化及以欧美为主的西方文化对礼仪的影响导致了东西方的礼仪差异。

(一)社会交往方式的差异对礼仪的影响

东西方文化都非常重视人际交往,但在交往的观念、交往的方式上却有着明显的差别。如中国人热情好客,在人际交往中饱含热情,嘘寒问暖,似乎没有什么可保留的,对于了解有关年龄、职业、收入、婚姻状况、子女等问题,觉得都理所当然。而在西方国家中,特别重视个人的隐私权。个人隐私主要包括:个人状况(年龄、工作、收入、婚姻、子女等)、政治观念(支持或反对何种党派)、宗教信仰(信仰什么宗教)、个人行为动向(去何种地方,与谁交往、通信)等。凡是涉及到个人隐私的都不能直接过问。西方人一般不愿意干涉别人的私生活和个人隐私,也不愿意被别人干涉。比如,中国人会直接询问别人所买物品的价格。因为在中国人看来,物品的贵贱只是表示该物品的质量。而在西方人眼里,如果你直接询问别所购物品的价格，就可能是探问对方的经济条件，因此，这也是西方人的隐私，属于不宜直接询问的问题。如果你想了解该物品的价格，只能委婉地夸耀、赞赏该物品，而这样的情况下西方人一般也只告诉你该物品的贵或贱，一般不会告诉你准确价格。中国人见面打招呼时喜欢问一句"上哪儿去?"，这是招呼的一种形式。而在美国，你如果问朋友上哪儿去，则可能会使对方尴尬，因为这也属于对方的隐私，是你不该过问的。另外，人际交往的空间距离可以分为亲密距离、个人距离、社交距离、公共距离四种。中国人的空间距离相对较近。我们在大街上经常可以看到两个中国少女挽臂亲昵而行，而在西方则很少见到。西方人觉得中国人过于亲近，而中国人又会觉得西方人过于冷淡、傲慢，过分疏远，是不友好的表现。如果中国人发现交际对方的衣服上有根线头，就会很自然地帮助对方摘掉；而在西方人眼里，这是不礼貌之举。中国人看到朋友穿了件非常漂亮的衣服，会上前摸一摸，询问价钱或质地；而西方人则不会这样做，他们更多的是羡慕，并直接赞美。概而言之，这都是东西方文化观念差异所致。东方人非常重义、重情，西方人则崇尚个人独立。

(二)个人人生观的差异对礼仪的影响

1. 个人荣誉感与谦虚谨慎

西方人崇拜个人奋斗，尤其为个人取得的成就而自豪，从来不掩饰自己的自信心、荣誉感以及在获得成就后的狂喜。而相反，中国文化却不主张炫耀个人荣誉，提倡谦虚谨慎。一般来说，中国人大多反对或蔑视王婆卖瓜式的自吹自擂，然而中国式的自我谦虚或自我否定却常常使西方人大为不满。例如，"Your English is very good.", "No, no, my English is very poor"; "You have done a very good job", "No, I don't think so. It's the result of joint efforts.", 这在中国人看来当然是一种谦虚的说法，而在西方人看来，不仅否定了自己，还否定了赞扬者的鉴赏力。

2. 自我中心与无私奉献

西方人自我中心意识和独立意识很强，主要表现在:

(1) 自己为自己负责。在弱肉强食的社会，每个人生存方式及生存质量都取决于自己的能力，因此，每个人都必须自我奋斗，把个人利益放在第一位;

(2) 不习惯关心他人、帮助他人，不过问他人的事情。

从某种意义上来说，在西方，主动帮助别人或接受别人帮助往往是一件令人难堪的事。因为接受帮助只能证明自己无能，而主动帮助别人会被认为是干涉别人的私事。中国人的行为准则是"我对他人，对社会是否有用"，个人的价值是在奉献中体现出来的。中国文化推崇一种高尚的情操——无私奉献。在中国，主动关心别人，给人以无微不至的体贴是一种美德，因此，中国人不论别人的大事小事，家事私事都愿主动关心，而这在西方则会被视为"多管闲事"。

3. 创新精神与中庸之道

西方文化鼓励人民开拓创新，做一番前人未做过的、杰出超凡的事业。而传统的中国文化则要求人们不偏不倚，走中庸之道，中国人善于预见未来的危险性，更愿意维护现状，保持和谐。当然，近年来我国也大力提倡创新改革，但务实求稳之心态仍处处体现。冒险精神仍是不能与西方人相比的。

4. 个性自由与团结协作

西方人十分珍视个人自由，喜欢随心所欲，独往独行，不愿受限制。中国文化则更多地强调集体主义，主张个人利益服从集体利益，主张同甘共苦，团结合作，步调一致。

（三）法制观念的不同对礼仪的影响

东方文化以儒家思想为代表，而儒家思想重义轻利。为了兄弟朋友的情义，可以网开一面，甚至不惜一切代价，其结果往往是行为过头，丧失了更多的应得利益。比如中国人重人情，人情味浓厚。"血浓于水"，"美不美，家乡水，亲不亲，故乡人。"这些话所包含的意思是人情影响判断，人情重于道义。"水"，即使不美，但只要是家乡水，那也就美了，这就是情重于理的表现。甚至有时会情重于法，这主要是因为中国历来有情影响法的制度空间，也就是说，我们中国人先讲合情，再讲合理，然后讲合法。若合法而不合情合理，这法就难以执行；若合情合理，有法也可以不依。而西方人则是倒过来的。西人重法，不重人情。法在理前，理在情前。我们时常看到西方父子之间、夫妻之间、朋友之间上法庭打官司。有些事明明不合情不合理，但合法，吃亏者也只有自认倒霉，旁观者也只能容忍。但若有的事不合法，即使合情合理，西人也会争论不休，直到闹上法庭。在中国，人情味浓厚，什么事都可以想想办法，托托人情，走走关系。这是一种自然保险系统，人们容易在艰苦的环境下渡过难关。因此在中国，人事关系极为重要，生活之中充满天伦之乐，但也容易产生不公正；在法理情的西方国家，人情似纸，相互之间可说是"鸡犬之声相闻，老死不相往来"。有什么矛盾，先讲理，后上法庭，简单明了。西方人虽淡薄人情，却十分讲公正、平等，即使是一介草民，只要是真正合理合法，就是同总理打官司，他也照样可以打赢。在西方国家生活，有点像广寒宫里，富裕、清明、漂亮，却有一般寒冷之感。

（四）社会习俗的不同对礼仪的影响

在东方文化中，男士往往备受尊重，这主要受封建礼制男尊女卑观念的影响。在现代社会，东方文化也主张男女平等，但在许多时候，男士的地位仍然较女士有优越性，女士仍有受歧视的现象。在欧美等西方国家，尊重妇女是其传统风俗，女士优先是西方国家交际中的原则之一，无论在何种公共场合，男士都要照顾女士。比如，握手时，女士先伸手，然后男士才能随之；赴宴时，男士要先让女士坐下，女士先点菜；进门时，女士先行；上下电梯，女士在前……现在，随着东西方文化交流的加深，西方的女士优先原则在东方国家也备受青睐。东西方文化的交融，也使东西方礼仪日趋融合、统一，更具国际化。再如，在处理长幼关系时，以中国为代表的东方国家对待长者特别尊敬、孝敬。比如，在许多中国人看来，如果老人有子女，年老时子女把老人送到养老院或敬老院去生活，这就是不孝，过年过节儿女一般要和老人一起过。在中国农村一些地方，过年时，晚辈都要给长辈行跪拜礼。而在西方国家，由于崇尚自立，儿女成年后和父母间的来往则越来越少，致使许多老人时常感到孤独，晚年生活有一种凄凉感。

（五）等级观念的差异对礼仪的影响

东方文化等级观念强烈。无论是在组织里，还是在家庭里，忽略等级、地位就是非礼。尽管传统礼制中的等级制度已被消除，但等级观念至今仍对东方文化产生影响。在中国，传统的君臣、父子等级观念在中国人的头脑中仍根深蒂固。父亲在儿子的眼中、教师在学生的眼中有着绝对的权威，家庭背景在人的成长中仍起着相当重要的作用。另外，中国式的家庭结构比较复杂，传统的幸福家庭是四代同堂。在这样的家庭中，老人帮助照看小孩，儿孙们长大后帮助扶养老人，家庭成员之间互相依赖，互相帮助，密切了亲情关系。在西方国家，除了英国等少数国家有着世袭贵族和森严的等级制度外，大多数西方国家都倡导平等观念。特别在美国，崇尚人人平等，很少人以自己显赫的家庭背景为荣，也很少人以自己贫寒出身为耻，因他们都知道，只要自己努力，是一定能取得成功的。正如美国一句流行的谚语所言："只要努力，牛仔也能当总统。"(If working hard, even a cowboy can be president.)在家庭中，美国人不讲等级，只要彼此尊重，父母与子女之间可直呼其名。他们的家庭观念往往比较淡薄，不愿为家庭做出太多牺牲。当然，东西方文化的不同导致的礼仪差异还有很多，比如服饰礼仪、进餐礼仪等等。总之，东西方之间有各自的文化习惯，由此也产生了不少不同的交往习惯。但另外一方面，随着我国经济的发展和对外交流、贸易的不断增加，西方礼仪对我国礼仪的影响越来越大，现代社会也形成了一些被普遍认可和接受的礼仪惯例。个性与共性并存，特色与惯例同在，共同构成了现代礼仪的亮丽风景。我们不但有必要在与外国人交往或者前往别的国家之前，了解对方国家的礼仪习惯，而且必须加强专业礼仪人才的培养，提高全民礼仪意识，这不仅是对对方的尊重，也给我们自己带来了便利，不但能避免不必要的麻烦与误会，还能在现代社会的多方竞争中争取主动，取得良好的结果或效益。

第二节　现代礼仪的概念、分类与特征

一、礼仪的概念和内容

（一）礼仪的概念

"礼仪"一词，在《诗经》和《礼记》中早已出现，只是当时表现出的涵义比较狭窄，与我们今天对礼仪概念的理解有很大不同。"礼仪"是"礼"和"仪"两个词的合成词，而组成这个词组的两个词的涵义又非常丰富。从礼仪的起源来看，"礼"先于"仪"，有了"礼"这个道德规范，才用"仪"这种形式去表现。"礼"与"仪"常常密不可分。礼仪与部落群居的形成过程同步产生，并随着社会组成形式和国家制度的变化而变化，随着人类社会生活的发展而逐步完善起来。要真正理解礼仪的概念，首先要弄清"礼"的涵义。

1．"礼"的涵义

"礼"的涵义主要有四项：

（1）礼物，如送礼、礼品。

（2）表示敬意的通称，如敬礼、礼貌。

（3）为表示敬意或表示隆重而举行的仪式，如婚礼、丧礼、典礼。

（4）泛指社会生活中的某种社会规范和道德规范，如"齐之以礼"；朱熹语曰："礼，谓制度品节也。"

2．"仪"的涵义

"仪"的涵义主要有四项：

（1）指人的外表，如仪表、仪态。

（2）指形式、仪式，如仪式、司仪。

（3）指典范、表率，如"上者，下之仪也"，礼仪小姐。

（4）指礼物，如贺仪、谢仪。

那么，礼仪的概念是什么呢？礼仪是人们在社交活动中形成的，为表示尊重、敬意、友好而共同遵循的行为准则和规范。

（二）礼仪的内容

随着时代的变迁、社会的进步，人们的文明程度在不断地提高，礼仪在对古代礼仪扬弃的基础上，不断推陈出新，内容更完善、更合理、更加丰富多彩。

1．礼节

礼节是人们在交际过程中逐渐形成的约定俗成的和惯用的各种行为规范之总和。礼节是社会外在文明的组成部分，具有严格的礼仪性质。它反映着一定的道德原则的内容，反映着对人对己的尊重，是人们心灵美的外化。在阶级社会，由于不同阶级的人在利益上的根本冲突，礼节多流于形式。在现代社会中，由于人与人之间地位平等，其礼节从形式到内容都体现出人与人之间相互平等、相互尊重和相互关心。现代礼节主要包括：介绍的礼节、握手的礼节、打招呼的礼节、鞠躬的礼节、拥抱的礼节、亲吻的礼节、举手的礼节、脱帽的礼节、致意的礼节、作揖的礼节、使用名片的礼节、使用电话的礼节、约会的礼节、聚会的礼节、舞会的礼节、宴会的礼节等等。

当今世界是个多元化世界，不同国家、不同民族、不同地区的人们在各自生存环境中形成了各自不同的价值观、世界观和风俗习惯，其礼节从形式到内容都不尽相同。

2．礼貌

礼貌是指人们在社会交往过程中良好的言谈和行为。它主要包括口头语言的礼貌、书面语言的礼貌、态度和行为举止的礼貌。礼貌是人的道德品质修养的最简单、最直接的体现，也是人类文明行为的最基本的要求。在现代社会，使用礼貌用语，对他人态度和蔼，举止适度，彬彬有礼，尊重他人已成为日常的行为规范。

3. 仪表

仪表指人的外表，包括仪容、服饰、体态等。仪表属于美的外在因素，反映人的精神状态。仪表美是一个人心灵美与外在美的和谐统一，美好纯正的仪表来自于高尚的道德品质，它和人的精神境界融为一体。端庄的仪表既是对他人的一种尊重，也是自尊、自重、自爱的一种表现。

4. 仪式

仪式指行礼的具体过程或程序。它是礼仪的具体表现形式。仪式是一种比较正规、隆重的礼仪形式。人们在社会交往过程中或是组织在开展各项专题活动过程中，常常要举办各种仪式，以体现出对某人或某事的重视，或是为了纪念等等。常见的仪式包括成人仪式、结婚仪式、安葬仪式、凭吊仪式、告别仪式、开业或开幕仪式、闭幕仪式、欢迎仪式、升旗仪式、入场仪式、签字仪式、剪彩仪式、揭匾挂牌仪式、颁奖授勋仪式、宣誓就职仪式、交接仪式、奠基仪式、洗礼仪式、捐赠仪式等等。仪式往往具有程序化的特点，这种程序有些是人为地约定俗成的。在现代礼仪中，仪式中有些程序是必要的，有些则可以简化。因此，仪式也大有越来越简化的趋势。但是，有些仪式的程序是不可省略的，否则就是失礼。

5. 礼俗

礼俗即民俗礼仪，它是指各种风俗习惯，是礼仪的一种特殊形式。礼俗是由历史形成的，普及于社会和群体之中并根植于人们心理之中，在一定的环境经常重复出现的行为方式。不同国家、不同民族、不同地区在长期的社会实践中形成了各具特色的风俗习惯。"十里不同风，百里不同俗"，不但每一个民族、地区，甚至一个小小的村落都可能形成自己的风俗习惯。

二、现代礼仪的概念

现代礼仪既继承了传统礼仪，又在传统礼仪的基础上吸取了国际礼仪的精华，有所创新和发展。它是指现代人在人际交往中，自始至终地以一定的、符合现代社会约定俗成的程序、方式来表现的律己、敬人的完整行为。

三、现代礼仪的分类

现代礼仪依据适用对象、适用范围的不同，大致可以分为政务礼仪、商务礼仪、服务礼仪、社交礼仪、国际礼仪等几大分支：

政务礼仪　亦称国家公务礼仪，是国家公务员在执行国家公务时所应当遵守的礼仪。

商务礼仪　它所指的是公司、企业的从业人员以及其他一切从事经济活动的人士，在经济往来中所应当遵守的礼仪。

服务礼仪　它所指的是各类服务行业的从业人员在自己的岗位上所应当遵守的礼仪。

社交礼仪　亦称交际礼仪。它所指的是社会各界人士，在一般性的交际应酬之中所应当遵守的礼仪。

国际礼仪　亦称涉外礼仪。它所指的是人们在国际交往中，在同外国友人打交道时所应当遵守的礼仪。

在上述的五个主要分支礼仪中，政务礼仪、商务礼仪、服务礼仪，主要是按照行业划分的，并且是人们在工作岗位上所应遵守的，故可称之为行业礼仪或职业礼仪。而社交礼仪、国际礼仪的划分，则主要以交往范围为依据，所以二者均可以交往礼仪相称。

四、现代礼仪的特征

礼仪是人们在漫长的社会实践中逐步地形成、演变和发展的。现代礼仪是在一番脱胎换骨之后形成的，它具有文明性、共通性、多样性、变化性、规范性和传承性等特性。

（一）文明性

礼仪是人类文明的结晶，是现代文明的重要组成部分。人类从降世那天起就开始了对文明的追求，亚当、夏娃用树叶遮身便是文明之举。人类从茹毛饮血到共享狩猎成果，从盲目迷信、敬畏鬼神到崇尚科学、论证无神，从战争到和平，尤其是文字的发明，人类运用语言文字来表达文明、宣传文明、建设文明。文明的体现宗旨是尊重，既是对人也是对己的尊重，这种尊重总是同人们的生活方式有机地、自然地、和谐地和毫不勉强地融合在一起，成为人们日常生活、工作中的行为规范。这种行为规范包含着个人的文明素养，比如待人接物热情周到、彬彬有礼；人们彼此间互帮互助、彼此尊重、和睦相处，体现出人们日常生活中的文明、友好；注重个人卫生，穿着适时得体，见人总是微笑着问候致意，礼貌交谈，文明用语，这也体现出人们的品行修养。总之，礼仪是人们内心文明与外在文明的综合体现。

一口痰"吐掉"一项合作

《文汇报》曾有一篇报道，题目是《一口痰"吐掉"一项合作》。说某医疗器械厂与外商达成了引进"大输液管"生产线的协议，第二天就要签字了。可当这个厂的厂长陪同外商参观车间的时候，习惯性地向墙角吐了一口痰，然后用鞋底去擦。这一幕让外商彻夜难眠，他让翻译给那位厂长送去一封信："恕我直言，一个厂长的卫生习惯可以反映一个工厂的管理素质。况且，我们今后要生产的是用来治病的输液皮管。贵国有句谚语：人命关天！请原谅我的不辞而别"。一项已基本谈成的项目，就这样被"吐"掉了。

（二）共通性

无论是交际礼仪、商务礼仪还是公关礼仪，都是人们在社会交往过程中形成并得到共同认可的行为规范。我们今天生活的世界可谓千姿百态，人们尽管分散居住于五大洲、四大洋的不同角落，但是，许多礼仪都是世界通用的。例如，问候、打招呼、礼貌用语、各种庆典仪式、签字仪式等等，大体上是世界通用的。虽然由于各国家、各民族、各地区形成了许多特有的风俗习惯，但就礼仪本身的内涵和作用来说，仍具有共通性。正是由于礼仪拥有共通性，才形成了国际交往礼仪。

　　郭晓凡是一位外贸公司的业务经理，有一次，郭先生因为工作上的需要，设宴招待一位来自英国的生意伙伴。有意思的是，那一顿饭吃下来，令对方最为欣赏的，倒不是郭先生专门为其所准备的合口的菜肴，而是郭先生在陪同对方用餐时的一些细小的举止表现。用那位英国客人当时的原话来讲就是："郭先生，你在用餐时除了必要的交谈一点儿响声都没有，使我感到你的确具有良好的教养。"

（三）多样性

　　世界是丰富多彩的，其中礼仪也是五花八门、绚烂多姿的。世界各地民俗礼仪千奇百怪，几乎没有人能说清楚世界上到底有多少种礼仪形式。从语言的表达礼仪到文字的使用礼仪，从举止礼仪到言谈礼仪，从服饰礼仪到仪表礼仪，从风俗礼仪到宗教礼仪等，在不同的国家、不同的场合，礼仪的表达方式也有所不同。比如在人们常见的国际交往礼仪中，仅见面礼节就有握手礼、点头礼、亲吻礼、鞠躬礼、合十礼、拱手礼、脱帽礼、问候礼等等。礼仪可谓多种多样，纷繁复杂。有些礼仪所表达的方式和内容，在甲国甲地与乙国乙地可能截然相反。

（四）变化性

　　礼仪并不存在僵死不变的永恒模式。随着时间的推移，礼仪会发生巨大的变化。可以说，每一种礼仪都有其产生、形成、发展、演变的过程。礼仪在运用时也具有灵活性。一般说来，在非正式场合，有些礼仪可不必拘于约定俗成的规范，可增可减，随意性较大。在正式场合，讲究礼仪规范是十分必要的。但如果双方已非常熟悉，即使是较正式的场合，也可以灵活运用。

（五）规范性

　　礼仪，指的就是人们在交际场合待人接物时必须遵守的行为规范。这种规范性，不仅约束着人们在一切交际场合的言谈话语、行为举止，使之合乎礼仪；而且也是人们在一切交际场合必须采用的一种"通用语言"，是衡量他人、判断自己是否自律、敬人的一种尺度。中国加入WTO首席谈判代表龙永图曾讲了一个耐人寻味的故事：

　　一次在瑞士，龙永图与几个朋友去公园散步，上厕所时，听到隔壁的卫生间里"砰砰"地响，他有点纳闷。出来之后，一个女士很着急地问他有没有看到她的孩子，她的小孩进厕所十多分钟了，还没有出来，她又不能进去找。龙永图想起了隔壁厕所间里的响声，便进去打开厕所门，看到一个七八岁的小孩正在修抽水马桶，怎么弄都抽不出水来，急得满头大汗，这个小孩觉得他上厕所不冲水是违背礼仪规范的。

这位儿童自觉遵守礼仪规范的精神是很值得我们学习的。礼仪是约定俗成的一种自尊、敬人的惯用形式，任何人要想在交际场合表现得合乎礼仪，彬彬有礼，都必须对礼仪无条件地加以遵守。另起炉灶，自搞一套，或是只遵守个人适应的部分，而不遵守不适应自己的部分，都难以为交往对象所接受、所理解。

（六）传承性

任何国家的礼仪都具有自己鲜明的民族特色，任何国家的当代礼仪都是在本国古代礼仪的基础上继承、发展起来的。离开了对本国、本民族既往礼仪成果的传承、扬弃，就不可能形成现代礼仪。这就是现代礼仪传承性的特定含义。作为一种人类的文明积累，礼仪将人们在交际应酬之中的习惯做法固定下来，流传下去，并逐渐形成自己的民族特色，这不是一种短暂的社会现象，而且不会因为社会制度的更替而消失。对于既往的礼仪遗产，正确的态度不应当是食古不化，全盘沿用，而应当是有扬弃，有继承，更有发展。

第三节　现代礼仪的功能与原则

一、现代礼仪的功能

现代礼仪是人类社会文明发展的产物，是人们在现代社会交际活动中的共同准则。加强礼仪教育，对于提高自身的修养和素质，促进社会主义精神文明建设，塑造良好形象，扩大社会交往，促进事业成功都具有十分重要的作用。现代礼仪具有多方面的功能，主要表现在如下几个方面：

（一）弘扬礼仪传统

文明古老的中华民族，以其智慧和勤奋，创造了人类历史上最灿烂的文化。中华民族，素以"礼仪之邦"著称于世。几千年来，各族人民都创造了一整套独具特色的礼节、仪式、风尚、习俗、节令、规章和典制等等，并为广大人民所喜爱、所沿袭，这些礼仪习俗，反映了我国民族的传统美德与优良品质，勾画了我国民族的历史风貌。

我国古代思想家、教育家们十分重视"礼"的教育。"礼"的内容比较全面地规定为处理调整当时社会各种关系的准则和规范。春秋末期的孔子就曾指出："不学礼，无以立"。孔子小时常做练习礼的游戏。"入太庙，每事问"，后来还专程赴周向老子请教礼。他对于"礼"的研究下过不少功夫，认为周礼吸收夏、商两代的经验，并有所发展，是比较完备的，所以他说"吾从周"。孔子选取了士必须学习的礼制十七篇，编辑成《礼》，也就是流传至今的《仪礼》。孔子非常重视对学生在日常行为方面的教育，他要求学生衣冠整齐，走有走的样子，坐有坐的姿势，为人处世要彬彬有礼，温文尔雅。《史记·孔子世家》中就说："孔子以诗、书、礼、乐教弟子，盖三千焉，身通六艺者，七十有二人"。其中"六艺"指的是以"礼"为首的礼、乐、射、御、书、数。

《仪礼》、《周礼》、《礼记》合称为"三礼"。"三礼"是我国最早最重要的礼仪论著。《礼记·曲礼》第一句便是"毋不教"。文中还记载着对父母"出告反面"，意思是出门要告诉父母一声，回家要和父母打个照面问候一下。对老师应该是"遭先生于道，趋而进"，"从于先生不越路"。书中有关礼仪的内容是十分广泛具体的。

《三字经》是我国流传时间最长、范围最广、影响最大的一本启蒙教材，相传为南宋学者王应麟所著，它被人们誉为"古今奇书"和"袖里通鉴纲目"。《三字经》已经被翻译成英、法、俄等多种文字在国外流传，还被联合国教科文组织选作儿童道德教育丛书。书中写到："为人子，方少时，亲师友，习礼仪。"意思是，做儿女的，正当年少时，就要拜师访友，学习礼仪。清代李毓秀撰辑了一本《弟子规》，书中详细规定了学生在言谈举止方面的礼仪规范，其中有尊敬长者方面的要求："或饮食，或走坐，长者先，幼者后。"有仪表方面的要求："冠必正，钮必结，袜与履，俱紧切。"有仪态方面的要求："步从容，立端正，揖深圆，拜恭敬。"有禁酒的要求："年方少，勿饮酒，饮酒醉，最为丑。"有语言方面的要求："刻薄语，秽污词，市井气，切戒之。"此书礼仪教育方面的内容是十分丰富具体的。

在我国的历史上还流传着许多讲究礼仪的佳话。比如"廉蔺交欢"（讲究礼让）、"张良纳履"（尊老敬贤）、"程门立雪"（尊敬老师）、"管鲍之交"（交友之道）、"三顾茅庐"（待人以诚），这些故事脍炙人口，妇孺皆知，对今人仍有很大的教育意义。

我国近现代历史上有许多伟大人物，在礼仪修养上堪称楷模，修养十分深厚，他们的作风、态度、处事、举手投足都成为我们的典范。如周恩来总理是世界公认的最有风度的领导人和外交家，他的一举一动都给人留下深刻难忘的印象，人们用"富有魅力"、"无与伦比"等优美的词语来赞美他的翩翩风度。在外事活动中，周总理十分注重礼节。在他病重时，脚因为过度肿胀而穿不上原来的鞋了，只有穿拖鞋走路。工作人员心疼周总理，让他穿着拖鞋参加外事活动，认为外宾是能够理解的，但总理不同意，他说："这不行，要讲个礼貌嘛！"于是，他请工作人员为他特制了一双鞋，留着接见外宾时穿。周总理在外事活动中注重礼节，表现出传统美德，受到外宾的盛赞，是我们学习的榜样。

可见，讲究礼仪，按照礼仪要求规范我们的行为，对继承我国礼仪传统，弘扬我国优良的礼仪风范，具有十分重要的作用。

（二）提高自身修养

在人际交往中，礼仪往往是衡量一个人文明程度的准绳。它不仅反映着一个人的交际技巧与应变能力，而且还反映着一个人的气质风度、阅历见识、道德情操、精神风貌。因此，在这个意义上，完全可以说礼仪即教养，而有道德才能高尚，有教养才能文明。这也就是说，通过一个人对礼仪运用的程度，可以察知其教养的高低、文明的程度和道德的水准。曾登载在《深圳青年》杂志上的一个故事就颇能说明问题：

不和谐的手机声

2000 年奥运会，中国运动健儿的出色表现征服了各国观众，但某些中国人的不文明习惯却给他国运动员、记者留下了非常不好的印象。有媒体报道，中国记者团几乎每个人都配备了移动电话，铃声是非常特别的音乐，在很嘈杂的场所也可以清楚分辨是不是自己的电话。但在射击馆里，当运动员紧张比赛的时候，这种声音就显得特别刺耳。组委会为了保证运动员发挥出最佳水平，在射击馆门前专门竖有明显标志：请勿吸烟，请关闭手机！也不知是中国的一些记者没看见还是根本不在乎，很多人没有关机。其实，把手机铃声调到"振动"并不费事。王义夫比赛时，中国记者的手机响了，招来周围人的嘘声和众多不满的目光。有外国人轻轻说："这是中国人的手机！"在陶璐娜决赛射第七发子弹的关键时刻，中国记者的手机又一次响了……

由此可见，学习礼仪，运用礼仪，有助于提高个人的修养，有助于"用高尚的精神塑造人"，真正提高个人的文明程度。

（三）完善个人形象

先让我们讲一个小故事，这个刊登在《故事会》杂志上的"三分钟典藏故事"颇值得回味：

小节的象征

一位先生要雇一个没带任何介绍信的小伙子到他的办公室做事，先生的朋友挺奇怪。先生说："其实，他带来了不止一封介绍信。你看，他在进门前先蹭掉脚上的泥土，进门后又先脱帽，随手关上了门，这说明他很懂礼貌，做事很仔细；当看到那位残疾老人时，他立即起身让座，这表明他心地善良，知道体贴别人；那本书是我故意放在地上的，所有的应试者都不屑一顾，只有他俯身捡起，放在桌上；当我和他交谈时，我发现他衣着整洁，头发梳得整整齐齐，指甲修得干干净净，谈吐温文尔雅，思维十分敏捷。怎么，难道你不认为这些小节是极好的介绍信吗？"

无独有偶，美国第 25 任总统威廉·B·麦金利的好朋友查尔斯·G·道斯曾经讲述过的一件事更能说明问题：

多日来，总统为任命一个重要的外交职务而犯难——他要在两个同样有才干的候选人中选出一个，然而始终举棋不定，难以拍板。突然他回忆起一件事，此事竟如此清晰地浮现在眼前：一个风雨交加的夜晚，总统搭乘一辆市内有轨电车，坐在后排的最后一个位子上，电车停在下一站，上来一位洗衣老妇人，挽着一个沉重的篮子，孤零零地站在车厢的过道上。老妇人面对着的是一位具有绅士风度的男子，该男子举着报纸将脸挡住，故意装着没看见。

总统从后排站起来，沿着过道走去，提起那一篮子沉甸甸的衣物，把老妇人引到自己的座位上坐下。该男子仍然举着报纸低着头，对车厢里发生的一切似乎什么也没有看见。总统顺便朝那男子瞅了一眼，那张脸庞深深地印入了脑海。

这男人不正是总统要任命的两位候选人之一吗？总统果断地作出决定：取消该人的任命资格，而另一位则理所当然地成为了外交官。

查尔斯·G·道斯说：这位候选人永远不会知道，就是这一点点的自利行为，或者说缺少那么一点点的仁慈之心，因此而失去了他一生雄心勃勃以想实现的东西。

由此可以看出，讲究礼仪对个人的成功是至关重要的，因为它关系到个人的形象。个人形象，是一个人仪容、表情、举止、服饰、谈吐、教养的集合，而礼仪在上述诸方面都有自己详尽的规范，因此学习礼仪，运用礼仪，无疑将有益于人们更好地、更规范地设计个人形象、维护个人形象，更好地、更充分地展示个人的良好教养与优雅的风度。

（四）改善人际关系

马克思说过，"社会是人们交往作用的产物"。没有社交活动，人类的生活是不可想象的。人们参加社交活动，多为调节紧张的生活，建立友谊、交流感情、融洽关系、广结良友、增长见识、获取信息。现代化的社会对人们的社交提出了新的要求，社会越发展，物质生活越丰富，人们社交的需要就会越显示出它的价值，而处在社交活动中的每个人的仪表、仪态及对礼仪知识的了解也变得极其重要。一个人只要同其他人打交道，就不能不讲礼仪。运用礼仪，除了可以使个人在交际活动中充满自信、胸有成竹、处变不惊之外，其最大的好处就在于，它能够帮助人们规范彼此的交际活动，更好地向交往对象表达自己的尊重、敬佩、友好与善意，增进彼此之间的了解与信任。

礼仪与礼貌，用现代人的眼光，它是一种信息传递，它可以以闪电般的速度把你的尊重之情准确表达出来并传递给对方，使对方立即获得情感上的满足，与此同时，礼貌又反馈回来——对方以礼貌回敬。于是双方热情之火点燃了，支持与协作便开始了。假如人皆如此，长此以往，必将促进社会交往的进一步发展，帮助人们更好地取得交际成功，进而造就和谐、完善的人际关系，取得事业的成功。

（五）塑造组织形象

良好的组织形象是任何组织所刻意追求的目标，组织形象的塑造处处都需要礼仪。比如，你想和某一单位联系业务，当你拨打对方办公室电话竟无人接或铃响五六声之后才有人接时，你会对该单位产生一种印象——工作效率不高，制度不健全，员工素质差等印象。反之，当你拨通电话，听到对方和蔼可亲的问候，得体的称呼，礼貌的语言，简洁干练的回答，热情的接待，你立即会有一种亲切之感。

组织形象常常是在不经意间体现并塑造出来的。整洁优雅的环境，宽敞明亮、井然有序的办公室，独具个性、富有哲理的价值观，色彩柔和的服饰，彬彬有礼的员工，富于特色的广告等，都会给公众留下深刻的印象。礼仪则是通过组织员工的仪容仪表、言谈举止、礼貌礼节、仪式及活动过程表现出来，它是塑造组织形象的基础工程。任何不讲究礼仪的组织，都不可能获得良好的社会形象。

组织通过各种规范化的礼仪，还可以激发员工对组织的自豪感，增强组织的凝聚力、向心力。如松下公司创作了自己的"松下之歌"、"松下社训"，每天早晨八点钟，遍布各地的松下企业员工一起高唱松下歌曲，使每一名员工都以自己是松下的员工而感到光荣。目前，我国的许多企业通过统一企业标识，统一企业服装，统一色彩等，塑造组织统一的社会形象，也使组织的员工自觉地维护组织的形象，组织通过开业庆典、周年纪念、表彰大会等仪式，激发员工对本组织的了解、爱戴，加深感情，增强组织的凝聚力和向心力。可见，礼仪在塑造组织形象中的作用是十分巨大的。

（六）建设精神文明

世界各国和各民族都十分重视交往时的礼节礼貌，把它视为一个国家和民族文明程度的重要标志，正如古人所说："礼义廉耻，国之四维"，礼仪是立国的精神要素之本。在社会主义精神文明建设中，讲究礼节礼仪，注重礼貌是最基本的要求，它对建设精神文明的大厦起着基础作用，只有基础打得扎实，大厦才能稳固。

随着我国改革开放的深入和社会主义市场经济体制的确立，我国经济发展要和国际接轨，这些都对我国精神文明建设提出了更高的要求。只有提高中华民族整体的文明礼貌素质，才能营造一个和谐的社会环境和人际关系，吸引更多的外资和促进国际间的贸易往来，从而推动我国经济建设的发展。提倡讲究礼仪礼节，做到文明礼貌，必将有利地促进社会主义精神文明建设。如大连市就是从礼仪教育入手，提高大连市民的文明素质，从而推动大连市的精神文明建设的。

说脏话、粗话、乱吐口香糖、践踏草坪等不文明行为曾经直接影响了大连市的对外形象和城市的整体美感，于是大连市精神文明办等部门开展了使用文明用语活动，大力倡导讲普通话，不讲方言土语，杜绝脏话、粗话；用"家园意识"整治乱吐口香糖行为，不吐口香糖从我做起，清除口香糖大家动手，组织市民上街清洗口香糖污渍；组织学校、居委会建立义务护绿队，教育市民爱护绿地，美化城市。市民的良好行为和文明素养使这个环境优美的城市更放异彩，精神文明之花随处盛开。

二、现代礼仪的原则

人们的各种交际活动自始至终都有一些具有普遍性、共同性、指导性的规律可循，这就是礼仪的原则。探讨这些原则，有助于现代礼仪的规范化，增强人们对礼仪的认识，进而加强礼仪在社会活动中的指导作用。

（一）遵守原则

礼仪规范是为维护社会生活的稳定而形成和存在的，实际上是反映了人们的共同利益要求。社会上的每个成员不论身份高低、职位大小、财富多寡，都有自觉遵守、应用礼仪的义务，都要以礼仪去规范自己的一言一行、一举一动。如果违背了礼仪规范，就会受到社会舆论的谴责，自然交际就难以成功。例如前苏联领导人赫鲁晓夫在这方面就有前车之鉴，他在一次联合国会议上为了让人们安静下来，竟然脱下鞋子，并用鞋子敲打会议桌子，他的不雅举止显然违背了礼仪规范，更有损他本人及前苏联的国际形象，在这次会议上联合国作出决定：对前苏联代表团罚款一万美元。可见，违背交际礼仪的原则是不行的。

从这一原则出发，关键是养成良好的习惯，有这样一个实例：

某省会城市一家三星级饭店的女总经理，衣着得体大方，语言热情适宜，一次宴请北京来的专家，席间，秘书突然过来说有急事，请她暂时离席去送外宾，可惜这位女总经理迟迟未起身，原来双脚不堪忍受高跟鞋束缚，出来"解放"了一会儿，突然有了情况，一时找不到"归宿"，令女总经理好不难堪。

造成这种情况的原因恐怕不是不懂礼仪知识，主要还是没有养成良好的习惯，对礼仪规则遵守得不够造成的。

（二）敬人原则

孔子说："礼者，敬人也"，敬人是礼仪的一个基本原则，它要求人们在交际活动中互尊互敬，友好相待，对交往对象要重视、恭敬。其实"礼"的本源就是敬人，"礼"来源于古代祭祀活动。"礼"，繁体是"示"旁一个"豊"字。"示"，《说文》："天垂象，见吉凶，所以示人也。"意思是说，天显现出某种征象，预示出吉凶，用来告示人们。（"示"的上部像天，下面的"小"原是三垂，代表日月星。凡"示"字旁的汉字，往往与天地祖宗鬼神有关，如"祸、福、神、祖、祭、祀"等等。）"豊"，象形字，像古人祭祀时用的祭器（国学大师王国维认为"豊"字像豆【古代的一种高脚盘】上放着祭祀的玉）。所以，《说文》是这样解释繁体"礼"字的："礼，履也，所以事神致福也。"（礼，履行，用以事奉神灵获得福祉。）以礼祭拜神灵，必须恭恭敬敬，并有庄重的仪式。后来，表示敬意、举行仪式都与"礼"字有关了。所以尊敬是"礼"的本义，是礼仪的重点和核心。在对待他人的诸多做法中最重要的一条，就是要敬人之心长存，处处不可失敬于人，不可伤害他人的个人尊严，更不能侮辱对方的人格。可以说，掌握了敬人的原则就等于掌握了礼仪的灵魂。尊敬的作用是十分巨大的，日本东芝电器公司，曾一度陷入困境，员工士气低落。当土光敏夫出任董事长时，他经常不带秘书，一个人深入各工厂与工人聊天，听工人的意见，更有意思的是，土光敏夫还经常提着一瓶酒去慰劳员工，和他们共饮。他终于赢得了公司上下的支持，员工的士气也高涨了起来。在三年内，土光敏夫终于重振了日暮途穷的东芝公司。土光敏夫的诀窍就是关心、重视、尊重每一个员工，"敬人者，人恒敬之"，他同时也赢得了员工的信服与支持。

（三）宽容原则

一般来说，交往双方的心理总存在一定的距离，存在不相容的心理状态，这种差异会在交往者之间产生思想隔膜，甚至会使关系僵化。要想缩小这种心理上的差异，求得人与人之间能多一份和谐、多一份信赖，就必须抱着宽容之心。宽容就是要求人们既要严于律己，又要宽以待人，要多容忍他人，多体谅他人，多理解他人，而不能求全责备，斤斤计较，过分苛求，咄咄逼人。惟有宽容才能排除人际交往中的各种障碍。不能宽容他人的人，往往会得理不饶人，使人际间关系恶化。共性是寓于个性之中的，人们应该维护和发展共性，以理解和宽容来增强人们之间的凝聚力。

（四）真诚原则

现代礼仪的运用基于主体对他人的态度，如果能抱着诚意与对方交往，那么主体的行为便自然而然地显示出对对方的关切与爱心。因为无论用何种语言表达，行为都是最好的证明。在通常情况下，人们可以用假话来掩饰自己的企图，但却无法用行为来掩饰自己的空虚，因为体态语是无法掩饰虚假的。因此，惟有真诚，才能使你的行为举止自然得体。与此相反，倘若仅把运用礼仪作为一种道具和伪装，在具体操作礼仪规范时口是心非，言行不一，弄虚作假，投机取巧，或是当面一个样，背后一个样，有求于人时一个样，被人所求时又一个样，将礼仪等同于"厚黑学"，则是违背现代礼仪基本原则的。

（五）适度原则

俗话说："礼多人不怪。"人们讲究礼仪是基于对对方的尊重，这是无可厚非的，但是，凡事过犹不及，人际交往要因人而异，要考虑时间、地点、环境等条件。如果施礼过度或不足，都是失礼的表现。比如见面时握手时间过长，或是见谁都主动伸手，不讲究主次、长幼、性别；告别时一次次地握手，或是不住地感谢，让人觉得厌烦。礼仪的施行只是内心情感的表露，只要内心情感表达出来，就完成了礼仪的使命。如果以此反复重复，似乎有别人不理解、不领情之嫌，画蛇添足，实无必要。

> **自检**：试以你所工作（学习）的环境为例，列举出 10 条以上礼仪里应拘的"小节"，你认为自己都做到了吗？有哪些需要改进？

基本训练

● **知识题**

1. 判断题

（1）礼貌、礼节、礼仪是礼的三个不同属性。（　　）

（2）礼仪是人们长期生活习俗的积累，所以无所谓规范性。（　　）

（3）"自我、自主"是礼仪的基本原则之一。（　　）

（4）礼仪的目的是达成人际关系的和谐状态，为主体营造良好的人际环境。（　　）

2. 选择题

(1) 礼仪是社会公认的对他人表示尊重的一种（　　）。

A. 法律规范　　　　B. 道德约束　　　　C. 交往规范　　　　D. 约定俗成

(2) 礼仪的基本特性是规范性、继承性、差异性和（　　）。

A. 可操作性　　　　B. 强制性　　　　C. 不定性　　　　D. 简略性

(3) 我国古代有三部著名的礼典分别是（　　）。

A. 周礼　　　　　　B. 春秋　　　　　C. 仪礼　　　　　D. 礼记

(4) 应该说礼仪属（　　）范畴。

A. 历史　　　　　　B. 永恒　　　　　C. 现代社会　　　　D. 人类社会

● 素质题

1. 结合实际谈谈如何坚持现代礼仪的原则。

2. 我国目前讲究礼仪的必要性及迫切性是什么？

3. 你如何理解遵守礼仪规范与提倡个性化之间的关系？

● 技能题

1. 管仲曾提出："礼义廉耻，国之四维，四维不张，国乃灭亡。"试予论证。

2. 向大家介绍一段你周围的人继承中华民族礼仪传统美德的故事。

3. 请你分析：

大学生怎么啦？

在一次人才洽谈会上，笔者与一位用人单位老总聊起人才招聘的事，该老总抱怨说："不是我眼界高，确实在众多的应聘者里很少有让我头一眼就觉得满意的。来应聘的大学生们好像没有礼貌的概念。一边说话，一边给女朋友发短信。有的还与女友紧紧相偎，把头发染成红色。还有的竟然口里含着口香糖和我说话。你看刚才那位，一坐下就跷起二郎腿前后摇摆，派头比我还大。"最后，他苦笑着说："现在的大学生怎么啦？"

第二章　个人形象礼仪

[知识目标]

了解仪表、仪容、仪态的概念、作用，仪表、仪容、仪态的基础知识和理论依据，正确认识仪表、仪容、仪态的基本内容。

[素质目标]

具备做好个人礼仪风度的能力，能够把握仪表、仪容、仪态三者之间的相互关系，达到三者和谐统一的美。

[能力目标]

按照仪表、仪容、仪态的基本要求，运用正确的仪表、仪容、仪态方法，塑造出美好的个人形象。

有人说，一个人的成功，很大程度在于显示自己良好的形象。的确，无论是资深的政治家、企业家还是初出茅庐的年轻人，都或多或少地存在忽视个人形象的问题。在这个充满竞争的现代社会，一个人的形象直接决定了一个人的气质，代表了一个人的品味和价值观，它可以看做是一个人的一张名片。每一个人虽然是一个个体，可是一个人的综合形象严重影响着他的人际关系、升迁、收入、家庭。在人际交往中，一些个人形象良好的人士往往更容易被人喜欢，能赢得他人的好感，从而迅速建立起和谐的人际关系网络，有利于其事业的成功。

第一节　仪表礼仪

仪表，即人的外表，主要指一个人的穿衣打扮。从本质上讲，着装与穿衣并非是一回事。穿衣，往往看重的是服装的实用性。它仅仅是马马虎虎地将服装穿在身上遮羞、蔽体、御寒或防暑而已，而无须考虑其他。着装则大不相同，着装实际上是一个人基于自身的阅历、修养或审美品位，在对服装搭配技巧、流行时尚、所处场合、自身特点进行综合考虑的基础上，在力所能及的前提下，对服装所进行的精心选择、搭配和组合。在各种正式场合，不注意个人着装者往往会遭人非议，而注意个人着装的人则会给他人以良好的印象。质于内而形于外，文化修养高、气质好的人，懂得如何修饰自己的形象。

一、职场着装的要求

（一）着装的特点

着装要赢得成功，进而做到品位超群，就必须兼顾其个体性、整体性、整洁性、文明性、技巧性。对这五个方面，一点都不能偏废。

1. 个体性

正如世间每一片树叶都不会完全相同一样，每一个人都具有自己的个性。在着装时，既要认同共性，又绝不能因此而泯灭自己的个性。着装要坚持个体性，具体来讲有两层含义：

（1）着装应当照顾自身的特点，要做到"量体裁衣"，使之适应自身，并扬长避短。

（2）着装应创造并保持自己所独有的风格，在允许的前提下，着装在某些方面应当与众不同。切勿穷追时髦，随波逐流，使个人着装千人一面，毫无特色可言。

2. 整体性

正确的着装，应当基于统筹的考虑和精心的搭配。其各个部分不仅要"自成一体"，而且要相互呼应、配合，在整体上尽可能地显得完美、和谐。若是着装的各个部分之间缺乏联系，"各自为政"，哪怕再漂亮也毫无意义。着装要坚持整体性，重点是要注意两个方面。

其一，是要恪守服装本身约定俗成的搭配。例如，穿西装时，应配皮鞋，而不能穿布鞋、凉鞋、拖鞋、运动鞋。

其二，是要使服装各个部分相互适应，局部服从于整体，力求展现着装的整体之美、全局之美。

3. 整洁性

在任何情况之下，人们的着装都要力求整洁，避免肮脏或邋遢。着装要坚持整洁性，应体现于下述四个方面：

首先，着装应当整齐，不允许它又折又皱，不熨不烫。

其次，着装应当完好，不应又残又破，乱打补丁。至于有意自残的"乞丐装"，在正式场合亦应禁穿。

再次，着装应当干净，不应当又脏又臭，令人生厌。以任何理由搪塞应付而穿脏衣，都没有道理。

最后，着装应当卫生，对于各类服装，都要勤于换洗，不应允许其存在明显的污渍、油迹、汗味与体臭。

4. 文明性

穿着服装，是人与兽的一大区别。在日常生活里，不仅要做到会穿衣戴帽，而且要努力做到文明着装。着装的文明性，主要是要求着装文明大方，符合社会的道德传统和常规做法。其具体要求如下：

一是忌穿过露的服装。在正式场合，袒胸露背，暴露大腿、脚部和腋窝的服装，切应忌穿；在大庭广众之下打赤膊，则更在禁止之列。

二是要忌穿过透的服装。倘若是内衣、内裤"透视"在外，令人一目了然，昭然若揭，当然有失检点。若不穿内衣、内裤，则更要禁止。

三是要忌穿过短的服装。不要为了标新立异，而穿着小一号的服装。更不要在正式场合穿短裤、小背心、超短裙这类过短的服装。它们不仅会使自己行动不便，频频"走光"、"亮相"，而且也失敬于人，使他人多有不便。

四是要忌穿过紧的服装。不要为了展示自己的线条而有意选择过于紧身的服装，把自己打扮得像"性感女郎"，更不要不修边幅，使自己内衣、内裤的轮廓在过紧的服装之外隐隐约约。

5．技巧性

不同的服装，有不同的搭配和约定俗成的穿法。例如，穿单排扣西装上衣时，两颗纽扣的要系上面一颗，三颗纽扣的要系中间一颗或是上面两颗。穿西装不打领带时，内穿的衬衫应当不系领扣。女士穿裙子时，所穿丝袜的袜口应被裙子下摆遮掩，而不宜露于裙摆之外，等等。这些，都属于着装的技巧。着装的技巧性，主要是要求在着装时要依照其成法而行，要学会穿法，遵守穿法。

（二）着装的"TPO"原则

TPO 是西方人提出的服饰穿戴原则，分别是以时间（Time）、地点（Place）和场合（Occasion）三项因素为准。TPO 原则是目前国际公认的着装标准。

1．时间原则

时间原则一般包含三个含义：

一是指一天中时间变化：早、中、晚三个时间段；

二是指一年四季的不同：春、夏、秋、冬季节更替；

三是指时代的差异以及人生的不同年龄阶段。

时间原则要求着装需考虑时间因素，做到随"时"更衣。早晨人们在家中盥洗、用餐或者外出跑步、做健身操，着装应方便、随意，可以选择运动服、便装、休闲服。工作时间着装应结合自己的工作性质，总体上以庄重大方为原则。如果参加社交活动或公关活动，着装则应以典雅端庄为基本格调。晚间可能出席宴请、听音乐会、看演出、赴舞会等社交活动，因此，着装要讲究一些，礼仪要求也要严格一些。晚间着装以晚礼服为宜，以形成典雅大方的礼仪形象。另外，一年四季不同气候条件的变化对着装的心理和生理也会产生影响，着装时应做到冬暖夏凉，春秋适宜，不标新立异、打破常规。

2．地点原则

地方、场所、位置不同，着装应有所区别，特定的环境应配以与之相适应、相协调的服饰，才能获得视觉和心理上的和谐美感。比如人们在山上游览观光时与在海边休闲度假时所穿的服装应有所不同。

3. 场合原则

在不同场合，人们选择穿着的服装在款式、色彩、面料等方面，都应该有所区别。

（1）公务场合。人们着装应该重点突出"庄重大方"的特点，最标准的着装主要是制服或深色的西装、西装套裙，也就是说要穿正装，这样才可以显得自己的着装十分正规和郑重其事。

（2）社交场合。如参加或举办联欢会、舞会，参加婚礼、生日聚会、节日或纪念日的庆祝活动等。在这类场合中，人们的着装应重点定位在"时尚个性"的特点上。服装款式要新颖，风格要洒脱，既不必过于保守从众，也不宜过分随意。礼服、时装、本民族的服装均为适当之选。

（3）休闲场合。除去工作场合、社交场合之外的一切活动场合，都包括在休闲场合之内，如居家生活、健身运动、游览观光、商场购物等。在休闲场合中，宜着休闲装，突出"舒适自然"的特点。就休闲场合的着装而言，最为规范的是选择牛仔裤、运动装、夹克衫、T恤衫等各类便装。

（三）着装的颜色技巧

任何一种颜色都是由三原色（红、黄、蓝是最基本的颜色，称为三原色）调配而来，不同的颜色代表着不同的意义，不同颜色的服装穿在不同的人身上也会产生不同的效果。

1. "三色"技巧

在正式场合的着装，人们必须遵守"三色"技巧的要求。所谓"三色"技巧，是指一个人在正式场合全身上下的衣着应当保持在三种色彩之内，如果忽视了"三色"技巧，着装就会给人以杂乱无章、华而不实的感觉。

2. "三一"技巧

在正式场合允许的情况下，男士还应当遵守"三一"技巧。所谓"三一"技巧，强调的是色彩的搭配问题。它要求男士在正式场合露面时，应当使自己的鞋子、腰带和公文包色彩相同或相近。在正式场合中，如果男士要显得成熟稳重，就一定要遵守"三一"技巧。如果一味想追求新潮而不顾鞋子、腰带和公文包的整体颜色效果，那就贻笑大方了。

3. "三协调"技巧

所谓"三协调"技巧，是指衣服的颜色要与自己的年龄、身材和肤色协调。

首先，要与年龄相协调。不同年龄的人在穿着打扮上应各有特点。少年儿童天真烂漫、稚嫩可爱，穿着上要避免成人化，其服装的配色宜花俏自由，色彩鲜艳浓厚、对比强烈、明亮欢快，如大红、粉红、天蓝、嫩绿、明黄、象牙等色彩均适于童装。青年人朝气蓬勃、风华正茂，穿着上应穿出自己的色彩，突出青春美。一般来讲，青年人的服装颜色应力求明快、鲜艳，宜选择色彩度较纯的黄、绿以及海蓝、银灰、雪青、洋红等色彩。老年人成熟稳重、和蔼可亲，穿着上应显得庄重大方，一般来讲，选择色彩较重、对比不是很强烈的颜色为佳。

其次，要与身材协调。不同身材的人，在穿着打扮上也应各有特点。身材矮胖的青年，不要穿色彩对比强烈的上下装及横条纹或大方格衣服，而应采用单色、明亮对比不大的调和色。瘦长苗条的姑娘宜穿红、黄、橙等暖色服装，因为明亮的暖色可使人显得丰满。身材高大的女青年，不宜穿着大面积的鲜艳色彩服装；不宜穿上下一色的套装，应穿以一个基本色调为主，加以适当的色彩点缀的服装；不宜穿竖条纹的衣服。

再次，要与肤色协调。肤色较深的人，应穿浅色的服装，使肤色和服装的色调和谐，获得相对好的色彩效果；肤色较白的人，只要是自己喜欢的衣服，无论什么色彩都会将自身衬托得更加白皙靓丽。

二、制服礼仪

制服，就是上班族在其工作岗位上按照规定所必须穿着的，由其所在单位统一制作下发的，面料、色彩、款式整齐而划一的服装。简单地说，就是工作服。在现代社会里，要求本单位的全体从业人员一律身穿制服上班，是许多公司、企业的理想目标。

制作与选择一套可供商务人员穿着的制服，所要考虑的重点问题主要包括面料、色彩、款式、分类、做工等。简而言之，面料要好、色彩要少、款式要雅、分类要准、做工要精，就是对商务人员的制服的基本要求。

第一，面料要好。用来为商界人士制作制服的面料，应当尽可能地选择精良上乘之物。在一般情况之下，本着既经济实惠，又美观体面的原则，应当优先考虑纯毛、纯棉、纯麻、棉毛、棉麻、毛麻、毛涤等面料。

第二，色彩要少。统一制作制服时，切不可使其色彩过于繁多或过于杂乱。不然看起来色彩杂乱无章，或者花里胡哨，都无益于维护本单位的整体形象。所以，从总体上讲，制服的色彩宜少而不宜多。

第三，款式要雅。商界的制服，总的要求是雅气端庄。既应当突出自己的实用性，又应当有意识地使之传统而保守；既应当与众不同，又不宜一味追逐时尚，甚至走在时尚之前；它既应当体现出本单位的特色，又不可为了标新立异而以奇装异服的面目出现。简言之，商界人士穿上制服后，应当显得工作便利、精明能干、神气十足、文质彬彬、温文尔雅，而非令人瞠目结舌、避之不及。这些要求体现在制服的款式方面，就是应当以"雅"为本。要达到这一要求，必须使之力戒露、透、短、紧，是谓制服四戒。

其一，戒露。制服理应发挥服装为人体遮羞的基本功能，对商界人士在工作岗位上不宜裸露在外的躯体加以掩饰。通常认为，制服是不应当使着装者的胸部、腹部、背部和肩部在外"曝光"的。这四处不宜外露之处，通称为"制服四不露"。假如达不到这一要求，就会让着装者的乳沟、胸毛、腋毛、肚脐、脊背等处，甚至连同内衣一道昭然若揭，非常之不文明。

其二，戒透。制服即使极为色浅单薄，也绝对不应当是透明的。如果在上班时所穿的制服成了变相的"透视装"，令本属于着装者"绝对隐私"的背心、胸罩、内裤、腹带、衬裙等若隐若现，甚至赫然在目，犹如特意进行"公开陈列"一般，不但有碍观瞻，而且也会使着装者失于自尊自爱。

其三，戒短。商界的制服，最好是要合身。有些制服因为工作的需要，允许相对宽松肥大一点儿。但是，不应使之过分短小。不然，既显得小气，又会给人以不文明之感。在一般情况下，制服之中的上装不宜短于腰部，否则会露出裤腰、裙腰甚至肚皮，成了改头换面的"露脐装"。裤装式的制服，一般不宜为短裤式样。裙装式的制服，则裙摆大都应长于膝盖。

其四，戒紧。不应以高弹面料制作制服，不然的话，很可能会因此而使着装者原形毕露、一目了然，甚至还会使内衣、内裤的轮廓一览无余。应当注意的是，正因为如此，欲体现本人的苗条身材而随意改动制服的做法是不可取的。除去上装与下装这两大主体部分之外，商界人士往往还要按照有关规定，使自己其他部分的衣饰，与制服有机地、系统地组合搭配。

第四，分类要准。要使制服在商务活动中真正发挥其作用，必须按性别、按季节、按职级、按用途做好分类。

第五，做工要精。制作制服，不仅要考虑节省费用，反对铺张浪费，而且更要注意务求其做工精细严谨，精益求精。

在一般情况下，商界人士在穿制服时，按规定要求与其配套使用的衣饰，主要有衬衫、帽子、鞋袜、皮带，等等。它们往往会与制服一起下发，在整体风格上与制服相互一致。商界人士在穿着制服时，若是离开了它们，往往会令所穿制服失去其本应具有的神韵。因此，穿制服时，按规定应与其配套使用的衣饰，必须一同使用。不准不用，也不得以其他非配套使用的衣饰代替。即使穿制服时，其他部分的衣饰单位未作统一规定，亦不得滥用。在选择其他衣饰时，应将它们与制服协调与否的问题，置于首位予以考虑。

三、西装礼仪

西装对现代人的重要作用不言而喻。但是，并不是每一个穿着西装的人，都能穿出西装特有的风采。如果你不懂西装礼仪，价值不菲的西装当然发挥不了应有的效果。一般来说，穿西装应注意以下几点：

（一）拆除商标

要拆除衣袖上的商标。在西装上衣左边袖子上的袖口处，通常会缝有一块商标。有时，那里还同时缝有一块纯羊毛标志。在正式穿西装之前，切勿忘记将它们先行拆除。假如西装已被穿过许久之后，袖子上的商标依旧停留于原处，好似有意以此招摇过市一样，难免会见笑于人。

（二）保持西装外形的平整洁净

西装要定期干洗，穿着前熨平整。西装穿起来显得平整挺括、线条笔直，它的美感才能充分地展示出来。皱皱巴巴的"抹布西服"，只会让人皱眉。

（三）注意内衣搭配

西装的标准穿法，是西装里面直接穿着衬衫，衬衣内除了背心之外不要再穿其他内衣。

如果穿的话，内衣的领圈和袖口也不要显露出来。不穿衬衫，而让 T 恤衫直接与西装配套的做法，更是西装穿着的大忌。而且，要注意衬衣的衣领要高出西装衣领 1～5 厘米，袖口要长于西装袖口 2 厘米。

（四）慎穿毛衫

讲究西装的原汁原味，在西装上衣之内，原则上不允许穿毛衫。如果在冬季时实在寒冷难忍，也只宜穿上一件薄型"V"领的单色羊毛衫。色彩、图案十分繁杂的羊毛衫，是与西装不匹配的。扣式的开领羊毛衫或羊绒衫穿在西装里面，同样大煞风景。

（五）不卷挽西装袖和裤管

在正工场合，无论如何也不能卷起西装裤管，或者挽起西装上衣的衣袖，以免给人以粗俗的感觉。

（六）正确扣好西装纽扣

西装纽扣，是区分款式、版型的重要标志。能否正确地给西装系好纽扣，直接反映出西装着装礼仪的把握程度。

单排二粒扣西装，扣子全部不扣表示随意、轻松；扣上面一粒表示郑重；全扣表示土气。

单排三粒扣西装，扣子全部不扣表示随意、轻松：只扣中间一扣表示正宗；扣上面两粒，表示郑重；全扣表示土气。

双排扣西装应全部扣上。

（七）用好西装的口袋

西装的口袋，装饰作用多于实用价值。所以不能让口袋显得鼓鼓囊囊，使西装整体外观走样。不同位置的口袋，功能也不太一样。具体来说：

上衣左侧外胸袋：除可以插入一块用以装饰的真丝手帕外，不应再放其他任何东西，尤其不应当别钢笔、挂眼镜。

上衣内侧胸袋：可用来别钢笔、放钱夹或名片，但不要放过大过厚的东西或无用之物。

上衣外侧下方的两只口袋 原则上以不放任何东西为佳。

（八）穿好西裤

西装长裤的立档长度以裤带的盘子正好通过胯骨的上端为好，裤长以裤脚接触脚背，一般达到皮鞋后帮的一半为佳。裤线要清晰、笔直。裤扣要扣好，拉锁要拉严。

（九）配好鞋袜

"西装革履"意味着穿西装一定要配皮鞋，千万不要穿凉鞋、布鞋、旅游鞋等，而且皮鞋要擦亮。黑色皮鞋可配各种颜色的西服，其他色彩的皮鞋要与西服的颜色相同或接近才能相配。配袜子也应讲究，不可忽略。袜子的色彩应与皮鞋的颜色相同或接近，不宜用白袜子配黑皮鞋，男士切勿穿女士常用的肉色丝袜。

（十）系好领带

领带，可以说是男士穿西装时最重要的饰物。作为西装的灵魂，领带的选择讲究甚多。

商界男士在挑选领带时，至少要重视如下几点：

1．面料

最好的领带，应当是用真丝或者羊毛制作而成的。以涤丝制成的领带售价较低，有时也可以选用。

2．色彩

从色彩方面来看，领带有单色和多色之分。在社会活动中，蓝色、灰色、棕色、黑色、紫红色等单色领带都是十分理想的选择。男士在正式场合中，切勿使自己佩带的领带多于三种颜色。同时，也尽量少打浅色或艳色领带。它们与由三种以上色彩所制成的领带一样，仅适用于社交或休闲活动之中。一般而言，领带的主色调应与西装套装的色彩一致。

3．图案

适用于社会活动之中佩带的领带，主要是单色无图案的领带，或者是以条纹、圆点、方格等规则的几何形状为主要图案的领带。

4．配套

有时，领带与装饰性手帕会被组合在一起成套销售。与领带配套使用的装饰性手帕，最好与其面料、色彩、图案完全相同。

5．质量

一条好的领带，必须具有良好的质量。其主要特征为：外形美观、平整，无跳丝、无疵点、无线头，衬里为毛料，不变形，悬垂挺括，较为厚重。宁肯不打领带，也不要以次充好。

四、套裙礼仪

套裙，是女士在正式场合着装的最佳选择。一套正宗的套裙，一般都是由一件女式西装上衣和一条半截裙所构成的两件套女装。有时，也可见到多加一件背心的三件套女装。套裙穿在女士的身上，会使其显得精神倍增、神采奕奕，烘托出白领丽人所独具的神秘韵味，优雅、文静、娇柔和妩媚。想让套裙烘托出穿着者文静、优雅和妩媚的味道来，要注意以下几点。

（一）套裙的选择

女士在正式场合穿着的套裙，通常应当是高档面料缝制的，上衣与裙子应当采用同一质地、同一色彩的素色面料。选择套裙时，提倡量体裁衣、做工考究。上衣要平整、挺括、贴身。裙子要以窄裙为主，且裙长及膝或过膝。选择套裙时应当考虑下面六个基本问题：

1．面料

套裙面料的选择要比西装选择大得多。其主要的要求是：套裙所选择的面料最好是纯天然质地质量上乘的面料；上衣、裙子以及背心等，应当选用同一种面料；外观上讲究匀称、平整、滑润、光洁、丰厚、柔软、悬垂、挺括。一般情况下，可以选择薄花呢、人字呢、女士呢、华达呢、凡尔丁、法兰绒等纯毛面料，高档的府绸、丝绸、亚麻、毛涤以及一些化纤面料也可选择。

2．色彩

套裙的色彩应当以冷色调为主，体现出着装者的典雅、端庄与稳重。一般情况下，各种加入了一定灰色的色彩，如藏青、炭黑、烟灰、雪青、茶褐、土黄、紫红等稍冷一些的色彩，都可以引入考虑的范围。套裙的上衣和裙子可以是一色，也可以采用上浅下深或上深下浅两种并不相同的色彩，使之形成鲜明的对比，前者显得庄重而正统，而后者则显得富有活力与动感。

3．图案

按照常规，女士在正式场合穿着的套裙，可以不带任何图案。如果本人喜欢，以或宽或窄的格子、或大或小的圆点、或明或暗的条纹为主要图案的套裙，大家都可以一试。其中，采用以方格为主体图案的套裙，可显得静中有动，充满活力。

4．点缀

一般情况下，套裙上的点缀宜少不宜多，宜精不宜糙，宜简不宜繁。有时，在套裙上可以适当地采用装饰扣、包边、蕾丝等点缀之物，以增加效果。

5．尺寸

传统观点认为，裙短则不雅，裙长则无神。裙子的下摆恰好抵达着装者小腿肚子上的最为丰满之处，乃是最为标准、最为理想的裙长。套裙之中的上衣分为紧身式和松身式两种，一般认为紧身式上衣显得较为正统，紧身式上衣和肩部平直、挺拔，腰部收紧或束腰，其长不过臀，整体上呈倒梯形，线条硬朗而鲜明。

6．造型

套裙造型的基本轮廓大致分为 H 型、X 型、A 型、Y 型四种类型。H 型套裙的主要特点是上衣较为宽松，裙子多为筒式。X 型套裙的主要特点是上衣多为紧身式，裙子大都是喇叭式。A 型套裙的主要特点是上衣为紧身，裙子则为宽松式。Y 型套裙的主要特点是上衣为松身式，裙子多为紧身式，并以筒式为主。

（二）套裙的穿着

1．长短适度

通常套裙之中的上衣最短，可以齐腰，而裙子最长则可以达到小腿的中部。穿着时不能露腰露腹，否则很不雅观。上衣的袖长以恰恰盖住着装者的手腕为好。上衣或裙子均不可过于肥大或包身，免得影响精神风貌的表现。

2．穿着到位

（1）上衣的领子要完全翻好，不要将上衣披、搭在身上，要穿着整齐，裙子要穿得端端正正，上下对齐。

（2）扣紧衣扣。在正式场合穿套裙时，上衣的衣扣必须全部系上，不要将上衣部分或全部解开，更不要当着别人的面随便将上衣脱下。

（3）考虑场合。在各种正式的商务交往及涉外商务活动中，应该穿着套裙。在出席宴会、舞会、音乐会时，可酌情选择与此类场合相协调的礼服或时装。

（4）协调装饰。高层次的穿着打扮，讲究的是着装、化妆与佩饰风格统一、相辅相成。在穿套裙时，既不可以不化妆，也不可以化浓妆。不适宜佩带与个人身份不合的珠宝首饰，也不适宜佩带有可能过度张扬的耳环、手镯、脚链等首饰。

（5）搭配好衬衫。衬衫面料要轻薄而柔软，如真丝、麻纱、府绸、涤棉等。色彩上以单色为最佳。除白色之外，其他色彩，如与所穿套裙的色彩不相互排斥，也可采用。衬衫上最好不要有图案。衬衫下摆必须掖入裙腰之内，不得任其悬垂于外，或是将其在腰间打结。衬衫纽扣要一一系好。除最上端的一粒纽扣按惯例允许不系外，其他纽扣均不得随意解开。

（6）注重内衣。选择内衣时，最关键的要使之大小适当，既不能过于宽大晃悠，也不能过于窄小。内衣所用面料，以纯棉、真丝等面料为佳，色彩可以是常规的白色、肉色，也可以是粉色、红色、紫色、棕色、蓝色或黑色。穿上内衣后，不应使它的轮廓一目了然地在套裙之外展现出来。内衣不宜外穿，且不准外露、外透。

（7）注意衬裙。衬裙的色彩，多为单色，如白色、肉色等，但必须使之与外面套裙的色彩相互协调。二者要么彼此一致，要么外深内浅。衬裙的款式应特别地注意线条简单、穿着合身、大小适度三点要求，并且衬裙上不宜出现任何图案。衬衫下摆应掖入衬裙裙腰与套裙裙腰之间，切不可掖入衬裙裙腰以内。

（8）搭配鞋袜。鞋子应为高跟或半高跟鞋，质地最好是牛皮鞋，颜色以黑色最为正统。此外，与套裙色彩一致的皮鞋亦可选择。

袜子一般为尼龙丝袜或羊毛统袜或连裤袜。颜色以单色为宜，有肉色、黑色、浅灰、浅棕等几种常规选择。袜口要没入裙内，不可暴露于外。

袜子应当完好无损。切勿将健美裤、九分裤等裤装当长裤来穿。对于女性来说，穿好套裙，气质和风度有了很好的保证，事业也就拥有了更多成功的机会。

五、饰品礼仪

饰品是服饰的一个辅助用品，各种饰品与发型、年龄、环境的协调能取得良好的着装效果。饰品按其所在身体部位可分为：头饰、颈饰、胸饰、腕饰、指饰、脚饰等。饰物如果按类别又可分为两大类：第一类是以饰品的实用性为主的附件，如帽子、眼镜、包、腰带、鞋等；第二类是以装饰为主的饰品，如项链、手镯、耳环等。

（一）饰物佩带礼仪

1. 围巾和帽子

围巾、帽子若与服装的风格一致，可增加整体的形象美。在冬季，人们的服装色彩较暗，可以用颜色鲜艳的围巾、帽子点缀。如果服装颜色很艳丽，可用颜色素雅的帽子、围巾以求得一种色彩的平衡。帽子还可以用来修饰脸型，长脸型的人宜戴宽边或帽檐下垂的，脸宽的人宜戴小檐高顶帽。

2．手提包

一般要求手提包与服装的颜色相协调。夏季拎包应轻巧，冬天提包的颜色可以鲜明些；草编的手提包配上运动衫或棉布便装就十分自然得体。

3．眼镜

如今，眼镜已不只是医疗保健用品，它不仅能保护眼睛，而且还是一种饰品。一副精美的金边眼镜，会给人增添几分斯文，而大框架的眼镜则显示出一种豪放气派。

4．手帕

作为一种饰物，在西装左上边口袋里，露出折成三角形、双尖形、花瓣形等形状的手帕，能给人平添几分风度。

（二）首饰佩带原则

1．合乎身份

上班与社交、已婚与未婚、商人与公务员，身份显然不同，这一点，在佩带首饰上亦应有所区别。

2．以少为佳

佩带首饰，应以质优与款式取胜，不可追求数量上的优势。一件首饰都不戴是可以的，若要佩带则不宜佩带三种以上。

3．要同质同色

如果同时佩带多种首饰，应尽量使之质地与色彩相同或相仿，这样可使之和谐般配。

4．在搭配上需使全身所有的色调、质感和量感相互配合

例如，金色质感的配件，适合暖色系列的装饰；银质配件，则适合冷色系列的装扮。上乘衣料与设计优雅的服装，则应佩带精致而有质感的首饰和纯金、银、珍珠、宝石等。

（三）首饰佩带礼仪

1．佩戴首饰要注意场合

只有在交际应酬时，佩戴首饰才最合适；上班时间以不戴或少戴首饰为好；参加劳动、体育活动和出席会议时也不宜戴首饰。

2．佩戴首饰要与服装及本人的外表相谐调

一般穿较考究的服装时，才佩戴昂贵的首饰；穿运动装、工作服时不宜戴首饰。胖脸型的女人不宜戴大耳环，戴眼镜的女士不宜戴耳环，圆脸型的女士戴项链应加个挂件。

3．佩戴首饰要考虑性别因素

女士可以戴各种首饰，男士则只宜戴结婚戒指。

4．佩戴首饰要注意寓意和习惯

（1）项链。是平安、富有的象征，应根据身材和个性特点，选择适当的款式和色彩。

（2）戒指。是首饰中最明确的爱情信物，佩戴戒指可标明你的婚姻状况：戴在食指上表

示求婚，戴在中指上表示已在恋爱中，戴在无名指上表示正婚，戴在小指上则表示自己是一个独身主义者。戒指一般只戴一枚，而且戴在左手上。

（3）手镯或手链。如果在左手腕或左右两腕上同时佩戴，表示佩戴者已经结婚；如果仅在右手腕上佩戴，则表明佩戴者是自由而不受约束的。另外，手镯或手链的戴法还要考虑因各民族的习俗不同而有所区别。中国人习惯将手镯或手链戴在右手上，而一些西方人则习惯戴在左手上。一般女士佩戴手镯或手链就不用戴手表。

5．胸花

胸花有金属的、塑料的、镶嵌宝石的，还有用与衣服料子相同的呢绒做的，很有情趣，女子佩戴胸花要与服装相协调。

> **自检**：1．作为一名大学生，你认为自己在着装方面存在哪些困惑？
>
> 　　　2．自己整理或帮助家人整理一下衣柜，看看衣服该怎样搭配？

第二节　仪容礼仪

一、仪容礼仪规范

仪容，通常是指一个人的容貌，由头发、面容以及人体所有未被服饰遮掩的肌肤所构成。简单地讲，是指人体不需要着装的部位，主要是面部，广义上还包括头发、手部，以及穿着某些服装而暴露出的腿部，是个人形象的基础。美丽帅气的容貌是人人向往的，但天生丽质的人毕竟是少数，而且随着时间的流逝，最美的面容也会苍老。因此，后天保养和适当的修饰就更为重要。

第一，要有保养意识。自然条件好的话，修饰起来会得心应手一些。如何让我们拥有自然美丽的容貌呢？首先，要注意科学合理的饮食，少吃辛辣油炸食品，多吃银耳、百合、莲藕等清润食品，让肌肤保持光滑细腻。其次，要保持良好的心态和充足的睡眠，俗话说"睡美人"，可见，睡眠对仪容的重要作用。

第二，注意保持清洁。我们应该随身携带一面镜子，在适当的时候找个隐蔽的地方照照小镜子，特别是就餐后，应及时检查自己的嘴、牙齿是否沾有饭菜的余渣，以免发生意外。

第三，注意适当的修饰。出门前，根据自己即将进入的社交场合，应对自己的仪容进行全面的清检或适当的修饰。这样，在社交场合中才会充满自信。

第四，修饰仪容要隐蔽。仪容修饰是一种私人性质的活动，别人所注重的，是结果而不是过程，如果当众梳头、化妆、整理衣服，都有失文雅。

总之，修饰仪容的原则是美观、整洁、卫生、得体、私密，不论男女，都要注意头发、面部、颈部、手部、腿部、化妆等几个方面。

二、女士仪容礼仪

（一）美发礼仪

美发，一般是指人们对头发进行护理与修饰。其目的在于，使之更加美观大方，并且适合自身的特点。美发的礼仪，指的就是有关人们对头发的护理与修饰的礼仪规范，它是仪容礼仪之中不可或缺的一个重要的组成部分。完美形象是"从头开始"的，所以，美发对个人形象十分重要。

1. 头发的保养

一头健康、美丽的秀发，可以让一个相貌平平的女性平添许多风韵，能让美丽的女性变得更加迷人。要想一头健康的头发，关键是要从营养的调理与补充等方面着手。一般认为，辛辣刺激的食物，若食用过量，将有损于头发。烟、酒对头发的危害，则尤为严重。如欲减少头屑，应少吃油性大的食物，多吃含碘丰富的食品。欲使头发乌黑发亮，则适宜多吃富含蛋白质和维生素、微量元素的食物，尤其是要多吃核桃一类的坚果，或黑芝麻一类的"黑色食品"。第二，要善于洗头。洗的时候要注意水质和水温（四十度左右的温水），以及选用适合自己的洗发水，最好让头发自然晾干，不要经常使用电吹风来吹头发。如果每天吹头发或头发很干枯并且有开叉的情形，那就应该用一些护发产品来养护一下。第三，要善于梳理头发。梳头除了理顺头发之外，还可以促进血液循环和皮脂分泌，提高头皮和头发的生理机能。这就需要选择一把合适的梳子，直发可用密齿梳梳理，烫发则应使用稀齿梳子，最好是木梳或牛角梳，不要使用塑料质地的梳子。要一束一束地慢慢梳理，切不要性急乱扯乱拉。

2. 发型的选择

一个人在美发的时候，首先所要面对的问题，就是如何塑造自己的发型。发型不仅反映自己的个人修养与艺术品位，而且还是个人形象的核心组成部分之一。在为自己选定发型时，除了受到个人品位和流行时尚的左右之外，往往还必须对本人的年龄、发质、脸型、身材、职业等因素重点加以考虑。

（1）与年龄协调

为自己选择发型时，必须客观地正视自己年龄的实际状况。切勿"以不变应万变"，从而使自己的发型与自己的年龄相去甚远，彼此抵触。一般来说，一位青年女性若是将自己的头发梳成"马尾式"或是编成一条辫子，自可显现出自己的青春与活力，若是过了中年的女士做这种发型的话，则会极不协调。

（2）与发质协调

发质，一般是指头发的性质。选择发型之前，首先必须要了解自己的发质，看其是否可行。中国人的发质通常被分成硬发、绵发、沙发、卷发等四种类型。它们各具自己的特点，对发型的选择也有互不相同的要求，如硬发不太适合留长发等。

（3）与脸型协调

人的头发生在头顶，下垂到脸旁，因而发型与脸形相辅相成。选择适当的发型，可以为自己的脸形扬长避短，更可以体现发型与脸形的和谐之美。人的头型有大、小、阔、扁、圆之分，颈项有长、短、粗、细之别。在处理发型时，就要根据人的脸、头、颈等特点来协调平衡。有瓜子型脸的人是最幸运的，因为大部分的发型都适合他们。如果是其他脸型，就要通过发型的设计和处理，创造出瓜子脸。圆型脸，应该把圆的部分盖住，使脸显得清瘦一些。不适合留太短的头发，要尽量用长发去盖住脸下端大出的部分，让头发下边扣进去，盖住部分腮帮，这样可以增加头顶头发的蓬松感，以保持腮帮的柔和线条。长脸，需要选一个发型使你的脸看起来变短，这就需要好好地利用"刘海"。方型脸，方型脸的人，选择发型要尽量把脸的四角盖住，一般头发不要留太短、平直或中分。

（4）与服饰协调

个人形象塑造具有整体性。为体现形象的整体美，发型必须根据服饰的变化而改变。如穿着礼服或制服时，女性可选择盘发或短发，以显得端庄、秀丽、文雅；穿着轻便服装时，可选择适合自己脸型的轻盈发式。

（5）与身材协调

身材有高矮胖瘦之别。身材不同的人在选择发型时，往往会有许多不同的考虑。一般说来，身材高大者，在发型方面往往可以有比较多的选择。他们可以做直短发，也可以长发披肩，或者做成"波浪式"。由于身材方面的优势，所做的发型多会令其敏捷、精神，而无笨重、迟钝之感。身材矮小者，在选择发型时往往会受到一定的限制。最好是为自己选择短发型，以便利用他人的视觉偏差使自己"显高"，千万不要去做长发型，尤其是女士们不要去做长过腰部的披肩发，否则只会令自己显得更加矮小。

（6）与职业协调

政界、商界对从业人员的基本要求是：端庄和稳重。从事这些行业的人士，在自己设计发型时，须切实加以把握。社会所流行的一些新潮发型，例如"崩克式"、"烫字式"、"梦幻式"、"爆炸式"、"迷乱式"等等，或是华丽美艳，或是出奇制胜，对于他人都有着强烈的吸引力，然而，这些却不适合这些行业的人士。如果是从事艺术类的职业，则可选择个性化的发型。

（二）化妆礼仪

化妆，是一种通过对美容用品的使用来修饰自己的仪容、美化自己形象的行为。对一般人来讲，化妆最实际的目的，是为了对自己容貌上的某些缺陷加以弥补，以期扬长避短，使自己更加美丽，更为光彩照人。

1. 要了解人面部美的标准

我们把人面部分为三庭五眼，三庭是指人的面部的长度，从上发迹线到眉毛，眉毛到鼻尖，鼻尖到下巴三个距离应是相等的。五眼是指人面部的宽度是五只眼睛的宽度，两眼的内眼角之间的距离，外眼角到外发际线的距离是相等的。人的面部或多或少会存在某些缺陷，通过化妆，我们可以对这些缺陷进行矫正，以趋完美。

2. 要了解化妆品

从理论上来讲，化妆品可以划分为四种类型，它们各有自己独特的功能，而且不可混淆滥用。

(1)润肤型化妆品。它的主要功能是护理面部、手部以及身体其他部位的皮肤，使之更为细腻、柔嫩、滋润。这类化妆品常见的品种有香脂、乳液、洁面霜、润肤蜜、雪花膏等等。

(2)美发型化妆品。它的主要功能是保护头发、止痒去屑以及为头发塑造出种种美妙动人的造型。香波、润丝、发蜡、发乳、发胶、摩丝、冷烫液、生发水等等都属于这一类型。

(3)芳香型化妆品。它的主要功能是溢香祛臭，芳香宜人，有的还兼有护肤、护发和防止蚊虫叮咬等作用。香水、香粉、香粉蜜、花露水、爽肤水等等都是这一类型的以芳香为主要特征的化妆品。

(4)修饰型化妆品。它的主要功能是通过在面部适当部位的着色，来为人们扬长避短，使化妆者看起来更加亮丽生辉。最常见的修饰型化妆品有粉饼、油彩、唇膏、眉笔、眼影、睫毛膏、化妆水等等。由于这一类型绝大多数的化妆品都以其"特色"见长，所以它又被人们叫做色型化妆品或彩妆型化妆品。

3. 掌握化妆技巧

化妆并不是一件简单随意的事情，它具有一定的艺术性。为避免事倍功半，应熟练掌握化妆的一般技巧和步骤。

4. 注意肢部的修饰

首先，手的修饰。在人际交往中，上肢往往是人们运用最频繁的身体部位。有人说："手是女人的第二张脸"。我们要勤洗手、修指甲或是用刷子刷洗，不要满是脏东西，还要保持手润滑细腻，可以经常涂抹护手霜。

其次，是腿脚的修饰。人们常说："远看头，近看脚。"一个人的下肢尽管不是个人形象的主要代表，但也不能任其自然。千万不要被别人看成"凤凰头，扫帚脚"。在穿鞋前，首先要细心清洁好鞋面、鞋跟、鞋底等地方，做到一尘不染。我们可以对下肢进行合乎常规的美化。少数女性的腿部也会长出一些腿毛，甚至还会出现腿毛浓密的情况。假如碰上这种情况，又要穿裙子，最好将腿毛去掉，或是选择颜色较深而不透明的袜子。在修剪脚趾甲的时候，不仅要注意让脚趾甲长度适中、外形美观，还应保持干净，并且要把趾甲周围出现的死皮一起剪掉。现在，时尚女性还给脚部化上彩妆，在脚趾甲上涂抹彩色趾甲油，这也是一种方式。但服务行业的女性不适合采用这种做法。

5. 要懂得化妆的基本原则

化妆的基本原则：

(1)化妆要视时间场合而定。在工作时间、工作场合，只能允许化工作妆(淡妆)；吊唁、丧礼等特殊场合，不可化浓妆，也不宜抹口红。浓妆只有晚上才可以用。外出旅游或参加运动时，不要化浓妆，否则在自然光下会显得很不自然。

（2）不要非议他人的化妆。由于文化、肤色等差异，以及个人审美观的不同，每个人化的妆不可能是一样的，切不可对他人的化妆品头论足。

（3）不要在他人面前化妆。化完妆是美的，但化妆的过程实在不雅观。

（4）不要借用他人的化妆品。这不仅不卫生，也不礼貌。

二、男士仪容

男士要显得有风度、庄重、文雅有朝气，那么，外形就应该使人感觉到清洁而且有品位。

（一）从"头"说起

头发表现了一个人的生活状况和情绪。梳理头发是每天必做的事，而且还不止一次。不管从哪个方面说，一个人的头发凌乱不堪，总会让人难以接受，感觉不舒服。要让头发闪闪发亮，就要保持头发的清洁，养成周期性洗头的习惯，特别是夏天更要及时清洗。洗头发时水温不要太高，大约在四十摄氏度左右，选用适合自己发质的洗发剂。洗干净后最好自然晾干，如果必须让头发迅速变干，可以用温度不高的电吹风，以免损伤头发。

在出门前，上岗前，摘下帽子时，下班回家时，以及其他必要时，都要自觉梳理头发，保持头发的整齐。

此外，还要常剪发，头发留短不留长，更不要在耳朵前面故意留下一缕头发。通常留短发最好，除了艺人、文艺创作者外，男士头发长度前不应遮眼，左右不应遮耳，后应碰不到衣领。

交谈的时候，不要在别人面前梳理头发，使残发、头屑满天飞。要随时注意清理落在肩背上的头皮屑，头皮屑太多的人更要注意。多吃水果是减少头皮屑很好的方式。

（二）面容的美化

1．耳朵的修饰

耳孔里，不仅有分泌物，还有灰尘，要经常进行耳部的清洁。不过一定要注意，这个举动绝对不应该在公众场合进行。如果有耳毛的话，还要及时进行修剪。

2．眼部的修饰

眼部是被别人注意最多的地方。所以，时刻要注意眼部的清洁，避免眼屎遗留在眼角，并让眼睛能够得到足够的休息。有些男士喜欢戴墨镜。墨镜主要适合在外活动时佩戴，以防止紫外线损伤眼睛，在室内时最好不要佩戴。

3．牙齿的保洁

保持牙齿清洁，首先要坚持每天早晚刷牙。不要敷衍自己，应该顺着牙缝的方向上下刷，牙齿的各部位都应刷到。如果牙齿上有不易去除的牙垢很明显，或是牙齿发黄，可以去医院或专业洗牙机构洗牙，以使牙齿看起来更加洁白、健康。不吸烟、不喝浓茶是防止牙齿变黄的有效方法。

4. 鼻部的修饰

早晚特别是经过较长时间在外奔波的人，更要注意清洁鼻子内外，起码不要让人看到"乌溜溜"的鼻孔。有鼻液要及时用手帕或纸巾擦干净。不应当众用手去擤鼻涕、挖鼻孔、乱弹或乱抹鼻垢，更不要用力"哧溜、哧溜"地往回吸，那样既不卫生又让人恶心。一定要在没有人的地方清理鼻部，清理时要用手帕或纸巾辅助进行，还应避免搞得响声太大，用完的纸巾要自觉地放到垃圾箱里。平时还要注意经常修剪鼻毛，不要让它在外面"显露"，也不要当众揪拔自己的鼻毛。

5. 胡须的处理

如果没有特殊的职业需要、宗教信仰或民族习惯，应该把每天刮胡须作为自己的一个生活习惯，不能胡子拉碴地抛头露面。

（三）男士香水

男士也可以用香水。刮完胡子后，可以用一些男士香水或者是须后水。用香水是不受年龄、职业限制的，可以根据自己的喜好选择。比如，现在很多年轻的男士比较喜欢古龙香水。

自检：请你检查自己的仪容现状，并进行必要的改进

检查部位	清洁度	健康程度	自我满意度	改进措施
脸 部				
眼 睛				
眉 毛				
鼻 子				
胡 须				
嘴 巴				
耳 朵				
脖 子				
胳 膊				
手 部				
腿 部				
脚 部				
汗 毛				
其他部位				

第三节　仪态礼仪

在人际交往中,优雅的仪态可以透露出自己良好的礼仪修养,增加不少的印象,进而赢得更多合作和被接受的机会,创造财富。

仪态,是人们在外观上可以明显地察觉到的活动、动作,以及在动作、活动之中身体各部分呈现出的姿态。仪态是心灵的外衣,它不仅反映一个人的外表,同时反映一个人的品格和精神气质。人们的仪态修养应该从以下几个方面做起:微笑、站姿、坐姿、行姿。

一、微笑

微笑是全人类最美好的共同语言。微笑的妙处,在于它的温文尔雅,在于它的含而不露,在于它在任何场合都是无往而不胜的有力"武器"。微笑作为一种表情,不仅是形象的外在表现,也是人内在精神的反映。微笑是一种内在气质的外在表现,因此,为人处事中正确掌握微笑的技巧最为重要。一种有分寸的微笑,再配上优雅的举止,对于表达自己的主张,争取他人的合作,会起到不可估量的积极作用。

(一)微笑的意义

1. 微笑能增加自信

微笑能使自己充满自信和力量,用微笑面对困难,遇险不惊,从容镇定,用这种表情来驱散他人阴郁、沮丧、恐惧、苦恼等不良情绪,美国著名的希尔顿旅馆的董事长康纳·希尔顿经常问他的下手:"你今天对顾客微笑了没有?""无论旅馆本身遭遇的困难如何,希尔顿旅馆服务员脸上的微笑,永远是属于顾客的阳光。"

2. 微笑是化解矛盾的需要

微笑,实际上是一种社交手段,在交际过程中,不管对方语气如何咄咄逼人,甚至遭到言辞拒绝,但只要一方以微笑面对另一方,就不会引起面红耳赤或暴跳如雷,俗话说,举手不打笑脸人。

3. 微笑是尊重他人感情的需要

微笑可以表现出温馨亲切的表情,创造出交流和沟通的良好氛围,并能给对方留下美好的心理感受,从而也尊重了对方的感情。

(二)微笑的基本要求

微笑的要求是:发自内心的,真诚、自然、大方、亲切、有度,要由眼神、眉毛、嘴巴、表情等方面协调动作来完成。

二、站姿

优美的站姿能衬托出一个人的气质和风度。交往中的站姿,要求做到"站有站相","站如松",其意思是站得要像松树一样挺拔,同时,还需要站姿的优美和典雅。男女的站姿美感各不同:女性应是亭亭玉立,文静优雅;男性则是刚劲挺拔,气宇轩昂。

（一）站姿的基本要领

1．头正

两眼平视前方,嘴微闭,脖颈挺直,表情自然,稍带微笑。

2．肩平

微微放松,稍向后下沉。

3．臂垂

两肩平整,两臂自然下垂,手做半握笔状。

4．躯挺

挺胸收腹,臀部向内向上收紧。

5．夹腿

两腿立直,贴紧,脚跟靠拢,两脚夹角成60度,身体重心落于两脚中间。

（二）站立的姿势与手位动作

站立时,手位动作也因场合、性质、性别的不同而不同,并且有一定的规矩。

1．男士的站姿

在正式的场合,男士的站姿应为"挺拔式"的姿势,做到:

（1）身体直立,抬头挺胸;

（2）两膝并严,脚跟靠紧,脚掌分开呈"V"字形,提髋立腰,吸腹收臀;

（3）双手放至裤缝处,双眼平视。

服务业的男士站姿应做到:

（1）身体立直,挺胸抬头,下颌微收,双目平视;

（2）两腿分开或两脚平行,略与肩宽;

（3）双手在身后交叉,即右手搭在左手上,贴在尾骨处;

（4）在非正式场合,男式可用"随意式"或"潇洒式"的站姿。比如,遇到亲朋好友,就可以随意些,甚至不拘小节,可进行身体接触,言谈时可以加手势,甚至手舞足蹈;

（5）在一些娱乐场所,也大可不必局促不安,畏畏缩缩,而两手叉腰或指手画脚在一定时候也会显得潇洒、活泼。

总之,在较轻松、较随和的场合,随意些才能很融洽地同你的朋友进行交流。否则,一本正经相,拒人以千里之外,会让人们觉得你很难接近,但仍然要注意抬头、挺胸、收腹,保持身体的直立。

2．女士的站姿

在正式场合,女士站姿应做到:

（1）身体立直,挺胸抬头,下颌微收,双目平视,面带微笑;

（2）两膝并严，脚跟靠紧，脚掌分开呈"V"字形或平行；

（3）提髋立腰，吸腹收臀，双手在腹前交叉，即右手搭在左手上，置于腹部。

（4）女士站姿的腿部造型还可以两脚尖向外略展开，右脚（左脚）在前，右脚跟（左脚跟）靠于左脚（右脚）内侧（脚弓处），形成左丁字步。

（5）双手在腹前交叉，身体重心在两脚间。

（6）另外，当站的时间长，太累时，可变换为调整式站立姿势。比如，身体重心偏移到左脚或右脚上，另一条腿微屈，可以稍微弯腰，脚部放松等，但上身需保持直立。

总之，刚劲挺拔、气宇轩昂、亭亭玉立、文静优雅的站姿是每个人的情趣、品格、修养的直观反映，如果不加注意就会让人觉得你缺乏修养。

3. 应避免的站姿

（1）两脚分叉分得太大；

（2）交叉两脚而站；

（3）一个肩高一个肩低；

（4）挺腹含胸、屈膝；

（5）脚在地上不停地划弧线；

（6）交腿斜靠在马路盘的树干、招牌、墙壁、栏杆上；

（7）和别人勾肩搭背地站着；

（8）身体抖动或晃动，给人以漫不经心或没有教养的感觉；

（9）双手插入衣袋或裤袋中，给人感觉不严肃，拘谨小气，实在有必要时，可单手插入前裤袋；

（10）双臂交叉抱于胸前，这样的姿态会有消极、防御、抗议之嫌；

（11）双手或单手叉腰，这种站法往往含有进犯之意；

（12）两腿交叉站立给人以不严肃的感觉。

三、坐姿

坐姿文雅，坐得端庄，不仅给人以沉着、稳重、冷静的感觉，而且也是展现自己气质与风范的重要形式。交往中的坐姿，要求做到"坐有坐相"、"坐如钟"。优雅的坐姿传递着自信、友好、热情的信息，同时也显示出高雅庄重的良好风范。

（一）坐姿的基本要求

优美的坐姿是端正、自然、大方。正确的坐姿是：

（1）入座时，要走到座位前面再转身，转身后右脚向后退半步，然后轻稳地坐下，收右脚；

（2）入座后，上体自然坐直，双肩平正放松，立腰、挺胸，两手放在双膝上或两手交叉半握放在腿上，亦可两臂微屈放在桌上，掌心向下；

（3）两腿自然弯曲，双脚平落地上，双膝应并拢或稍稍分开，但女士的双膝必须靠拢，两脚平行，臀部坐在椅子的中央，双目平视，嘴唇微闭，下颌微收，面带笑容；

（4）起立时，右脚向后退半步，而后直立站起，收右脚。

（二）坐姿与手位动作

正确的坐姿可以给人庄重安详的印象，同时也能体现出男子的自信、豁达，女性的庄重、矜持。正确的坐姿与体位的协调配合一致，更能显示出坐姿的静态美的魅力。因此，选择良好的坐姿与手位动作是很有必要的。

1. 男士的坐姿

（1）在正式的场合，男士坐姿应采用"坐如钟"的姿势，给人一种四平八稳的感觉。上体微向前倾，双手放在双膝或扶手上；两腿自然弯曲，不要放得太开，也不要收得太拢；头部要自然转动，表情要自然。

（2）在工作中，男士的坐姿应做到：上体挺直，下颌微收，双目平视，表情自然；两腿分开，不超肩宽，两脚平行，小腿与地面垂直；两手分别放在膝上或是双臂微屈放在桌面上。

（3）在轻松的场合，男士如有需要，可以交叠双腿"大二郎腿"或"小二郎腿"。"小二郎腿"是把一条腿放到另一条腿的大腿上，当年龄较大的男士在同比较年轻的人说话时，可以选择这种坐相。

2. 女士的坐姿

女士的坐姿应时时注意"阴柔之美"。就坐时要缓而轻，如轻风徐来，给人以美感。

（1）在工作场所，应上身自然挺直，下颌微收，双目平视，面带微笑；双手轻放双膝上或轻搭在椅子扶手上，两腿自然弯曲并拢，两腿平放。

（2）在轻松的场合，可以右（左脚）在前，将右脚（左脚）跟靠于左脚（右脚）内侧，双手虎口处交叉，右手在上，轻放在一侧的大腿上，给人一种文静、雅致、可亲可敬的感觉。

当较长时间端坐很累时，也可适当交换为侧坐或翘"小二郎腿"，但脚尖应朝地面，两小腿贴紧，切忌脚尖朝天抖动。这样，既能做到轻松舒适，又能表现出自己的仪态万千。

总之，人坐在椅子上可选择不同的姿态，只要正确的坐姿与体位的协调配合，那么各种坐姿都会是优美自然的。

（三）应避免的坐姿

不良的坐姿不仅不美，而且会影响身体发育与形体发育的美。生活中我们可以看到窈窕淑女翩然而至，轻抹裙裾、款款入座的景象，让人看了是一种莫大的享受。也会经常看到不修边幅、邋里邋遢的人脚下踢得丁当响，像死猪一样轰然瘫坐在椅子里的现象，让人看了不免反胃。因此要坚决避免以下几种不良坐姿：

（1）就坐时前颌后仰，或是歪歪扭扭，脊背弯曲，耸肩探头；

（2）两腿过于叉开或长长地伸出去，萎靡不振地瘫坐在椅子上；

（3）坐下后随意挪动椅子，跷二郎腿时摇腿；

（4）为了表示谦虚，故意坐在椅子边上，身体委琐前倾地与人交谈；

（5）大腿并拢，小腿分开，或双手放在臀下，腿脚不停地抖动；

（6）就坐时，脚尖相对或翘起，双脚踝部交叉，半脱鞋，两脚在地上蹭来蹭去，不停地摆弄手中的东西，如头发、饰品、手指、戒指等；

（7）女士入座时，露出衬裙；

（8）男士在礼仪场合使用"4"字形的叠腿方式或用手把叠起来的腿扣住的方式。

以上不良的坐姿都会影响你的举止风度，因此，在学习标准坐姿的同时要注意矫正不正确的坐姿。

自检：试以仪态禁忌为参照，列出自身存在的各种错误仪态。

四、行姿

行姿是站姿的延续动作，是在站姿的基础上展示人的动态美。交往中的行姿，要求做到"行如风"，即走起来要像风一样轻盈。无论是在日常生活中还是社交场合，走路往往最能表现一个人的风度和活力。对行姿的要求是做到协调稳健、轻盈自然。行走中的姿态，男士要显出阳刚之美，女士要显示出款款轻盈、阴柔之美。

（一）行姿的要领

1．头正

双目平视，收颌，表情自然平和。

2．肩平

两肩平稳，防止上下前后摇摆。

3．双臂前后自然摆动

前后摆幅在30～40度，双手自然弯曲，在摆动中离开双腿不超过一拳的距离。

4．躯挺

上身挺直，收腹立腰，重心稍前倾。

5．步位直

双脚尖略开，脚跟先着地，双脚内侧落地，走出的轨迹要在一条直线上（或成两条平行线）。

6．步幅适度

行走中双脚落地的距离大约为一个脚长，即前脚的脚跟距后脚的脚尖相距一个脚的长度为宜。不过，不同的性别、不同的身高、不同的着装，都有些差异。

7．步速平稳

行进的速度应保持均匀、平衡，不要忽快忽慢。在正常情况下，步速应自然舒缓，显得成熟、自信。

8. 警惕不良姿态

行走时要防止八字步，低头驼背。不要摇晃肩膀，双臂在甩手，不要扭腰摆臀，左顾右盼，脚不要擦地面。

（二）行姿的基本要求

1. 男士的行姿

男士在工作场合，走路时应：

（1）挺起胸膛，显出朝气，大步向前走；

（2）双脚落地平稳有力，不拖泥带水；

（3）双臂自然摆动，给人以充满自信感及镇定自如的气度。在悠闲时轻踱慢行，要显示出男士的一种逍遥风度。做到不慌不忙，边走边看，边与同伴谈笑风生，给人以气度不凡的姿态。

（4）男士的走姿应注意不要像小脚女人走路一样，一步一挪；不要像闲人一样八字步迈开，那会给人以萎靡不振的感觉。

2. 女士的行姿

步态轻盈是女士行姿的基本要求。轻盈的步态如鱼翔浅底，月出深涧，美在动中有静，静中有动，给人以婀娜多姿的美感。但步态轻盈的同时要注意稳健、自然、大方，要体现出力度与弹性，不可上下摇晃，浑身扭动。女士在公共场合行走时要做到：

（1）抬头，挺胸，收腹，上身保持正直；

（2）双臂自然下垂，协调地前后摆动于身体两侧；

（3）脚尖指向正前方，提髋、膝，迈小腿，脚跟落地，脚掌接趾推送；

（4）步幅要均匀，频率要适中，落脚声音不可太大。

3. 矫正不良的行姿

（1）走路最忌内八字步和外八字步；

（2）其次忌弯腰驼背，歪肩晃膀；

（3）走路时不可大甩手，扭腰摆臀，大摇大摆，左顾右盼；

（4）双腿不要过于弯曲或走曲线；

（5）步子不要太小或太大；

（6）不要脚蹭地面、双手插在裤兜，或后脚拖在地面上行走。

以上不正确的走姿，都会影响你的举止，应及时矫正。

五、蹲姿

在日常生活中，常常会出现俯首拾物的情况，这就需要了解正确的蹲姿。

（一）正确蹲姿的要领

首先，以正确的站姿站好，上体保持直立，目视前方，弯下膝盖，双膝并拢，臀部向下，双手放在双膝之上或自然垂于体侧。

其次，女士蹲姿应展现优雅之美：一脚在前，一脚再后，前腿弯曲，后腿跪地，将掉在地上的物品从体侧拾起。

(二)不正确的蹲姿

1. 双腿直立弯腰翘臀拾物；

2. 下蹲时膝盖分开。

基本训练

● **知识题**

1. 判断题

(1)穿西装时一定要加背心。(　　)

(2)不时用手理头发，可以确保仪容整齐。(　　)

(3)女性不能采用跷二郎腿的姿势就坐。(　　)

(4)在交际场合发现妆乱了，应马上拿出化妆盒补妆。(　　)

(5)坐姿的最基本要求是放松、自然。(　　)

2. 选择题

(1)美容化妆的基本原则是(　　)。

A. 美化原则　　　B. 时尚原则　　　C. 自然原则　　　D. 协调原则

(2)(　　)是东方女性的标准脸型，有人也称之为美人脸。

A. 四方脸　　　B. 瓜子脸　　　C. 圆形脸　　　D. 梨型脸

(3)按照体系指数(BMI)标准分类，指数为32的属(　　)。

A. 正常　　　B. Ⅰ度肥胖　　　C. Ⅱ度肥胖　　　D. Ⅲ度肥胖

(4)所谓TPO服饰三原则，其三个要素分别是(　　)。

A. 时间　　　B. 目的　　　C. 场合　　　D. 视觉

(5)在航空公司里，航空小姐的服饰以蓝色调为主，而谈判人员服饰则以深色为主。这体现了商务人员服饰的(　　)原则。

A. 正式和整洁原则　　B. 个性原则　　　C. 和谐原则

(6)随着现代商务的高层次发展，越来越多的女性开始走上社交场合，妇女在涉外生意场合中在着装方面应注意(　　)。

A. 一定要穿套服，不应该穿民族服装，因为这样会显得比较正式

B. 一定要穿民族服饰，不应该穿套服，因为她是代表国家谈判的

C. 注重场合作合情合理的选择

(7)作为商务人员，你的着装也是时刻受人关注的。作为男士，应该(　　)。

A. 穿黑色西装，以显示成熟、稳重

B. 合理穿着西装，但最好不要是黑色

C. 穿西装并一定要配白袜子，以显示整洁

D. 穿休闲服即可，以显时尚

(8) 下列哪一项不是穿西装必要的(　　)。

A. 一定要打领带　B. 一定要穿皮鞋　C. 一定要配领带夹

● 素质题

1. 男士应如何选择与西装搭配的衬衫、领带和鞋袜？

2. 谈谈如何才能做到服饰美？佩戴首饰时应掌握哪些礼仪规范？

3. 化妆时必须遵守哪些重要规则？

● 技能题

1. 找几位同学请他们观察你的各种行姿与坐姿，并评判其中的不足。

2. 自己整理或帮助家人整理一下衣柜，看看衣服该怎样搭配。

3. 女生试着给自己化一个日妆，一个晚妆，男生对着镜子试着整理自己的头发、面容。

4. 请运用学过的相关礼仪知识对以下案例进行分析。

案例一：

应届大学毕业生王伟(化名)接到某大公司通知，说他初试已过关，要他三天后到公司总部参加由公司人事副总主持的复试。为此，小王精心准备，特意理了发，还用了摩丝，并从朋友那儿借了全套名牌西装、皮鞋和一只名牌皮包。复试那天，西装革履显得很神气，但在与那位副总讲话中，他发现对方一直在皱眉，感到心中有些忐忑不安……

复试结果，他没被录用。

问题：请运用所学的相关礼仪知识分析小王为什么未被录取。

案例二：

中专毕业的李先生陪同学到一家知名企业求职。李先生一贯注重个人修养，从他整洁的衣服、干净的指甲、整齐的头发上看，就给人一种精明、干练的感觉。来到企业人事部，进门前，李先生自觉地擦了擦鞋底，待进入室内随手将门轻轻关上。见有长者到人事部来，他礼貌地起身让座。人事部经理询问他时，尽管有别人谈话的干扰，他也能注意力集中地倾听并准确迅速地予以回答，和人说话时，他神情专注，目不旁视，从容交谈。这一切，都被来人事部察看情况的企业总经理看在眼里，尽管李先生这次只是陪同学来应试，总经理还是诚邀李先生加盟这家企业。现在，李先生已成为这家企业的销售部经理。

问题：

(1) 运用本章所学的有关礼仪知识分析：李先生原本是陪同学求职，总经理为何对李先生情有独钟？这说明了什么问题？

(2) 从李先生身上体现了哪些较高的礼仪素养？

第三章　日常交际礼仪

[**知识目标**]

了解社交礼仪中拜访、探视、迎送、待客、馈赠、宴请、聚会、舞会、会议等群体活动的基本内容与要点，认识社交礼仪的基本要求和注意事项。

[**素质目标**]

具有拜访、接待、迎送、探视、馈赠、宴请、聚会、舞会、会议等社交礼仪的理论知识，在各种娱乐场所活动中，能够自觉地按照礼仪规范的要求进行人际交往。

[**能力目标**]

具有区分群体活动礼仪规范正确与否的能力，并能运用所学的群体活动礼仪基本知识、方法在聚会、舞会、会议活动中做到礼仪符合规范。

所谓交际礼仪是指人们在日常交际应酬中的举止行为所做的具体规范，涉及人际交往的各个方面。遵循交际礼仪，是人们使自己的人际交往取得成功的基本前提，同时也是其事业发展的基本前提。

第一节　见面礼仪

一、称呼

正确、适当的称呼，它不仅反映着自身的教养、对对方尊重的程度，甚至还体现着双方关系达到的程度和社会风尚。务必注意：要合乎常规；要入乡随俗；另外，还应对生活中的称呼、工作中的称呼、外交中的称呼、称呼的禁忌细心掌握，认真区别。

（一）生活中的称呼

应当亲切、自然、准确、合理。

（二）在工作中的称呼

人们彼此之间的称呼是有特殊性的，要求庄重、正式、规范。以交往对象的职务、职称相称，这是一种最常见的称呼方法，如张经理、李局长。

（三）国际交往中的称呼

因为国情、民族、宗教、文化背景的不同，称呼就显得千差万别。一是要掌握一般性规律，二是要注意国别差异。

（四）在政务交往中的称呼

常见的称呼除"先生"、"小姐"、"女士"外，还有两种方法，一是称呼职务（对军界人士，可以以军衔相称），二是对地位较高的称呼"阁下"，教授、法官、律师、医生、博士，因为他们在社会中很受尊重，可以直接作为称呼。在英国、美国、加拿大、澳大利亚、新西兰等讲英语的国家里，姓名一般有两个部分构成，通常名字在前，姓氏在后。对于关系密切的，不论辈分，可以直呼其名而不称姓。比如，俄罗斯人的姓名有本名、父名和姓氏三个部分。妇女的姓名婚前使用父姓，婚后用夫姓，本名和父名通常不变。日本人的姓名排列和我们一样，不同的是姓名字数较多。日本妇女婚前使用父姓，婚后使用夫姓，本名不变。

> **自检**：请指出以下情景中交往双方在称呼上所犯的错误：一男士进入一写字间，问一立于门口的小姐："这是南方公司吗？"小姐不搭理，与旁边一男一女交谈道："李姐、胖子，我跟你们说啊……"

二、介绍

"第一印象是黄金"，介绍礼仪是礼仪中的基本、也是很重要的内容。

介绍是人与人进行相互沟通的出发点，最突出的作用，就是缩短人与人之间的距离。在社交或商务场合，如能正确地利用介绍，不仅可以扩大自己的交际圈，广交朋友，而且有助于进行必要的自我展示、自我宣传，并且替自己在人际交往中消除误会，减少麻烦。

介绍有多种方式。

（一）介绍自己

在社交活动中，如果想结识某个人或某些人，而又没有人引见，可以自己充当自己的介绍人，把自己介绍给对方。

确定自我介绍的具体内容，要兼顾实际需要、所处场景，要具有鲜明的针对性，不要"千人一面"。有时可以把自己的姓名同名人的姓氏或是常用名词相结合，以增强别人的记忆。比如，姓名是"周英"的，就可以介绍为：周总理的"周"，英雄的"英"。

如果介绍人在场，自我介绍会被认为是不礼貌的。

（二）介绍别人

遵循"尊者优先了解情况"原则，在为他人做介绍时，可以遵循这样的顺序：

(1)把年轻的介绍给年长的；

(2)把职务低的介绍给职务高的；

(3)把男士介绍给女士；

(4)把和你熟悉的介绍给和你不熟悉的；

（5）也可以按从左到右或从右到左的顺序介绍；

（6）为别人介绍之前不仅要征求一下被介绍双方的意见，在开始介绍时再打一下招呼，不要上去开口即讲，让被介绍者措手不及；

（7）当介绍者询问是不是要有意认识某人时，不要拒绝或扭扭捏捏，而应欣然表示接受，实在不愿意时，要委婉说明原因；

（8）当介绍者走上前来，开始进行介绍时，被介绍者双方都应该起身站立，面含微笑，大大方方地目视介绍者或对方；

（9）当介绍者介绍完毕后，被介绍者双方应依照合乎礼仪的顺序进行握手，彼此问候一下对方，也可以互递名片，作为联络方式；

（10）不论是给别人做介绍还是自我介绍，被介绍者双方态度都应谦和、友好、不卑不亢，切忌傲慢无礼或畏畏缩缩。

自检：请你判断以下情景中人物做法的正误。

情景1：

甲男甲女两白领在门口迎候来宾。

一轿车驶到，乙男下车。甲女上前，道："陈总您好！"呈上自己的名片。又道："陈总，我叫李菲，是正道集团公关部经理，专程前来迎接您。"乙男道谢。甲男上前："陈总好！您认识我吧？"乙男点头。甲男又道："那我是谁？"乙男尴尬不堪。

情景2：

乙女陪外公司一女（丙女）进入本公司会客厅，本公司丙男正在恭候。

乙女首先把丙男介绍给客人："这是我们公司的刘总。"然后向自己人介绍客人："这是四方公司的谢总。"

甲男（　　）　甲女（　　）　乙男（　　）　乙女（　　）

三、名片

名片是商务人士的必备沟通交流工具，名片像一个人简单的履历表，递送名片的同时，也是在告诉对方自己姓名、职务、地址、联络方式。由此可知，名片是每个人最重要的书面介绍材料。在我们从业之初，设计及印制名片是首要任务，于名片空白处或背面写下个人资料，以帮助相互了解。精美的名片使人印象深刻，也能体现你的个人风格，但发送名片的时机与场合可是一门学问。

（一）名片的用途

名片的用途十分广泛，最主要的是用作自我介绍，也可随赠送鲜花或礼物，以及发送介绍信、致谢信、邀请信、慰问信等使用，并在名片上面留下简短附言。使用时最重要的是知道如何建立及展现个人风格，使名片更为"个性化"。例如，送东西给别人，在名片后加上亲笔写的："友谊天长地久""祝你顺利，早日升职加薪，职业生涯顺风顺水"等。

（二）名片的发送

若想适时地发送名片，使对方接受并收到最好的效果，必须注意下列事项：

（1）首先要把自己的名片准备好，整齐地放在名片夹、盒或口袋中，要放在易于掏出的口袋或皮包里。不要把自己的名片和他人的名片或其他杂物混在一起，以免用时手忙脚乱或掏错名片。

（2）出席重大的社交活动，一定要记住带名片。参加会议时，应该在会前或会后交换名片，不要在会中擅自与别人交换名片。

（3）处在一群彼此不认识的人当中，最好让别人先发送名片。名片的发送可在刚见面或告别时，但如果自己即将发表意见，则在说话之前发名片给周围的人，可帮助他们认识你。

（4）不要在一群陌生人中到处传发自己的名片，这会让人误以为你想推销什么物品，反而不受重视。在商业社交活动中尤其要有选择地提供名片，才不致使人以为你在搞宣传、拉业务。

（5）对于陌生人或巧遇的人，不要在谈话中过早发送名片。因为这种热情一方面会打扰别人，另一方面有推销自己之嫌。

（6）除非对方要求，否则不要在年长的主管面前主动出示名片。

（7）无论参加私人或商业餐宴，名片皆不可于用餐时发送，因为此时只宜从事社交而非商业性的活动。

（8）递交名片要用双手或右手，用双手拇指和食指执名片两角，让文字正面朝向对方，递交时要目光注视对方，微笑致意，可顺带一句"请多多关照"。

（9）接名片时要用双手，并认真看一遍上面的内容。如果接下来与对方谈话，不要将名片收起来，应该放在桌子上，并保证不被其他东西压起来；使对方感觉到你对他的重视。

（10）破旧名片应尽早丢弃，与其发送一张破损或脏污的名片，不如不送。

（11）交换名片时如果名片用完，可用干净的纸代替，在上面写下个人资料。

（三）名片的管理

名片这样有用，你是否对收到的名片进行了有效的管理？你是不是有过这种情况：参加一次人际交往活动之后，名片收到了一大把，你往家里或办公室里随手一放，可是有一天，你急于寻找一位曾经结识的朋友帮忙，却东找西翻，就是找不到他留给你的名片和联系方法。因此，做好名片的管理十分必要。

1. 当你和他人在不同场合交换名片时，务必详尽记录与对方会面的人、事、时、地、物

交际活动结束后，应回忆一下刚刚认识的重要人物，记住他的姓名、企业、职务、行业等。第二天或过两三天，主动打个电话或发封电邮，向对方表示结识的高兴，或者适当地赞美对方的某个方面，或者回忆你们愉快的聚会细节，让对方加深对你的印象和了解。

2. 对名片进行分类管理

你可以按地域分类，比如，按省份、城市；也可以按行业分类；还可以按人脉资源的性质

分类，比如，同学、客户、专家等。

3．养成经常翻看名片的习惯

工作的间隙，翻一下你的名片档案，给对方打一个问候的电话，发一个祝福的短信等，让对方感觉到你的存在和对他的关心与尊重。

4．定期对名片进行清理

将你手边所有的名片与相关资源数据作一全面性整理，依照关联性重要性、长期互动与使用几率、数据的完整性等因素，将它们分成三类，第一类是一定要长期保留的，第二类是不太确定，可以暂时保留的，第三类是确定不要的。当确定不要时应及时销毁处理。

自检： 请你判断以下人士的行为是否正确。

1．一男士把自己的名片递给一女士。该男士走向女士，右手从上衣口袋取出名片，两手捏其上角，正面微倾递上。

2．一女士把自己的名片递给一男士。该男士双手接过，认真默读一遍，然后道："王经理，很高兴认识您！"

四、握手

握手是在相见、离别、恭贺或致谢时相互表示情谊、致意的一种礼节，双方往往是先打招呼，后握手致意。

（一）握手的顺序

一般讲究"尊者决定"，即先长辈后晚辈，先主人后客人，先上级后下级，先女士后男士。

（二）握手的方法

（1）使用右手握手。握手时，距对方约一步远，上身稍向前倾，两足立正，伸出右手，四指并拢，虎口相交，拇指张开下滑，与受礼者握手。

（2）要紧握双方的手，时间一般以1~3秒为宜。当然，过紧地握手，或是只用手指部分漫不经心地接触对方的手都是不礼貌的。

（3）与他人握手时，目光注视对方，微笑致意，不可心不在焉、左顾右盼，不可戴帽子和手套与人握手。

（4）被介绍之后，最好不要立即主动伸手。年轻者、职务低者被介绍给年长者、职务高者时，应根据年长者、职务高者的反应行事，即当年长者、职务高者用点头致意代替握手时，年轻者、职务低者也应随之点头致意。和年轻女性或异国女性握手，一般男士不要先伸手。

（5）握手时，年轻者对年长者、职务低者对职务高者都应稍稍欠身相握。有时为表示特别尊敬，可用双手迎握。男士与女士握手时，一般只宜轻轻握女士手指部位。男士握手时应脱帽，切忌戴手套握手。

（6）握手时双目应注视对方，微笑致意或问好，多人同时握手时应按顺序进行，切忌交叉握手。

（7）在任何情况下拒绝对方主动要求握手的举动都是无礼的，但手上有水或不干净时，应谢绝握手，同时必须解释并致歉。

（三）应当握手的场合

（1）遇到较长时间没见面的熟人；

（2）在比较正式的场合和认识的人道别；

（3）在以本人作为东道主的社交场合，迎接或送别来访者时；

（4）拜访他人后，在辞行的时候；

（5）被介绍给不认识的人时；

（6）在社交场合，偶然遇上亲朋故旧或上司的时候；

（7）别人给予你一定的支持、鼓励或帮助时；

（8）表示感谢、恭喜、祝贺时；

（9）对别人表示理解、支持、肯定时；

（10）得知别人患病、失恋、失业、降职或遭受其他挫折时；

（11）向别人赠送或颁发奖品时。

（四）握手禁忌

（1）不要用左手相握，尤其是和阿拉伯人、印度人打交道时要牢记，因为在他们看来左手是不干净的。

（2）在和基督教信徒交往时，要避免两人握手时与另外两人相握的手形成交叉状，这种形状类似十字架，在他们眼里这是很不吉利的。

（3）不要在握手时戴着手套或墨镜，只有女士在社交场合戴着薄纱手套握手，才是被允许的。

（4）不要在握手时另外一只手插在衣袋里或拿着东西。

（5）不要在握手时面无表情、不置一词或长篇大论、点头哈腰，过分客套。

（6）不要在握手时仅仅握住对方的手指尖，好像有意与对方保持距离。正确的做法，是握住整个手掌，即使对异性也应这样。

（7）不要在握手时把对方的手拉过来、推过去，或者上下左右抖个没完。

（8）不要拒绝握手，即使有手疾或汗湿、弄脏了，也要和对方说一下"对不起，我的手现在不方便"，以免造成不必要的误会。

自检：请你判断以下人士的行为是否正确。

1. 一男士与一女士见面，女士首先伸出手来，与男士相握。

2. 一青年男士与一中年男士握手，中年男士首先伸出右手，青年与之相握，双方微笑，寒暄。

3. 一男士戴墨镜在街道上行走，路逢一女士。女士伸出右手与之相握。该男士与之相握，使用双手。

五、致意

所谓致意，是指向他人表达问候、尊重、敬意的心意，由理解、行为举止表现出来。它是一种不出声的问候礼节，通常在迎送、被别人引见、拜访时作为见面的礼节。在社交场合里，人们往往采用招手致意、欠身致意、脱帽致意等形式来表达友善之意。

礼貌的致意，会给人一种友好友善的感觉，会让对方感到你很有修养，很有素质。

常见的致意礼节有点头礼、挥手礼、举手礼、击掌礼、作揖拱手礼、叩头礼、握手礼、鞠躬礼、军刀礼、哈达礼、敬酒礼、注目礼、注目右手放在心脏处行礼、鞠躬右手放在心脏处行礼、合掌礼、吻手礼、拥抱礼、脱帽礼、摸头礼等。

1. 点头礼

点头礼即颔首致意，表示对人的礼貌，这种礼节一般用于同级或同辈之间。主要用于在同一场合已多次见面或者仅仅有一面之缘的朋友之间。如遇长者、贤者、女士时，应停足面带真诚点头致意。

2. 注目礼

一般在升旗仪式时运用此礼。双眼目不转睛地凝视着所升旗帜。仪仗兵接受检阅时也用注目礼，目光随检阅者的移动而移动。

六、鞠躬

鞠躬礼是人们在生活中对别人表示恭敬的一种礼节，既适用于庄严肃穆、喜庆欢乐的仪式，也适用于一般的社交场合。

行鞠躬礼时，须脱帽、呈立正姿势，脸带笑容，目视受礼者。男士双手自然下垂，贴放于身体两侧裤线处，女士的双手下垂搭放在腹前。上身前倾弯腰，下弯的幅度可根据施礼对象和场合决定鞠躬的度数。

鞠躬礼分90度、45度、15度三种，行鞠躬礼时上身鞠躬的角度，一般是角度越大，表示越谦恭，这必须视对受礼者或被问候人的尊敬程度而定。除葬礼时鞠躬要时间停顿得长一些，日常社交鞠躬千万不要时间过长停顿。

在哪些场合可行鞠躬礼?

（1）在一般的社交场合，晚辈对长辈、学生对老师、下级对上级、表演者对观众等都可行鞠躬礼。

（2）领奖人上台领奖时，向授奖者及全体与会者鞠躬行礼;

（3）演员谢幕时，对观众的掌声常以鞠躬致谢;

（4）演讲者也用鞠躬来表示对听众的敬意。

鞠躬礼在东亚一些国家较为盛行，如日本、朝鲜等。所以，在接待这些国家的外宾时，可以鞠躬礼致意。

行鞠躬礼一般有三项礼仪准则：

（1）受鞠躬应还以鞠躬礼；

（2）地位较低的人要先鞠躬；

（3）地位较低的人鞠躬要相对深一些。

七、拱手

拱手礼也叫作揖礼，是相见时常用的一种礼节，表达感谢和尊敬之意。

行礼时，双腿站直，上身直立或微俯，双手互握合于胸前。一般情况男子应右手握拳在内，左手在外，女子则正好相反；若为丧事行拱手礼，则男子为左手握拳在内，右手在外，女子则正好相反。

拱手礼始于上古，有模仿带手枷奴隶的含义，意为愿做对方奴仆。后来拱手逐渐成了相见的礼节。尤其是近现代，已基本成为本地区人民群众主要的交往礼节之一。

拱手礼已经有两三千年的历史了，从西周起就开始在同辈人见面、交往时采用了。古人通过程式化的礼仪，以自谦的方式表达对他人的敬意。国人是讲究以人和人之间的距离来表现出"敬"的，而不像西方人那样喜欢肉体亲近。这种距离不仅散发着典雅气息，而且也比较符合现代卫生要求。所以很多礼学专家都认为，拱手礼不仅是最体现中国人文精神的见面礼节，而且也是最恰当的一种交往礼仪。

第二节 拜访与接待礼仪

一、拜访礼仪

（1）拜访前应事先和被访对象约定，以免扑空或扰乱主人的计划。拜访时间长短应根据拜访目的和主人意愿而定。一般而言时间宜短不宜长。

（2）拜访时要准时赴约。万一因故不得不迟到或取消访问，应立即通知对方。

（3）到达被访人所在地时，一定要用手轻轻敲门，进屋后应待主人安排指点后坐下。后来的客人到达时，先到的客人应该起身，等待介绍。

（4）如果与接待者是第一次见面，应主动递上名片，或作自我介绍。对熟人可握手问候。

（5）如果接待者因故不能马上接待，应安静地等候，有抽烟习惯的人，要注意观察该场所是否有禁止吸烟的警示。如果等待时间过久，可向有关人员说明，并另定时间，不要显现出不耐烦。

（6）与接待者的意见相左，不要争论不休。对接待者提供的帮助要致以谢意，但不要过分。

（7）谈话时开门见山，不要海阔天空，浪费时间。

（8）要注意观察接待者的举止表情，适可而止。当接待者有不耐烦或有为难的表现时，应转换话题或口气；当接待者有结束会见的表示时，应立即起身告辞。

（9）拜访时应彬彬有礼，注意一般交往细节。告辞时要同主人和其他客人一一告别，说"再见"、"谢谢"；主人相送时，应说"请回"、"请留步"、"再见"。

二、接待礼仪

（一）接待须知

（1）接待人员要品貌端正，举止大方，口齿清楚，具有一定的文化素养，受过专门的礼仪、形体、语言、服饰等方面的训练。

（2）接待人员服饰要整洁、端庄、得体、高雅；女性应避免佩戴过于夸张或有碍的饰物，化妆应尽量淡雅。

（3）如果来访者是预先约定好的重要客人，则应根据来访者的地位、身份等确定相应的接待规格和程序。在办公室接待一般的来访者，谈话时应注意少说多听，最好不要隔着办公桌与来人说话。对来访者反映的问题，应作简短的记录。

（二）接待禁忌

（1）在客人来访时看表，总会给人以下"逐客令"的感觉，因此要特别谨慎，如果特别需要了解时间，也应回避客人。

（2）在与客人交谈过程中，不应将两肘抬起，双手支于椅子的扶手上。从体态学角度讲，这是一种急于结束交谈的身体语言。如果客人有这种体态出现，就应主动询问客人是否还有别的安排，是否愿意再多坐一会儿。

（3）当客人起身告辞时，应尽快想想还有没有要紧事告诉客人。确信没有了，应起身相送，并邀请相关人员或家人热情相送。如果是贵宾、远客，应送至车站、码头或机场。分手时说一些诸如"慢走""走好""再见""欢迎您下次再来""以后常来玩""感谢您给我们带来了新信息""感谢您为我们全家带来了欢乐——祝一路顺风，万事如意"等等。

（4）为了表达对客人及客人的同事、亲人的友好感情，给他们以一定的精神扶助，临别时别忘了告诉客人及代表你向他们问好，可以这样说："请向贵公司全体同仁问好！""祝贵公司生意兴隆，财源茂盛！""请代问令尊令堂大人好！""请向你姐姐问好。"等等，必要时还应为客人或客人的亲友赠送一份土特产或纪念品，请客人笑纳。

（5）客人离别时，应提醒他们检查一下，该带的东西是否都已带走，还有没有其他需要商谈、讨论的问题等等。

（6）如果是将客人送至门口，应在客人的身影完全消失后再返回。否则，当客人走完一段再回头致意时，发现主人已经不在，心里会很不是滋味。同时，送客返身进屋后，应将房门轻轻关上，不要使其发出声响。那种在客人刚出门就返身"砰"地关上大门的做法是极不礼貌的。

（7）如果是送客至车站、码头，则最好是等车船开动并消失在视线以外后再返回；送客至机场，应待客人通过安检处之后再返回。如果你有很特殊的原因不得不提前返回，也应详细向客人说明理由，请客人谅解，否则，都是失礼的。到车站、码头或机场送客时，尤其不要表现得心神不宁或频频看表，以便客人误解成你催他快快离开。

在日常生活中，如果别人对你有好的印象，那你做起事来就顺利一些。待人礼貌周到，谦恭和顺，随时随地都展现笑容的人，自然受人欢迎；若是骄傲霸道，常常拉长了脸不理人，则一定让人讨厌。

> **自检**：请你分析下列情景中的商务人士是否做到了文明待客。
>
> 　情景1：一客人进入一大楼。路遇一制服女士，对方含笑问候："您好！"该客人敲门，进入一写字间。
> 一制服男士起身相迎："您好！"旁边另一制服女士正接听电话："您好，四方公司……"
>
> 　情景2：一制服女士正耐心回答一男客户提出的问题，不厌其烦。
>
> 　情景3：一男客户离去，一男职员送至门口，与之道别："再见！"
>
> 　该男客户经过前台，前台工作人员与之道别："慢走！"

第三节　宴请礼仪

一、宴会的组织礼仪

（一）宴请的不同方式

宴请是一种常见的礼仪社交活动。

1. 就宴请活动的性质而言

主要有三种：

第一种是礼仪性的。例如，为欢迎外国元首、政府首脑来访；为庆祝国庆日、建交日和其他重要节日；为庆祝重大工程的竣工；东道国为某一重要国际会议的召开等，都属于礼仪上的需要，是一项礼仪活动。这种活动要有一定的礼宾规格和必要的礼宾程序。

第二种是交谊性的。主要是为表示友好，发展友谊。例如，接风、送行、告别等。

第三种是并无特定的题目，只是借题目做文章。这种宴会的各方，为解决特定的工作问题而举行宴请，以便在席间进行商谈。

这三种情况，有时交相为用，兼而有之。

2. 就宴请的形式而言

常见的有：宴会、冷餐（或称自助餐）和酒会。宴会又有国宴、晚宴、午宴、早餐、工作餐之分。自助餐和酒会有时统称为招待会（Reception）。

（二）如何安排邀请

国宾来访时的欢迎宴会，除邀请代表团人员外，还可适当邀请有关使馆人员，并请我方有关负责人出席作陪。这种招待会应以邀请官方中上层人士为主。

1. 宴会时间的选定

应以主客双方的方便为合适。小型宴请的时间，应首先征询主要客人的意见，主宾同意后再约请其他宾客。

2. 宴会地点的选择

官方正式隆重的活动，一般安排在政府、议会大厦或宾馆饭店的大厅举行。其余按活动性质、规模大小、宴请方式及实际可能选定。

3. 宴请活动一般均先发请柬

这既是礼貌，亦对客人起提醒、备忘的作用。除了宴请临时来访人员、时间紧促等情况以外，宴会请柬一般应在两三周前发出，至少应提前一周，太晚了显得不礼貌。

（三）宴会座次的安排

正式宴会，一般都事先排好座次，以便宴会参加者各得其所，入席时井然有序；同时也是对客人的尊重礼貌。非正式的小型便宴，有时也可不必排座次。安排座位时，应考虑以下几点：

1. 以主人的座位为中心

如有女主人参加时，则以主人和女主人为基准，以靠近者为上，依次排列。

2. 要把主宾和夫人安排在最尊贵显要的位置上

通常做法，以右为上，即主人的右手边是最主要的位置；其余主客人员，按礼宾次序就座。

3. 在遵照礼宾次序的前提下，尽可能使相邻就座者便于交谈

例如，在身份大体相同时，把使用同一语种的人排在邻近。

4. 主人方面的陪客，应尽可能插在客人之间坐

以便同客人接触交谈，避免自己人坐在一起。

5. 夫妇一般不相邻而坐

西方习惯，女主人可坐在男主人对面，男女依次相间而坐。女主人面向上菜的门。我国和其他一些国家，不受此限。

6. 译员可安排在主宾的右侧，以便于翻译

有些国家习惯，不给译员安排席次，译员坐在主人和主宾背后工作，另行安排用餐。

7. 在多边活动场合，对关系紧张、相互敌视国家的人员，应尽量避免把座次排在一起

座位排妥后，应设法在入席前通知出席者，并现场对主要客人进行引导。

通知席位的办法有以下几种：

（1）较大型宴会，以在请柬上注明席次为最好；

（2）中小型宴会，可在宴会厅门口放置一席位图，画明每个人的坐处，请参加者自看；

（3）有的小型宴请，也可以口头通知，或在入席时，由主人及招待人员引坐。

（4）在每个座位上均应放置书写清楚的座位卡，如系多桌次的宴会，还应在每个桌上放置桌次牌。桌次牌可在宴会开始，入座完毕后撤去。

（四）菜单的拟订和用酒

（1）宴会上的食品菜肴，要精致可口，适合于来宾的口味，而且还要美观大方，让人看了，悦目赏心，做到色香味俱全。

（2）一定要注意尊重客人的宗教习惯。

（3）西餐习惯，上菜的顺序是冷盘、汤、热菜，然后是甜食或水果。中国人则是先吃热菜后喝汤。不管怎么样，冷盘要十分精致，开人胃口，量不必太大，以免一开始吃多了，后面的主菜吃不下。汤宜于清爽可口。

（4）宴请用酒，约有三类：

①餐前开胃酒。常用的有雪利、葡萄酒、马西尼、金酒加汽水和冰块、威士忌加冰水等。一般只在进餐前喝一小杯。

②席间佐餐用酒。常用的是红、白葡萄酒以及各种软饮料。席间用酒（table wine）一般不上烈性酒。一般习惯，吃鱼虾时用白葡萄酒；吃肉菜时用红葡萄酒。也有的只用一个酒杯，红、白葡萄酒任君选用。白葡萄酒用之前应先冰镇过，红葡萄酒则不必要。

③餐后用酒。在家庭式的小型晚宴以后，送上各种烈性酒，供客人自愿选用。

（五）宴会的程序

（1）举行宴会，主人应站在大厅门口迎接客人。官方正式活动，还可以有少数主要官员陪员陪同主人夫妇排列成迎宾，通常称为迎宾线。客人握手后进入休息厅，如无休息厅则直接进入宴会厅，但不入座。在有些国家，正式隆重的宴会，客人到达时，还可雇请专人协助唱名介绍。当主宾到达后，主人即陪同主宾进休息厅。这时如尚有其他客人陆续前来，可由其他官员代表主人在门口迎接。

（2）主人陪同主宾进入宴会厅，全体客人就座，宴会即正式开始。如休息厅较小，或宴会规模大，也可请主桌以外的客人先入座，主宾席最后入座。

（3）如双方有讲话，西方习惯，一般安排在热菜之后，甜食之前；我国习惯是一入席先讲话、后用餐。冷餐、酒会，讲话时间可灵活掌握。讲稿可事先交换，由主人一方先提供。

（4）正式宴会，吃完水果，主人与主宾起立，宴会即告结束。西方习惯，上完咖啡或茶，客人即可开始告辞。主宾告辞时，主人送主宾到门口，原迎宾人员按顺序排列送客。

（六）赴宴礼仪

（1）对于别人的邀请，应及时给予答复。

（2）应邀参加友好的家宴，赴宴时，女客人如带一束表示友谊的鲜花，或者带点小礼品，送给女主人，则主人会感到高兴。

（3）应注意仪表修饰，尽可能整齐、干净、美观地赴宴。

（4）遵守时间，既不要过早，给人急于就餐的感觉，又不能迟到，对主人和来客不礼貌。

（5）到了以后要在接待桌上签名，向主人打招呼，对其他宾客笑脸相向。

（6）宴会开始前，可与邻近来宾交谈、自我介绍，递交名片，不要把自己封闭起来，不与他人交流。

（7）入席要遵守主人的安排，不要随便乱坐。男士在上桌之前要帮右边的女士拉开椅子，待女士坐稳后自己再入座。

（8）落座之后，主人拿餐巾，你就跟着拿餐巾。记住：不管这时出现什么情况（如主人有饭前祷告的习惯），主人没拿餐巾之前你不能拿餐巾。

（9）女主人把餐巾放在桌子上站起来后，你才可以放下餐巾离开座位。没有宣布结束，即使吃饱了，也不能擅自离席。男士在宴会结束后要帮右边的女士拉开椅子。

（10）宴会结束后，要与主人道别，最好不要第一个告辞，也不要最后一个离开，一旦告辞就应该爽快地离开，不要悄无声息地走了。

二、舞会礼仪

无论国际或是国内的舞会，都是一个讲究礼仪的社交活动。舞会，无疑也是展示魅力的场所。

1. 如何邀请女方

舞曲奏响以后，男方要大方地走到女方面前邀请，如果女方的家人同在，则应先向女方的亲属点头致意，并征得他们的同意后，走到女方面前立正，微欠身致意说："小姐，可以请您跳舞吗？"有时还要向陪伴女方的男士征求说："先生，我可以请这位小姐共舞吗？"得到允许后，再与女方走进舞池共舞。

2. 同性不宜共舞

根据国际惯例，两位男士共舞等于宣告他们不愿意邀请在场的任何一位女性，无形中表明他们是同性恋关系。两位女士也应尽量不共舞，尤其是在有外宾的情况下以及在国外的舞会上，我们要注意这一点。

3. 当女方主动时

一般情况下，女士是不用主动邀请男士的，但特殊情况下，需要请长者或者贵宾时，则可以不失身份地表达："先生，请您赏光。"或："我能有幸请您吗？"

4. 两位男士同时发出邀请时

从国际礼仪的角度考虑不难解决，女士面对两位或者两位以上的邀请者，最能顾全他们面子的做法，是全部委婉的谢绝。要是两位男士一前一后走过来邀请，则可以"先来后到"为顺序，接受先到者的邀请，同时诚恳地对后面的人说："很抱歉，下一次吧。"并要尽量兑现自己的承诺。

5. 不能总和一个人跳

依照正规的讲究，结伴而来的一对男女，只要一同跳第一支舞曲就可以了。从第二支曲子开始，大家应该有意识地交换舞伴，认识更多的朋友。

6. 不要轻易拒绝邀请

舞会是通过跳舞交友、会友的场合，所以在舞会上女士不能轻易拒绝他人的邀请。女士可以拒绝个别"感觉不佳"的男士的邀请，但要注意分寸和礼貌用语，要委婉地表达。最佳的拒绝方法是"我想暂时休息一下"，或者"这首舞曲我不大会跳"，以便给邀请者一个台阶下。

7. 男士的绅士风度

在舞会上最能体现一个人的绅士风度。例如，跳舞中要保持一定的距离，左手轻扶舞伴的后腰（略高于腰部），右手轻托舞伴的左掌，尤其在旋转的时候，男士一定要舞步稳健，动作协调，同舞伴一起享受华尔兹的优美。倘若发现女士晕眩，男士一定要做好"护花使者"，护送回原位。在一支曲子结束后，要礼貌地将女士送回原座位，道谢后，再去邀请另一位女士。

8. 何时离开舞会

无论是参加朋友的私人舞会，还是正式的大型舞会，遵守时间是首要的礼仪，要准时到达。至于什么时间离开舞会较为合适，朋友的私人舞会最好要坚持到舞会结束后再离去，也是对朋友的支持。至于其他的舞会，只要不是只跳了一支曲子显得应酬的色彩过浓就可以了。

9. 舞会着装要求

分家庭舞会和隆重的大型舞会：

（1）如果是亲朋好友在家里举办的小型生日 PARTY 等活动，要选择与舞会的氛围协调一致的服装，女士则最好穿便于舞动的裙装或穿旗袍，搭配色彩协调的高跟皮鞋。

（2）作为男士，一定要头发干净，衣着整洁。一般的舞会可以穿深色西装，如果是夏季，可以穿淡色的衬衣，打领带，最好穿长袖衬衣。

（3）如果应邀参加的是大型正规的舞会，或者有外宾参加，这时的请柬会注明：请着礼服。接到这样的请柬一定要提早作准备，女士的礼服在正式的场合要穿晚礼服。晚礼服源自法国，法语是"袒胸露背"的意思。有条件经常参加盛大晚会的女士应该准备晚礼服，偶尔用一次的可以向婚纱店租借。近年也有穿旗袍改良的晚礼服，既有中国的民族特色，又端庄典雅适合中国女性的气质。

10. 小手袋是晚礼服的必需配饰

手袋的装饰作用非常重要，缎子或丝绸做的小手袋必不可少。

11. 晚礼服一定要佩戴首饰

露肤的晚礼服一定要佩戴成套的首饰：项链、耳环、手镯。晚礼服是盛装，因此最好要佩戴贵重的珠宝首饰，在灯光的照耀下，首饰的光闪会为你增添光彩。

12. 男士的礼服

男士的礼服一般是黑色的燕尾服，黑色的漆皮鞋。正式的场合也需戴白色的手套。男士的头发一定要清洁，因为跳舞时两人的距离较近，保持口腔卫生，最好用口腔清新剂。

13. 跳舞过程的礼仪

（1）注意上场、下场的规矩，给舞伴应有的尊重。上场时，男士应主动跟在女士身后，让对方来选择跳舞地点。下场时，不宜在舞曲未完之际先行离去。男士可在原处向女士告别，或是把对方送回原来的地方再离开。

（2）舞姿应当文明优美。跳舞时，身体要端正。通常为男士领舞，领舞与伴舞者之间不宜相距过近，双方胸部应有 30 厘米左右间隔，以维护自己的人格尊严。跳舞时，男女双方都不要目不转睛地凝望对方，也不要表情不自然。男士不可把女士的手捏得太紧，不可把整个手掌全贴在女士的腰上。不要在旋转时把女士拖来扯去，或是腿部过分伸入女方两腿之间。女士不要把双手套在男士的脖子上，也不要把头部主动俯靠在对方的肩上。

14. 塑造良好形象

（1）着装干净、整洁、端庄。男士宜穿西服套装或长袖衬衫配长裤，女士则可穿中长袖的连衣裙。

（2）清除身体的异味。出席舞会之前，一定要洗澡、理发、漱口。不要吃葱、蒜、韭菜、海鲜、腐乳之类气味经久不散的食物，不要饮酒。在舞场上下，都不要吸烟，不要为消除异味而大嚼特嚼口香糖。

（3）抵达要早，告退要晚。

（4）舞兴要有所控制。

（5）要尊重主人为舞会所做的一切安排。不管当面还是背后，都不对舞会安排进行批评。不要随便要求改动舞会的既定程序，不要凭个人兴趣和愿望要求临时改换舞曲或要求延长舞会时间。

（6）同性之间要互谅互让。男士不要与别人争舞伴。对于其他男士邀请自己的女伴，要表现得宽容大度。

（7）异性交往要有分寸。在舞场上，不要对异性过分献殷勤。不要跟刚刚相识的异性长时间地厮守在一起。不要过多与对方讲心里话或过多了解对方详情。

第四节　馈赠礼仪

一、礼品选择

1. 礼重情义

送礼时，切不可简单地以金钱替代。赠送生日礼品的最佳选择一般是工艺品、生日蛋糕、鲜花、贺卡等，于小中见大。同时不在乎您送的礼品有多贵重，而在于您能记住您亲友的生日，不忘送上一份温馨的祝福。

2．投其所好

送礼应送到受礼方的心坎里，你需要注意观察并了解对方喜欢哪样东西而又因种种原因未能如愿，此时你送的这件得体的礼物会在他的心灵上架起情感沟通的桥梁。

3．因人而异

送礼之前，必须认真了解收受礼品者的个性，性格开朗的人，礼品宜大气、华贵；性格沉静、稳重的人，礼品宜含蓄、精美。

4．求新求异

送礼也应创意出新，要能在把握对方心理需求的基础上尽量送一些受礼者意想不到的礼物，体现出礼品的个性色彩和文化品味。礼品应有前瞻性和艺术性。

5．合乎潮流

送礼宜顺时尚潮流而动，忌送一些过时的礼品，别人送给你的礼物也宜自用或选送合适的对象，切忌盲目转送他人，以免费力不讨好。

6．包装精美

国外送礼最讲究包装精美，礼品本身的属性也决定了人们对包装的追求。包装与礼品价值应大体相称。

7．量体裁衣

选购礼品时还必须根据自己的身份及经济承受能力选择相宜的礼品，切忌打肿脸充胖子或盲目攀比去选一些过于贵重的礼品。

8．注重售后服务

有些礼品如小家电、工艺钟表等，与普通商品一样有售后服务等问题。选购礼品者应主动索取票据、说明书等一并放在礼品中，以免除受礼者的后顾之忧，让对方感到你的一份细心。

二、馈赠礼节

馈赠是商务活动中不可缺少的交往内容。随着交际活动的日益频繁，馈赠礼品因为能起到联络感情、加深友谊、促进交往的作用，越来越受到人们的重视。所以，馈赠活动对礼节的要求，也就一再得到强调。

1．确定馈赠目的

（1）为了交际。礼品的选择，要使礼品能反映送礼者的寓意和思想感情，并使寓意和思想感情与送礼者的形象有机地结合起来。

（2）为了巩固和维系人际关系，即"人情礼"。"人情礼"强调礼尚往来，以"来而不往非礼也"为基本准则。因此无论从礼品的种类、价值的大小、档次的高低、包装的式样、蕴含的情义等方面都呈现多样性和复杂性。

（3）为了酬谢。这类馈赠是为答谢他人的帮助而进行的，因此在礼品的选择上十分强调其物质利益。礼品的贵贱厚薄，取决于他人帮助的性质。

2. 选择礼品

（1）投其所好。选择礼品时一定要考虑周全，有的放矢，投其所好。可以通过仔细观察或打听了解受礼者的兴趣爱好，然后有针对性地精心挑选合适的礼品。尽量让受礼者感觉到馈赠者在礼品选择上是花了一番心思的，是真诚的。

（2）考虑具体情况。选择礼物要考虑具体的情况或场合，如厂庆可送花篮，逢节可送贺卡等。

3. 把握馈赠时机

馈赠要注意时间，要视实际情况灵活掌握，把握好机会。

（1）传统的节日。春节、中秋节、圣诞节等，都是馈赠礼品的黄金时间。

（2）喜庆之日。晋升、获奖、厂庆等日子，应考虑备送礼品以示庆贺。

（3）企业开业庆典。在参加某一企业开业庆典活动时，可赠送花篮、牌匾或室内装饰品以示祝贺。

（4）酬谢他人。当自己接受了别人的帮助，事后可送些礼品以回报感恩。

4. 掌握馈赠礼节

要使对方愉快接受馈赠并不是件容易的事情。即便是精心挑选的礼品，如果不讲究赠礼的艺术和礼仪，也很难达到馈赠的预期效果。

（1）注意包装。精美包装不仅使礼品的外观更具艺术性和高雅的情调，显示出赠礼人的文化艺术品位，而且还可以避免给人俗气的感觉。

（2）注意场合。当着众人的面只给一群人中的某一个人赠礼是不合适的，给关系密切的人送礼也不宜在公开场合进行。只有象征着精神方面的礼品，如锦旗、牌匾、花篮等才可在众人面前赠送。

（3）注意态度和动作。赠送礼品时，只有态度平和友善、动作落落大方并伴有礼节性的语言，才容易让受礼者接受礼品。

（4）注意时机。一般赠礼应选择在相见、道别或相应的仪式上。

（5）处理好有关凭据。礼品上若标有价格，一定要将标签早点清除干净。但如果礼品是有保修期的"大物件"，如家用电器、电脑等，可以在赠送礼品的时候把发票和保修单一起奉上，以便将来受礼人能够享受三包服务或方便其转手处理。

三、受赠的礼节

馈赠和接受馈赠是联系在一起的。受赠如果不讲礼节，会伤害赠送者的感情，也会影响自身形象。

接受馈赠要注意以下几个问题：

1. 慎重受赠

公务活动中收受礼品要遵守有关规定。按照规定，国家机关工作人员在国内交往中，不得收受可能影响公正执行公务的礼品馈赠，因各种原因未能拒收的礼品，必须登记上交。作为公务人员，要慎重接受馈赠，尤其对待那些可能影响公正执行公务的馈赠，有求于你的馈赠，作为某种交换条件或有明显意图目的的馈赠，要坚决拒绝。对纯粹私人交往而又不影响执行公务的馈赠，可以接受。

2. 收受有礼

对于那些不违反规定的馈赠，要表现得从容大方，不要局促慌乱，忸怩作态。接受礼物时，要双手相接，然后与赠送者握手致谢。要表现感激之情，但不能有过望之喜，更不能"多云转晴"，表情波动幅度大。受礼后，可能的话当面打开欣赏一番，并加以适当称赞。收受后礼物不要随手乱扔，丢在一边。应该接受的礼物，一般不能推来推去，甚至说"你拿回去吧"之类的话。确实不能收受的，要接受后加以表态，并说明处置办法。

3. 拒收有方

公务活动中要学会拒收礼物。对于有可能影响公正执行公务的礼物，要坚决地拒收。拒收礼品要当场进行，尽量不要事后退还。拒收时，要感谢对方的一番好意，同时说明不能接受的理由，态度可坚决，方式要委婉。如果当时无法当面退还，可以设法退还赠礼者，事后退礼，也要说明理由，并致以谢意。

4. 接受了他人的馈赠如有可能应予以回礼

有礼有节的馈赠活动，有利于拉近双方的距离，增加合作的机会。

自检：请你判断以下礼品赠送的方式是否符合礼仪。

1. 一男一女登门拜访他人。登门之际，女宾向女主人赠送一束鲜花。

2. 一写字间内，三五人就座办公。一男宾带烟酒入内："我找王哥。"对某男士说："王哥，这是我的一点小意思。"其他人狐疑。

3. 写字间内，主方向来宾赠送礼物。女秘书把一包装之物递其上司，上司双手交给客人。

基本训练

● **知识题**

1. 判断题

(1)事务性拜访应事先约定，礼节性拜访则不需约定。（　　）

(2)到主人家中拜访，提出告辞后，要态度坚决，不要犹豫，即使主人挽留，也应坚持。（　　）

(3)在探视病人时，如病人询问其病症，作为朋友应如实相告，不应欺瞒。（　　）

(4)送花给朋友应选择红色花卉且数量以多为好，以示喜气洋洋。（　　）

（5）准确的称呼要看对象、场合，要与称呼人的身份、地位相称。（　　　）

（6）发名片的时候要按照由近到远或顺时针方向进行。（　　　）

（7）递名片时一定要用双手递，双手接；或者是接递同时进行时用左手递右手接。（　　　）

（8）介绍时要先将地位低的人介绍给地位高的人。（　　　）

（9）当你介绍别人的时候，突然想不起来对方名字的话，最好实事求是地告诉对方。（　　　）

（10）当别人介绍你的时候说错了你的名字，不要去纠正，免得对方难堪。（　　　）

2．选择题

（1）到主人家中作事务性拜访，一般停留时间以（　　　）为宜。

A．10 分钟以内 　　　　　　　　B．20 分钟以内

C．20 分钟到 1 小时 　　　　　　D．1 至 2 小时

（2）拜访必须预约，但在下列（　　　）情况下可以不预约。

A．很亲密朋友 　　　　　　　　B．事情紧急来不及预约

C．没有可供预约的手段 　　　　D．给对方送礼

（3）日本人送花忌讳数字（　　　）。

A．8 　　　　　　B．9 　　　　　　C．11 　　　　　　D．13

（4）在介绍中，下面不符合礼仪规范的是（　　　）。

A．首先将职位低的人介绍给职位高的人

B．首先将女性介绍给男性

C．首先将年轻者介绍给年长者

（5）在涉及到公司业务的场合中，你的配偶、朋友都参加的情况下，在互相介绍中，你应该（　　　）。

A．先介绍自己的配偶和朋友，再介绍老板

B．先介绍老板，再介绍自己的配偶和朋友

C．先介绍谁都可以

（6）在男女之间的握手中，伸手的先后顺序也十分重要，在一般情况下应该是（　　　）。

A．女方应先伸手去握，这样显得自己的落落大方，也不会让男方觉得难堪

B．男方应先伸手去握，这样会显得自己绅士风度，也避免女方不好意思去握

C．男女双方谁先伸手都可以

（7）名片是现代商务活动中必不可少的工具之一，有关它的礼仪当然不可忽视，下列做法正确的是（　　　）。

A．为显示自己的身份，应尽可能多地把自己的头衔都印在名片上

B．为方便对方联系，名片上一定要有自己的私人联系方式

C. 在用餐时，要利用好时机多发名片，以加强联系

D. 接过名片时要马上看并读出来，再放到桌角以方便随时看

(8)当别人介绍的时候说错了你的名字，你应该(　　)。

A. 不要去纠正，免得对方难堪

B. 礼貌地加以纠正，希望对方能够纠正

C. 很生气，表示不予理睬

(9)当要拜访的对象始终没有办法和你见面，而你又无法再继续等候下去时，可以留下名片，这时你需要注意的是(　　)。

A. 在名片上写上自己下次来的时间及相关洽谈事宜

B. 把名片背面留下一些拜访谦辞，希望下次再行拜访

C. 将名片左上角往内折告诉对方自己已经来过此地

(10)在商务接待时往往会被主人奉茶招待以示欢迎。下面相关奉茶礼仪不合规范的是(　　)。

A. 喝茶时若怕不小心将茶叶喝入口中应用嘴滤茶，但要注意不能出声

B. 女士喝茶时先用化妆纸将口红轻轻按掉些以免口红印留在杯子上

C. 坐在矮茶几旁喝茶时必须连同杯垫一起端起以免不慎打翻杯垫

(11)关于舞会礼仪，我们应该关注的是(　　)。

A. 如果发生不快，可以通过幽默、笑话来缓和气氛

B. 为表现矜持，舞会时女性可以晚一些到达

C. 政治和新闻是舞会上交谈永恒的话题

(12)男女结伴参加舞会，在整个舞会中，同舞应以(　　)为限。

A. 1 次　　　　　B. 2 次　　　　　C. 3 次　　　　　D. 4 次

● 素质题

1. 为什么说拜访前的准备是拜访成功与否的关键？

2. 如果你准备去探望病人，要注意哪些事项？

3. 你在作自我介绍时应注意哪些问题？

4. 如何才能做到有效的致歉？

● 技能题

1. 你单位的同事(异性，未婚)过生日，他(她)请你参加生日派对，你准备送什么礼物？

2. 你的上司很欣赏你的才华，邀你去他家中做客，并盛情挽留你与他家人一起共进午餐，期间你该注意些什么问题？

3. 有客人来你办公室作公务拜访，但你已有约定要去赴约，此时你该怎么办？

● 分析题

小王是应届大学毕业生，在单位工作刚满一个月，因其工作能力不错，公司经理找他谈

话，以确定是否正式聘用。小王去后，刚坐下，就发现沙发边放着一只上面有全体八一队员签名的篮球，作为八一队球迷的小王一下子就被吸引了。在谈话中，他不时用眼光去瞟那只篮球，好像篮球已经把他的眼睛吸引住了似的。谈话结束离开时，他还不忘回头再去看上一眼。第二天，办公室通知他试用期满，不再留用，让他走人。

（补充：实际上那只篮球是经理为他将要考大学的儿子准备的，其本人对体育没有任何兴趣）。

第四章　位次排列礼仪

[知识目标]

了解位次礼仪的概念和作用、各种位次排列的基本内容和特点，知晓各种位次排列的礼仪规范。

[素质目标]

具有比较全面的各种位次排列礼仪方面的知识，能够在位次排列活动中掌握礼仪的标准。

[技能目标]

按照各种位次排列礼仪的要求，在人际交往中行为基本达到合乎礼仪。

位次排列，具体所涉及的是位次的尊卑问题，有时亦称座次排列。在商务活动中，经常会遇到各种各样位次排列的情况，如：上下楼梯时，需要考虑行进次序；出入电梯时，需要考虑先后次序；接送客人时，需要考虑乘车座次；和人交谈时，需要考虑会客座次；商务谈判时，需要考虑谈判座次；双边签约时，需要考虑签字座次；组织会议时，需要考虑会场座次；举行宴会时，要考虑就餐座次；悬挂旗帜时，要考虑旗帜的位次等等。虽然位次的排列通常讲究以右为上、居中为上、面门为上、前排为上、以远为上的基本规则，但是在不同的场合，位次排列的技巧又各不相同。掌握不同场合的位次排列礼仪，对于商务交往活动的顺利开展，有着十分重要的意义。

第一节　行进中的位次排列礼仪

所谓行进中的位次排列，指的是人们在步行时候的位次排列顺序。在接待来宾，为之亲自带路，或是陪领导一道前往目的地时，行进的位次尤为重要。根据行进方式的不同，常有以下几种情况。

一、并行

并行是指宾主双方并排行进。在这种情况下，引导者应主动在外侧行走，而请来宾于内侧行走；若三人并行时，通常中间的位次最高，内侧的位次居次，外侧的位次最低，宾主之位此时可酌情而定。即并排行进时应遵循：中央高于两侧，内侧高于外侧，一般要让尊者走在中央或者走在内侧。

二、单行

单行是指宾主双方单行行进，即一条线行进。如果没有特殊情况的话，应使来宾行走在前，引导者循例行走于其后。即单行行进时应遵循：前方高于后方，如果没有特殊情况，应该让尊者在前面行进。

三、上下楼梯

在商务交往中，经常会遇到上下楼梯的情况。一般情况下，上下楼时宜靠右侧单行行进，以前方为上，把选择前进方向的权利让给对方。如果有特殊原因，上下楼梯需并排行进时，则陪同人员应该把内侧（靠墙一侧）让给客人，把方便留给客人。另外，男女同行时，接待陪同人员应灵活处理，一般女士优先走在前方，但如果该女士身着裙装（特别是短裙），则上下楼时宜令女士居后，别让女士尴尬。

四、出入电梯

目前很多大公司的办公楼中都有升降式电梯，可以分为两种情况：一种是无人值守的电梯，一种是有人值守的电梯。出入无人值守的电梯时，宜请客人后进先出，陪同接待人员则先进后出，以操纵电梯，以免电梯夹挤客人；出入有人值守的电梯时，宜请客人先进后出，陪同接待人员则后进先出，这样做主要是为表示对客人的礼貌。

五、出入房门

一般情况下，出入房门的标准做法是位高者先进或先出房门。但是如果有特殊情况的话，比如需要引导，室内灯光昏暗，那么标准的做法是：在出入房门时，陪同接待人员须主动替客人开门、开灯或关门。此刻，陪同接待人员可先行一步，推开或拉开房门，待客人首先通过，随之再轻掩房门，跟上来宾。

自检： 请你判断下列行进中的位次排列是否正确。

1．一女士陪三四位客人乘电梯，女士先入，后出。

2．一男一女上楼、下楼，女后，男先。

3．一男一女在公司门口迎候客人，一客人至，男女主人将其夹在中间行进，至较狭之处，令客人先行。

第二节 乘车的位次排列礼仪

商务活动中，用车接送客人时，除了要注意车辆的安排及上下车先后顺序等礼仪规则外，还要注意一个很重要的礼仪问题——乘车时的位次排列。乘车时的位次排列即乘车时的座位安排。乘车时的座位安排是讲究位次尊卑的，按照国际惯例，讲究"以右为尊"，而左右的区分是以车辆前进的方向为准。轿车里的位次，大体上有三种情况，不同情况有不同的讲究。

一、公务用车时

在公务交往中，接待客人是一种公务活动。参与活动的车辆归属于单位，驾驶司机一般是专职司机。就双排座轿车而言，公务用车时的上座指的是后排右座，也就是司机对角线位置，因为后排比前排安全，右侧比左侧上下车方便；次座是后排左座；下座是副驾驶座。公务接待时，副驾驶座一般叫"随员座"，专供秘书、翻译、保镖、警卫、办公室主任或者导引方向者等随从人员就座。这种情况下，座次上下顺序依次是：①后排右座；②后排左座；③副驾驶座。如图 4-2-1 所示。

司机	③
②	①

↑ 车前进方向

图 4-2-1 公务用车时乘车位次排列

二、社交应酬时

工作之余，三五好友乘车外出活动，主人或熟识的朋友亲自驾驶汽车时，上座是副驾驶座，表示平起平坐。如果有两位客人，则与主人较熟悉、关系较密切的一位坐在前面副驾驶座。这种情况下，座次上下顺序依次是：①副驾驶座；②后排右座；③后排左座。如图 4-2-2所示。

三、接待重要客人时

在商务活动中，经常会接待高级领导、高级将领、重要企业家、明星等重要客人，这种场合下，主要考虑乘坐者的安全性和隐私性。司机后面的座位，由于隐秘性比较好，而且是车上安全系数较高的位置，因此该位置往往就成了轿车的上座。这种情况下，座次上下顺序依次是：①后排左座；②后排右座；③副驾驶座。如图4－2－3所示。

司机	①
③	②

↑ 车前进方向

司机	③
①	②

↑ 车前进方向

图4－2－2　社交应酬时乘车位次排列　　　**图4－2－3　接待重要客人时乘车位次排列**

第三节　会客的位次排列礼仪

当代社会日新月异，人与人之间的交往增多，社交活动越来越活跃。随着市场竞争的日益激烈，各企业、公司的互访活动越来越频繁，商务活动也不再是单纯的你来我往，"纸上谈兵"。在很大程度上，融洽的合作伙伴关系，对于企业的生存和发展，显得尤为重要。在会客时，座次安排得是否妥当，是建立良好关系的一个关键性的问题，若安排不当，会让客人非常敏感，甚至产生误解。商务人员在安排会客的座次时，有以下三种情况。

一、自由式

自由式即自由择座，即客人愿意坐在哪里就坐在哪里。自由式通常用在客人较多，座次无法排列，或者大家都是亲朋好友，没有必要排列座次时。如：常见的商务会议、展会中，可能有来自不同企业、公司、不同部门、不同职务的众多客人，如果没有特殊要求，可以不必安排具体座次，这样既不会让客商有厚此薄彼的感觉，也不会让他们过于拘谨。当客人自由择座时，主人则可随客意，顺其自然，不可强行让客人更换座位，或指定客人坐在何处。

二、相对式

相对式即客人与主人面对面而坐。相对式位次排列的基本原则是面门为上，背门为下，即面对房间正门的座位为客位；背对房间正门者为主位。因为面对房门，视野好，将该位置留给客人，是对客人的一种尊重。

三、并列式

并列式即客人与主人并排而坐。非实质性的，礼节性见面要并排坐，平起平坐，缩短距离，表示关系友善。并列式的位次排列，一般讲究右侧高于左侧，内侧高于外侧。具体而言，面对房门而坐时，以右为上，客人坐在主人的右边，主人应该坐在客人的左边；坐房门两侧时，则内侧比外侧高，客人坐在内侧，主人坐在外侧。还有一种情况要注意，如果宾主同坐一张长沙发，则客人坐中间，作陪的人可以坐两边。总之，要根据情况灵活处理。

第四节　谈判的位次排列礼仪

在商务交往中，当不同的公司为了各自的经济利益而在一起进行接洽商谈时，就出现了谈判。小到个体企业，大到跨国公司，谈判可谓无处不在。举行正式谈判时，有关各方在谈判现场具体就座位次的要求是非常严格的，礼仪性很强。从总体上讲，排列正式谈判的座次，可分为两种基本情况。

一、双边谈判

双边谈判即有两个利益主体参加的谈判。在一般性的谈判中，双边谈判最为多见。举行双边谈判时，应使用长桌或椭圆形桌子，宾主应分坐于桌子两侧。双边谈判时的座次排列，根据谈判桌摆放的方向，有两种形式可供酌情选择：

一种是横桌式。横桌式座次排列，是指谈判桌在谈判厅内横着摆放时的座次排列。这种情况下，面对正门的一方为上，应该让客方就座；背对正门的一方为下，则宜主方就座。如图4-4-1所示。

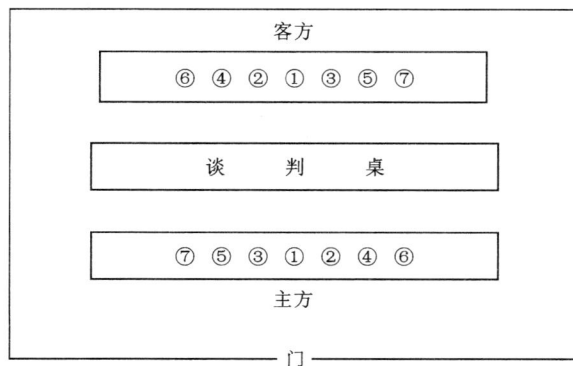

图4-4-1　横桌式谈判座次排列

另外一种是竖桌式。竖桌式座次排列，是指谈判桌在谈判厅里竖着摆放时的座次排列，这种情况下，应以进门的方向为准，右侧为上，由客方人士就座；左侧为下，由主方人士就座。如图4-4-2所示。

在进行谈判时，各方的主谈人员应在自己一方居中而坐。其他人员则应遵循右高左低的原则，依照职位的高低自近而远地分别在主谈人员的两侧就座。

假如需要译员，应安排其就座在仅次于主谈人员的位置，即主谈人员之右。

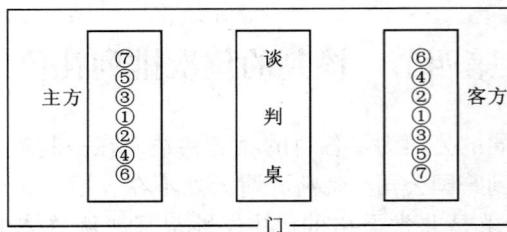

图 4 – 4 – 2　竖桌式谈判座次排列

二、多边谈判

所谓多边谈判是指有两个以上利益主体参加者的谈判。多边谈判的座次排列，也可分为两种形式：

一种是自由式。自由式座次排列，即参加谈判的各方在谈判时自由择座，而无须事先正式安排座次。另外一种是主席式。主席式座次排列，是指在谈判厅内面向正门设置一个主席之位，由各方代表发言时使用。其他各方人士，则一律背对正门、面对主席之位分别就座。各方代表发言后，亦须下台就座。如图 4 – 4 – 3 所示。

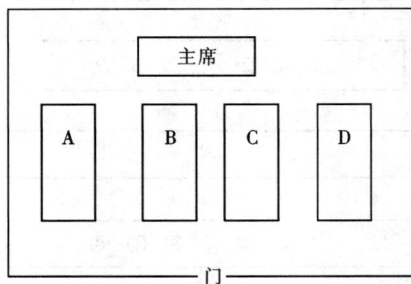

图 4 – 4 – 3　主席式谈判座次排列

第五节　签字仪式的位次排列礼仪

在商务活动中，主客双方常用合同的形式来保障各自的权益。我国法律规定：当事各方只有在达成的书面协议上签字，所属合同才能正式成立并生效。为了体现合同的严肃性，签署合同时，一般举行签字仪式。签字仪式是签署合同的高潮，时间虽不长，但程序规范，场面庄严而隆重。在签字仪式时，除了要做好签字厅的布置，签字文具的准备等工作外，更要做好签字时的位次排列。一般而言，签字仪式时的位次排列，可分下列情况而定。

一、双边签字仪式

举行双边签字仪式时位次排列的基本规则有五：

第一，签字桌一般在签字厅内横放。

第二，双方签字者面对房间正门而坐，签字桌右侧坐的是客方，签字桌左侧坐的是主方。

第三，双方各自的助签人，分别站立于己方签字人的外侧，以便随时对签字人提供帮助。

第四，双方的其他随员，一般需呈直线型，依照职位高低依次自左至右（客方）或是自右至左（主方）排成一行，站立于己方签字者身后。

第五，如果站立的签字随员有多排，一般还讲究"前高后低"的惯例，即地位较高的人站在第一排。如图4-5-1所示。

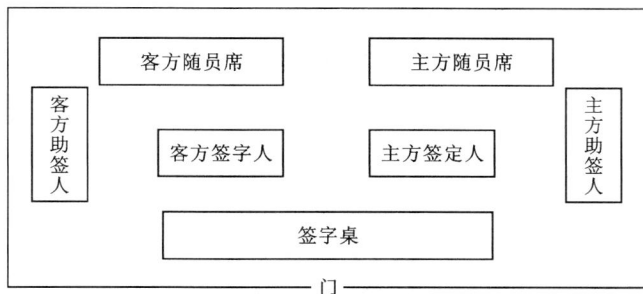

图4-5-1 双边签字仪式位次排列

二、多边签字仪式

所谓多边签字仪式，顾名思义，是指参加者是三方或者三方以上。多边签字仪式时位置排列的基本规范礼仪如下：

第一，签字桌横放。

第二，签字席须设在桌后面对正门的位置，但只设一个，并且不固定其就座者。

第三，所有各方人员，包括签字人在内，皆应背对正门、面向签字席就座。

第四，各方签字人应以规定的先后顺序依次走上签字席就座签字，签完后即应退回原处就座。如图4-5-2所示。

图4-5-2 多边签字仪式位次排列

第六节　会议的位次排列礼仪

商务交往中经常会举行一些重要的会议，举行会议时的位次排列就是摆在人们面前一个不可回避的细节。在商务交往中，会议通常可以分为两种，即大型会议与小型会议。会议位次的排列，也因会议的不同而有所区别。

一、小型会议

举行小型会议时位次排列需要注意以下四点：

第一，讲究面门为上，面对房间正门的位置一般被视为上座。

第二，讲究以右为上，坐在右侧的人为地位高者，在政务交往中，我国采用传统做法，以左为尊，而国际惯例则以右为尊，商务礼仪遵守的是国际惯例。

第三，强调居中为上，前排中央的位置视为上座。

第四，强调自由择座，只考虑主席之位，其他与会者自由择座，这样做使与会者有一视同仁被尊重的感觉。

二、大型会议

大型会议，一般是指与会者众多、规模较大的会议。它的最大特点，是会场上应设主席台与群众席。前者必须认真排座，后者的座次则可排可不排。

主席台排座。大型会场的主席台，一般应面对会场主人口。在主席台上就座之人，通常应当与在群众席上就座的人呈面对面之势。在其每一名成员面前的桌上，均应放置双向的桌签。

主席台排座，具体又可分作主席团排座、主持人坐席、发言者席位等三个不同方面的问题。

其一，主席团排座

主席团，在此是指在主席台上正式就座的全体人员。国内目前排定主席团位次的基本规则有三：一是前排高于后排，二是中央高于两侧，三是右侧高左于侧（政务会议则为左侧高于右侧）。如图 4 - 6 - 1 所示。

其二，主持人坐席。

会议主持人，又称大会主席。其具体位置有三种方式可供选择：一是居于前排正中央；二是居于前排的两侧；三是按其具体身份排座，但又不宜令其就座于后排。

其三，发言者席位。

发言者席位，又叫做发言席。在正式会议上，发言者发言时不宜于就座原处发言。发言席的常规位置有两种：一是主席团的正前方；二是主席台的右前方。

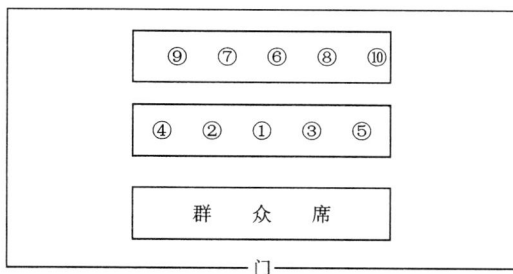

图 4 - 6 - 1　主席团排座

第七节　宴会的位次排列礼仪

在商务活动中,为了庆祝公司的周年或扩大组织等,常常会举行商务宴会,其中座次安排是宴会礼仪中较为重要的一部分。在正式的商务宴会中,应事先安排好来宾的桌次与座次。排列桌次、座次时,先定主桌主位,后排座位高低。

一、宴会桌次排列

在正式宴会上,进餐者往往不止一桌。当出现两张以上的餐桌时,就要安排桌次。桌次排列时,要以宴会厅的正门为准,以正对门厅的远方、居中为上确定好主桌,其他桌位以离主桌远近而定,离主桌近的位次高,离主桌远的位次低,而且是右高左低。桌次较多时,要摆放桌次牌,宴会正式开始应立即撤下。其具体原则是:

1. 以右为上

当餐桌分为左右时,以面门为据,居右之桌为上。如图 4 - 7 - 1 所示。

2. 以远为上

当餐桌距离餐厅正门有远近之分时,以距门远者为上。如图 4 - 7 - 2 所示。

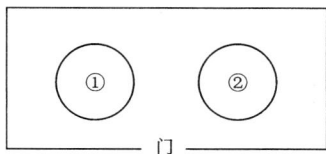

图 4 - 7 - 1

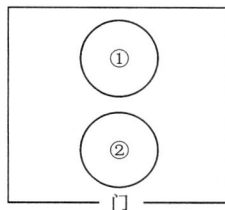

图 4 - 7 - 2

3. 居中为上

多张餐桌并列时,以居于中央者为上。如图 4 - 7 - 3,4 - 7 - 4 所示。

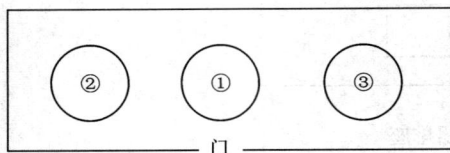

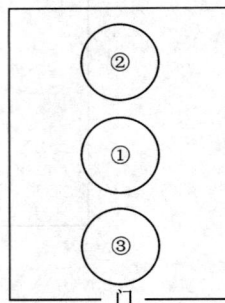

图4－7－3　　　　　　　　　　　　　图4－7－4

4. 在桌次较多的情况下，上述排列常规往往交叉使用
如图4－7－5，4－7－6所示。

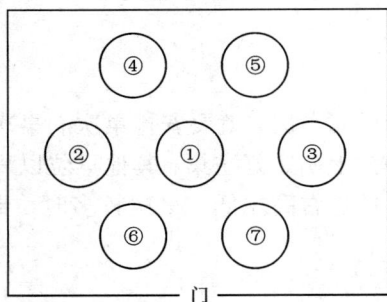

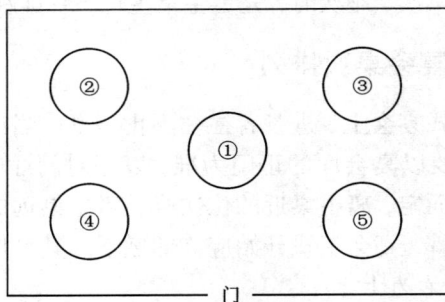

图4－7－5　　　　　　　　　　　　　图4－7－6

二、宴会座次排列

每张餐桌上具体位置的排列需要注意以下问题：

第一，面门居中者为上，坐在房间正门中央位置
的人一般是主人，称为主位。

第二，主人右侧的位置是主宾位。

第三，其他座次则以距离主宾夫妇与主人夫妇位
置的越近越尊贵，按照"右高左低"的原则，依次
排序。

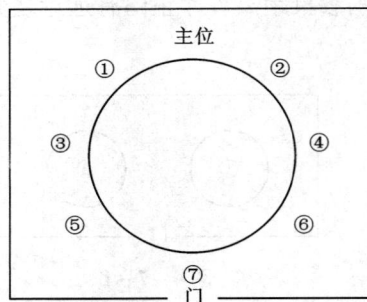

图4－7－7

第四，我国的习惯，主宾坐在男主人右方，主宾夫人坐在女主人右方。如图4－7－7所

示。国外习惯，男女相间而坐时，以女主人为主，主宾坐在女主人右方，主宾夫人坐在男主人右方。

第八节　旗帜的位次排列礼仪

中国的国旗凭什么不能插在前面？

这是一个真实的故事：小陆是一位年轻的企业家，刚从部队转业不久，放弃了做公务员的机会，自己办起了企业，为一些外国品牌做代理。一次，德国方邀请其在中国的一些代理商去总部参观，晚上，他们在德方总经理的陪同下来到闻名的慕尼黑啤酒馆。一长溜的长桌，上千人在那里喝啤酒、听音乐，啤酒馆里按顺序插着许多国家的国旗，德国、美国、日本……小陆发现中国的国旗插在较不显眼处，他就一下子冲上去将国旗拔起插到美国国旗旁，旁人都惊呆了。但不一会儿四周响起了热烈的掌声，德方总经理上前紧紧拥抱住小陆，使劲翘着大拇指，嘴里还不停地念叨着什么……

在重要的场合尤其是在涉外交往中，经常会涉及旗帜的悬挂，包括国旗和其他旗帜的悬挂，在悬挂旗帜时，尤其是悬挂代表国家尊严、作为国家标志的国旗时，必须认真对待。旗帜的位次排列，主要分为国旗与其他旗帜及中国国旗与其他国家国旗两类情况。

一、国旗与其他旗帜

国旗与其他旗帜排序，具体是指国旗与其他组织、单位的专用旗帜或彩旗同时升挂时的顺序排列。在国内活动中，此种情景时有所见。当国旗与其他旗帜悬挂时，按照中华人民共和国国旗法及其使用的有关规定，我国国旗代表国家，所以必须置于显著、尊贵的位置。所谓尊贵位置是指：

第一，居前为上，当国旗跟其他旗帜有前有后时，国旗居前。

第二，以右为上，当国旗与其他旗帜分左右排列时，以旗面面向为准，国旗居右。

第三，居中为上，当国旗与其他旗帜有中间与两侧之分时，中央高于两侧。

第四，以大为上，当国旗与其他旗帜有大小之别时，国旗不能够小于其他旗帜。

第五，以高为上，当国旗升挂位置与其他旗帜升挂位置有高低之分时，国旗为高。

二、中国国旗与其他国家国旗

在国际商务交往中，在某些特殊情况下，有的时候会出现中国旗帜和其他国家旗帜同时悬挂的情况，客观上便出现了中外国旗的排序问题，这时应分别对待。中国国旗与外国国旗的排序，主要分为双边排列与多边排列这两种具体情况。

其一，双边排列。我国规定，在中国境内举行双边活动需要悬挂中外国旗时，凡中方所主办的活动，外国国旗置于上首；凡外方所主办的活动，则中方国旗应置于上首。

其二，多边排列。当中国国旗在中国境内与其他两个或两个以上国家的国旗并列升挂时，按规定应使我国国旗处于以下荣誉位置：

（1）一列并排时，以旗面面向为准，中国国旗应处于最右方。

（2）单行排列时，中国国旗应处于最前面。

（3）弧形或从中间往两旁排列时，中国国旗应处于中心。

（4）圆形排列时，中国国旗应处于主席台（或主入口）对面的中心位置。

基本训练

● 知识题

1. 判断题

（1）并排行进时，引导者应主动在内侧行走。（　　）

（2）在接待重要人物时，应将其安排在轿车后排右座就座。（　　）

（3）一般情况下，出入房门时，由位高者先出入房门。（　　）

（4）上下楼梯，女士居后，男士在先。（　　）

（5）陪同客人乘坐无人值守的电梯，客人先入后出。（　　）

（6）与客人对面而坐时，应将面对房间正门的座位留给客人。（　　）

（7）多边签字仪式上，可设多个签字桌。（　　）

（8）将主谈人员的翻译安排在主谈人员左侧就座。（　　）

（9）客人较多时，如果无法安排座位，可以自由择座。（　　）

（10）在中国境内举行双边活动需要悬挂中外国旗时，凡中方所主办的活动，外国国旗应置于上首；凡外方所主办的活动，则中方国旗应置于上首。（　　）

2. 选择题

（1）在商务交往中，乘坐轿车已成了日常生活的一个组成部分。在由专职司机驾驶轿车时，座次排列由尊到卑的顺序正确的是（　　）。

A. 副驾驶座、后排右座、后排左座

B. 后排左座、副驾驶座、后排右座

C. 后排右座、后排左座、副驾驶座

（2）公务接待时，副驾驶座一般坐的是（　　）。

A. 秘书、翻译、警卫　　　　　　　B. 保镖、引导方向者、办公室主任

C. 重要客人

（3）出入无人值守的升降式电梯，一般应请客人（　　）。

A. 先进，后出　　　　　　　　B. 后进，先出

C. 后进，后出　　　　　　　　D. 先进，先出

(4)在进行小型会议的位次排列时，可以遵循以下原则(　　)。

A. 面门为上　　　B. 以右为上　　　C. 居中为上　　　D. 自由择座

(5)举行双边签字仪式时，双方各自的助签人，分别站立于己方签字人的(　　)。

A. 外侧　　　　B. 内侧　　　　C. 背后

(6)乘轿车最安全的座位为(　　)。

A. 后排右座　　　　　　　　B. 司机后面的座位

C. 司机旁边的副驾驶座

(7)双边谈判时，如果谈判桌横放，面对正门的一方为(　　)。

A. 主方　　　　　B. 客方

(8)一般而言，上楼下楼宜(　　)行进。

A. 并排　　　　B. 单行　　　　C. 无所谓

(9)宴会时，主人右侧的位置应该坐的是(　　)。

A. 买单的人　　　B. 主宾　　　　C. 次主宾

(10)中国国旗与其他国家国旗同时使用时(　　)。

A. 活动以中国为主，外国国旗为上

B. 活动以外国为主，外国国旗为上

C. 以其在国际上的地位来排列

● 素质题

西方社会"女士优先"是首要礼节，试问你在日常生活、工作中应具体注意些什么，以体现女士优先的礼仪特征？

● 技能题

你打算在家中宴请几位客人，共有7位来宾：1位你的老师，1位你的部门经理(顶头上司)，2位你的同事(其中1位与你的上司曾是中学同学)，还有3位是你的朋友，他们与你同学的关系都不错。7人中最年长的是你上司，其次是你的老师，其他人的年龄都比较接近。

试排列一下就餐时的席位(圆桌)，并说明理由(都是同性)。

第五章　语言礼仪

[知识目标]

了解口头语言礼仪的基本概念和作用，口头语言礼仪的基础知识与基本理论依据，认识选择正确的口头语言礼仪需注意的事项和内容。

[素质目标]

具有清晰的语言表达能力，在公关礼仪活动中，能够把握口头语言礼仪在人际交往中的重要地位和作用。

[技能目标]

按照口头语言礼仪的基本要求，运用合理的口头语言礼仪方法加强人际交往，基本掌握口头语言礼仪在人际交往中的方法技巧。

语言文字，是人类用以表达思想、交流情感、沟通信息的特有工具。俗话说："言为心声"，"字如其人"。语言是人们心灵的体现，是表现人们心灵的窗口。我们从中还可以看到一个国家、一个民族的精神面貌。一个人的语言可以表现一个人的道德水准和教养水平。若想通过语言达到商务交流的预期目的，除了在表达上要词义准确外，还应以"礼"取胜。

第一节　口头语言礼仪

斯大林说："语言是工具、武器，人们利用它来互相交际，交流思想，达到互相了解。"他还说："有声语言在人类历史上是帮助人们脱出动物界，结成社会，发展自己的思维，组织社会生产，同自然作斗争并取得今天的进步的力量之一。"更有古语有云："一人之辩重于九鼎之宝，三寸之舌强于百万之师""酒逢知己千杯少，话不投机半句多""良言一句三冬暖，恶语伤人六月寒""与君一席话，胜读十年书"，由此可知口头语言的重要性。

语言直接体现人们的思想，它推动人类的发展和进步，人类成为万物之灵就是因为掌握了语言。语言既能体现出真善美又能体现假恶丑。为此，大家都应自觉培养文明修养，注重自己的礼貌谈吐，讲究说话的艺术性，遵守语言的规范，掌握语言的使用方法，从而做到语言美，充分发挥语言的作用。

一、语言要文明

作为有教养的人，在交谈中，一定要使用文明语言。语言要文明，就是要杜绝有失身份的话"溜"出口，在交谈中，绝对不能采用以下用语：

(1)粗话。口中吐出"老头儿"、"老太太"、"小妞"等称呼，是很失身份的。

(2)脏话。讲起话来骂骂咧咧，非但不文明，而且自我贬低，十分无聊。

(3)黑话。一说话就显得匪气十足，令人反感、厌恶。

(4)荤话。把绯闻、色情、"荤段子"挂在口边，会显得趣味低级。

(5)怪话。说话怪声怪气、黑白颠倒，让人难生好感。

(6)气话。说话时意气用事、发牢骚或指桑骂槐，很容易伤害人、得罪人。

下面几种常见的礼貌谦词供大家参考和学习。

初次见面说"久仰"，看望别人说"拜访"。

请人勿送用"留步"，对方来信叫"惠书"。

请人帮忙说"劳驾"，求给方便说"借光"。

请人指导说"请教"，请人指点说"赐教"。

赞人见解说"高见"，归还原物叫"奉还"。

欢迎购买叫"光顾"，老人年龄叫"高寿"。

客人来到说"光临"，中途要走说"失陪"。

接待客人叫"茶后"，求人原谅说"包涵"。

麻烦别人说"打扰"，拖人办事用"拜托"。

与人分别用"告辞"，请人解答用"请问"。

接受礼品说"笑纳"，好久不见说"久违"。

二、语速、音质与声调

1. 语音柔和动听

语言的生动效果常常是依赖语音的变化而实现的。语音变化主要是声调、语调、语速和音量。如果这些要素的变化控制得好，会使语言增添光彩，产生迷人的魅力。一般情况下，对音量的控制要视谈话的地点、场合以及听众人数的多少而定。

在不同的场合应当使用不同的语速。因为在讲话或谈话时的速度可以表达一定情感，速度适中可以给人留下稳健的印象。

2. 语调恰当、富有节奏

根据思想感情表达的需要，必须恰当地把握自己的语调，同时语言清楚明白。说话时要综合把握，形成波澜起伏、抑扬顿挫的和谐美，以收到最佳的交际效果。

如果语言没有起伏变化，始终就是一个频率、一个调子，往往使人觉得就像在喝一杯淡而无味的白开水，很快就觉得没意思。

为此，讲话时语调应有起有伏，时急时缓，抑扬顿挫，让人感到生动活泼，避免过于呆板的音调。

3．发音纯正，语句流畅

讲话时应避免口吃、咬舌或吐字不清的毛病。口齿不清者可以把讲话的速度尽量放慢，操之过急往往会使口齿不清的毛病更突出。另外，无论将音量控制在什么程度，都必须强调说话要清晰有力，发音纯正饱满。

4．使语言清晰、明白应注意的事项

要使语言清晰明白须注意：不要随便省略主语；切忌词不达意；注意文言词和方言词的使用和说话的顺序，同时还要注意语句的衔接，使话语相连贯通，严丝合缝。

三、适宜的话题

俗话说："良言一语三冬暖，恶语伤人六月寒。"在实际生活中人们要求的不多，一句简单的致谢，几个字的赞美，一声"对不起"，就能温暖一个人的心。在生活中多讲"请"字，多说几次"对不起"，是一种礼貌，也是对他人尊重的表现。话题中的相似点使陌路变成莫逆，共同点会让生疏的人一下子熟悉起来，兴奋点使每个胆小的人都鼓起谈话的勇气。选择宜选的话题，扩大话题储备，显得尤为重要。

1．宜选的交谈话题

（1）拟谈的话题

拟谈的话题是指双方约定要谈论的话题，或者应和对方谈论的。双方约定今天谈论办公用品采购的问题，就不要谈论其他话题。

（2）格调高雅的话题

作为一个现代人，特别是一个有见识有教养的商务人员，应在交谈之中体现自己的风格、教养和品位，所以应该选择格调高雅的话题。哲学、文学、历史这样一些有深度、有广度的话题，不妨一谈。

（3）轻松愉快的话题

哲学、历史话题谈谈倒无妨，但是这样的话题往往会给人太沉重的感觉，所以那些轻松愉快的话题，如电影、电视、旅游、休闲、烹饪、小吃等都可以谈上一谈。

（4）时尚流行的话题

时尚流行的话题也可以作为谈论的话题，可以针对对方的兴趣对史上话题进行选择，如皇家马德里队到中国来进行足球比赛，某某明星的演唱会，热播的电视剧等。

（5）对方擅长的话题

所谓"闻道有先后，术业有专攻"，谈论交往对方所擅长的话题，让交往对方获得一个展示自己的机会，从而营造良好的谈话氛围，何乐而不为呢？

2. 交谈的礼仪

（1）认真倾听。在交谈时，要目视对方，全神贯注：

①表情认真。心不在焉的表情，会让对方感到很不舒服。

②动作配合。自己接受对方的观点时，应以微笑、点头等动作表示同意。

③语言合作。在听别人说话的过程中，不妨用"嗯"或"是"加以呼应，表示自己在认真倾听。

（2）用词要委婉。在交谈中，应当力求言语含蓄、婉转、动听。如在谈话时要去洗手间，不便直接说"我去厕所"，应说"对不起，我出去一下"，或其他比较容易接受的说法。在交谈中，用委婉语言可采用以下方式：

①旁敲侧击。不直接切入主题，而是通过"提醒"语言让对方"主动"提出或说出自己想要的。

②比喻暗示。通过形象的比喻让对方展开合理准确的想像，从而领会所要传达的意图。

③间接提示。通过密切相关的联系，"间接"地表达信息。

④先肯定，再否定。有分歧的时候，不要把人家的观点一竿子打死，而是要先肯定对方观点的合理部分，然后再引出更合理的观点。

⑤多用设问句，不用祈使句。祈使句让人感觉到是在发布命令，而设问句让人感觉是在商量问题，所以后者更容易让人接受。

⑥表达留有余地。不要把问题绝对化，从而使自己失去回旋、挽回的余地。

（3）礼让对方。在交谈中，应以对方为中心，处处礼让对方，尊重对方，尤其是要注意以下几点：

①不要独白。交谈讲究的是双向沟通，因此要多给对方发言的机会。不要一人侃侃而谈，而不给他人开口的机会。

②不要冷场。不论交谈的主题与自己是否有关，自己是否有兴趣，都应热情投入，积极合作。万一交谈中出现冷场，应设法打破僵局。常用的解决方法是转移旧话题，引出新话题。

③不要插嘴。他人讲话时，不要插嘴打断。即使要发表个人意见或进行补充，也要等对方把话讲完，或征得对方同意后再说。对陌生人的谈话是绝对不允许打断或插话的。

④不要抬杠。交谈中，与人争辩、固执己见、强词夺理的行为是不足取的。自以为是、无理辩三分、得理不让人的做法，有悖交谈的主旨。

⑤不要否定。交谈应当求大同，存小异。如果对方的谈话没有违反伦理道德、辱及国格人格等原则问题，就没有必要当面加以否定。

⑥把握交谈时间。与其他商务活动一样，交谈也受制于时间。因此，交谈要见好就收，适可而止。普通场合的谈话，最好在30分钟以内结束，最长不能超过1小时。交谈中每人的每次发言，在3分钟到5分钟之间为宜。

语言特有的魅力往往可以吸引住别人，争取到更多的支持和协作，但驾驭语言不是件容易的事情。想让自己的话受到欢迎，除了要掌握言谈的技巧，还要具有渊博的知识。具有了深厚的文化底蕴，才能让说出的话言之有物，具有高度的可信性，才能打动对方。所以，平时对语言知识和语言技巧的学习积累，是非常重要的，它是语言魅力的源泉。

自检：请你指出在以下交谈中，男士犯了什么错误？并将答案填入表格。

休闲场所，两女士聊天。

甲女："昨天天津下雨了，很大。"

一男士插入："真的？"

两女士不理对方。

该男士又道："我怎么不知道？"

乙女："唐山昨天也下雨了。"

该男士又道："石家庄也下大雨了。"

四、聆听

在一项关于友情的调查中，调查的结果让被调查者都感到十分的意外。调查结果显示，拥有最多朋友的人是那些善于倾听的听众，而不是能言善辩，引人注目的演说家。

做一名听众，也许是最简单有效地赢得信任的手段了。聆听越多，你就会越聪明，也就会赢得越多人的喜欢。但是，要成为一名出色的听众，并不是只要长了耳朵这么简单。

（1）认真倾听，保持目光接触，集中精神不走神，不轻易打断对方的谈话，是对说话者的尊重；

（2）利用眼神和肢体语言适当地给予反馈，如点头或摇头；

（3）积极主动去听，分析消化所听到的内容，弄懂发言人真正的意思并适当提问，而不只听听就算；

（4）客观倾听，心态摆正，不存偏见；

（5）切忌忘我。

五、提问与回答

古语云："善问者如撞钟。"一个提问激起谈话另一方反应如何，与提问技巧有直接关系。因此提问时应认清对象，问得适宜，抓住关键，讲究技巧。

商务活动中回答应该尽量简洁明了，以显精明干练的职业风范。切忌拖泥带水，闲话家常，甚至跑题千里。如接受他人建议，可说"好的，马上跟进"。

同行间可多使用专业术语，可以更加清楚明了地说明问题。若是回答外行人提问，则反之，避免有沟通障碍甚至有显摆之嫌。

六、寒暄与问候

1. 寒暄

初次与人见面，最标准的说法是："您好！""很高兴认识您。""见到您很荣幸。"比较文雅点可以说："久仰。""幸会。"想要更随便一点可以说："早就听过您的大名。"、"某某经常谈起您。"，或是"早就拜读过您的大作。"……

跟熟人寒暄，用语则不妨显得亲切一些、具体一些。可以说"好久不见"、"又见面了"，也可以讲"您气色不错"、"今天发型很漂亮"、"小朋友真可爱啊！""下班了啊？"

寒暄语不一定具有实质性的内容，而且可长可短，需要因人、因时、因地而异，但必须简洁、友好与尊重。

2. 问候

问候，多见于熟人之间打招呼。西方人爱谈论天气，中国人则常问"吃了没？""去哪儿啊？""忙什么呢？"

商务活动中，一句"您好"，既节省时间，又将寒暄与问候合二为一。

为了避免误解，统一而规范，商界人士应以"您好"等为问候语，最忌画蛇添足，更不要涉及他人隐私和禁忌。

七、拒绝与反驳

从语言礼仪上说，拒绝有直接拒绝、婉言拒绝、沉默拒绝、回避拒绝等四种方法。

1. 直接拒绝

就是将拒绝之意当场明讲。采取此法时，重要的是应避免态度生硬，说话难听。

直接拒绝别人，需要把拒绝的原因讲明白。

还可向对方表达自己的谢意，表示自己对其好意"心领"，借以表明自己通情达理。有时还可为之向对方致歉。

若是外商在商务交往中送了现金，按规定不能接受，不妨采用婉转的语气来拒绝馈赠，如可以说："先生，实在感谢您的美意，但我们公司规定，在商务活动中不能接受他人赠送的礼金。对不起了，您的钱我不能收。"这样对方就不好强人所难了。

2. 婉言拒绝

就是用温和和曲折的语言表达拒绝之本意。

与直接拒绝相比，它更容易被接受，因为它在更大程度上顾全了被拒绝者的尊严。

3. 沉默拒绝

就是在面对难以回答的问题时，暂时中止"发言"，一言不发。

当他人的问题很棘手甚至具有挑衅、侮辱的意味时，"拔剑而起，挺身而斗"未必适宜。不妨以静制动，一言不发，静观其变。

这种不说"不"字的拒绝，所表达出的无可奉告之意，常常会产生极强的心理上的威慑力，令对方不得不在这一问题上"遁"词。

4. 回避拒绝

就是避实就虚，对对方不说"是"，也不说"否"，只是搁置此事，转而议论其他事情。

遇上他人过分的要求或难答的问题时，均可伺机一试此法。

第二节　体态语言礼仪

人的体态可以传达思想和感情，而且它所传达的信息是十分可观的。心理学家有一个有趣的公式：一条信息的表达 = 7% 的语言 + 38% 的声音 + 55% 的人体动作。可见，人们获得的信息大部分来自视觉印象。如我们"表示同意"时会点点头，说"不要"时会摇摇手，说"欢迎光临"时满面笑容，喊着"你滚出去"时则怒目圆睁，高兴时手舞足蹈，愤怒时以沉默表示抗议，而聋哑人却全靠体态语言表情达意，传递信息。因而美国心理学家艾德华·霍尔曼十分肯定地说："无声语言所显示的意义要比有声语言多得多。"对人际沟通来说，体态语言因其独特的有形性、可视性和直接性，具有不可低估的特殊意义。

一、体态语言的特征与运用

（一）体态语的特征

体态语是人们在交往过程中有意识使用的可以传情达意的表情、动作和姿态，是有声语言的伴随物。体态语的突出特点是它的辅助性和习惯性。

1. 辅助性

这一特点是不言而喻的。除了聋哑人，没有一个人能够全部用体态语言来表情达意的。体态语只是支持、辅助有声语言，加强有声语言的力度，增强有声语言的效果。

2. 习惯性

正是因为人际交往中的习惯性，给我们日常常用的手势语言都赋予了特定的含义。这种习惯，即约定俗成，是我们体态语交流的基础。

一个人的体态即行为举止反映出他的修养水平、受教育程度和可信任程度。在人际交往中，它是塑造良好个人形象的起点。而且，它又可以为商业人士之间的合作和友谊以及创造和谐、高雅的交往氛围提供条件。更为重要的是，它在体现个人形象的同时，也向外界显现了作为公司整体的文化精神。

尽管行为举止这种语言有着口头语言所无法替代的作用，但是，它毕竟是无声的，口语要比体语更优越、更重要，不可偏颇。二者必须完美结合才能"声情并茂"。

优美的体态不是天生就有的，每个商业人士应当积极主动地进行形体训练，掌握正确的举止姿态，矫正不良习惯，达到自然美与修饰美的最佳结合。

（二）体态语言运用原则

1. 体态语言的运用原则

（1）体语应符合所在国的文化传统要求

任何一种体语都是与当地文化传统紧密相连的，它代表着特定文化背景下的特定含义，万不可作为"通用语言"张冠李戴，导致误会。如挑眉毛，在汤加国，双方交谈时此体语表示同意双方的谈论或对某种请求表示默许；而在秘鲁是表示"请您付款"；在美国则是男人见了漂亮女子时的反应。

再如眨眼睛，在意大利，熟人谈话时眨一只眼，表示对对方幽默谈话的赞同；在科摩罗群岛的牧人中连续眨眼三次表示同意；而在澳大利亚，即使是友好地向妇女眨眼，也被认为是失礼的行为。

点头，在很多国家被认为是"同意"的表示；而在保加利亚和希腊，却要反过来，表示"不同意"。

（2）体态语与有声语言同步进行，不能脱节

体态语言的重要功能是辅助有声语言的表达，故在使用体态语言时，应与有声语言同步进行，有机地配合有声语言的表达，而不是脱节，甚至表达的是与有声语言截然不同的意思。如果两者分离，就会弄巧成拙，如表现欢快的内容，却是悲悲切切的表情；表现伤感的内容，却又面带微笑，显然很不协调。在人际交往中，如果体态语言和有声语言不一致，往往会给人一种不真实、虚伪或有意掩饰着什么的感觉。

所以，在人际沟通中，尤其应注意体态语言与有声语言的配合要一致，只有有声语言表达清晰、准确、有感情，同时配以得体的表情、动作、姿态，才能给人留下美好的整体形象。

（3）恰到好处，适可而止

体态语言尽管在口语交际中有着很大的作用，但它毕竟是作为有声语言的辅助手段而存在的，一般情况下不能脱离有声语言而存在。所以，我们运用体态语言要适度，恰到好处，不可喧宾夺主。如果每句话都用上一个表情或动作，搔首弄姿，手舞足蹈，反而会弄巧成拙，令人反感。记住：丰富的体态语言与装腔作势也只有一步之遥，务必慎重把握。所以，体态语言只能作为一种辅助手段，在运用过程中不能过多。一举手、一投足都要恰到好处，适可而止。

（4）切合语境，符合身份

首先，体态语言要与主体的当时语言环境相适应，这和口头语言原则一样，"到什么上山唱什么歌"，在不同语境中，对主体的行为表情、举止都有不同的要求，否则就会被认为不文明、不礼貌。所以在一些正式场合，要注意运用符合语境的体态语，不可轻率粗俗。

其次，体态语的运用应符合表达者的身份，身为一名德高望重者，就不能用过于年轻化的体态语。体态语言往往还体现着一个人的知识修养和文化水平，正常情况下，知识水平越高，体态越优雅。一个大字不识、只知耕地犁田的农民，言谈举止粗俗尚情有可原，但作为

一个有修养、有文化的知识分子、公关人员，如举止粗俗则很不应该。特别是公关人员，代表的是组织形象，言谈举止不符合身份，必然会有损自己和组织的形象。事实上，现在许多企业，为了提高企业员工形象，都注重从体态方面培养从业人员的风度、气质，比如一些服务行业职员脸上的"微笑"表情便是培训的结果。

2. 体态语运用的基本要求

（1）尊重他人

行为举止要考虑到他人，要有礼貌。有的人衣冠楚楚，却举止粗俗，不以礼待人，不尊重他人，都是缺乏教养的表现。

以日常生活中常见的递交物品为例，须把握安全、便利、尊重三原则。若递刀子给他人，千万不要把刀尖对着他人递过去，而须"授人以柄"，使人有安全感，并使对方能方便地接住，还要等对方接稳后才能松手；端茶递水要双手递上，不要溅湿他人，捧茶杯的手不要触及杯口上沿，避免客人喝水时嘴唇碰到你手指接触过的地方；若递交书本、文件，也同样应让对方一目了然，不能只顾自己方便而让他人接过书本文件后再倒转一下才能看清文字。尽可能地给对方以方便，就是对他人的尊重。

（2）大方、得体、自然

站有站相、坐有坐相、行有行相。要率直而不鲁莽，活泼而不轻佻，工作时紧张而不失措，休息时轻松而不懒散，与宾客接触时有礼而不自卑。

由此可见，一个人的气质、风度及礼仪教养不是靠高档的服饰装扮出来的，而是在一举一动中自然体现出来的。某些人或许能够在一夜之间暴富，但不可能随即成为绅士，西方有句俗语"三代出贵族"，就是讲的这个道理。

（3）行为举止要有距离概念

美国人类学、心理学的创始人霍尔博士通过大量事例证明，人在文明社会中与他人交往而产生的关系，其远近亲疏是可以用界域或距离的大小来衡量的。那么，反过来说，人们在人际交往中的位置，相互间的距离，也应由人们关系的亲疏程度来定夺。

一般来说，除非特别亲密者，不能闯入 45 cm 的亲密界域禁区！日常朋友之间交流的距离最好 75 cm 左右。太远，则无亲切感；太近，气息扑面、唾沫溅身，还会产生压抑感。

3. 体态语言运用禁忌

体态语言运用禁忌是指在日常社交场合，因为剖解体语的全部含义，而在不经意中表现出令人难堪或让人感到不快的行为、动作及举止。虽属最小节，但却有损个人形象，也会给正常沟通带来负面效果，应引起足够的重视。

（1）避免不雅行为

● 忌当众整理衣裤

在社交活动前，必须穿戴整齐。特别是出洗手间前，不得匆忙，应照照镜子，检查整理好服饰后，从容出来，切忌边走边拉拉链、扣扣子、擦手、甩水。

- 忌当众发出怪异的声音

在社交场合应避免放屁、打嗝、打哈欠、咳嗽、打喷嚏、抽鼻涕等行为。打喷嚏意味着鼻内受到某种刺激的感染，有时在公众场合，你的喷嚏会接二连三地打个不停，确是一件对己对人都不耐烦的事。如果有一连打十几个喷嚏的习惯，必须请医生帮助你找到敏感原因。

在社交场合或在会议期间哈欠连连，不仅不雅观，而且不礼貌，尤其在会议场合，表明你对会议不够重视，因为打哈欠只能说明你疲倦、厌倦。

- 忌当众抓挠身体

当众伸舌头、挖耳鼻、揉眼睛、搓泥垢、剔牙、修剪指甲、梳理头发、抓耳挠腮等均属不文雅行为，亦应尽量避免。

- 忌随意动手、动脚、发送手机短信

有些人在交谈或开会时，手中总想拿点什么东西摆弄着或不停地发送手机短信，这种习惯很不好，也是对对方不尊重的行为。还有些人讲话时总喜欢拍打对方一下，这种轻浮的动作，对方是很反感的。

有些人坐着时，两腿不停地摆动，或者是一条腿压在另一条腿上不停地摆动着，特别是脚尖摆动得还很有节奏，使对方对你产生很高傲、不好接近的感觉，同时也是一种缺乏修养的行为。

- 忌旁若无人，动作夸张

一般而言，在公共场所旁若无人地手舞足蹈、高声谈笑、大呼小叫是一种很不文明的行为，应该避免。当然，在观看体育比赛和庆祝会之类的场合，则另当别论。在人群集中的地方交谈者应该低声细语，声音的大小以不干扰他人为宜，但在朋友聚会和酒宴的场合，则要避免与人耳语或窃窃私语。

- 忌在公共场所进食

大庭广众之下最好不要吃东西，更不要出于友好而逼人分享你的食物，也不要边走边吃。白领阶层也不要在办公室吃零食，这样不仅欠雅观，还有损单位形象。

- 忌破坏公共卫生

保持公共卫生是每个公民应尽的义务，随地吐痰，乱扔烟蒂纸屑和其他废弃物都是缺乏教养的表现。在允许抽烟的场合，要遵守抽烟礼仪，同时切忌对着别人喷吐烟雾或烟圈。

- 忌在众目睽睽之下随意放松自己

不要在他人面前躺在沙发里，趴在或坐在桌上，或跷起二郎腿。走路时脚步要放轻，不要咔咔作响。

- 忌经常看表

看表是一种非常明显的体态语言，告诉对方，时间到了，你别再继续下去了，显然这是不礼貌的举动。

- 迎送时的忌讳

见面时面带微笑，握手时热情亲切，不可毫无生气或一副冰冷相。

客人进门，起立表示欢迎，避免坐着用手示意客人入座。

客人告别时，要送出门外。人少时或遇不常见的客人时最好握手告别。人多时或常客可以挥手作别。

客人走出门后，应轻轻关门，切忌用力将门"砰"地一声关上。

②防止冒失行为

● 不要事事总想表现自己

在社会交往中，特别是在人多的情况下，不要什么事都往前跑，总表现自己，把自己摆在中心的位置，又打手势又指挥别人，甚至拍一拍说话人的背说："你等会再说，让我先说。"都是极不礼貌的行为习惯。

● 不要乱闯乱进

"游客卡步"、"闲人勿进"之处不得擅入；非公共场合，如他人办公室、私人住宅、宿舍、工地等非经允许，不得随便进入，即使如约而至，也应先敲门得到允许后再进入。

● 不要冒犯他人的尊严

对陌生人尤其是异性不要盯视和跟踪；对老人、残疾人的动作不要模仿；当他人在进行私人谈话或打电话时，不可故意接近，以免有偷听之嫌，更不能偷窥别人的隐私；见他人遭遇不幸，不可有哄笑之举。自己若妨碍了他人应致歉，受人帮助则应道谢。

● 不要开过分的玩笑

当他人独处时，不得做出令其受到惊吓的行为，更不能乘其不备，出其洋相。只想自己开心，不顾他人尴尬，是很失礼的。

二、手势语

由人的各种姿势特别是手势构成的形体语言是人类语言体系的一个重要组成部分。它能表达人们的思想感情，有时甚至比词汇语言更有力。但是，在不同民族之间或同一民族的不同群体之间，手势语言存在着巨大的文化差异。在讲话和交际时，如果随便使用自己文化圈中的手势语言，往往会产生始料不及的不良后果。

1990 年 7 月，在孟加拉国的新一届议会召开期间，立法者狂暴地谴责航运部长阿布杜·罗布作出的一个手势，"这不仅是对议会的侮辱，更是对整个国家的侮辱。"孟加拉民族主义政党的议员领袖巴德鲁多扎·乔德呼利愤慨地说。

究竟罗布做了什么动作而引起如此强烈的愤怒呢？据说他涉嫌做出"竖起大拇指"的手势。在美国，这个手势意味着"进展顺利"；在中国，很多人用这一姿势表示"真棒"；但是，在孟加拉国，它对人是一种侮辱。

这仅仅是超越文化界限的一系列不慎行为中的一个案例，在对外开放的时代，我们要想在人际交往中潇洒自如，就必须了解一些形体语言的文化差异。

（1）拇指与食指构圆。拇指尖和食指尖对接构成圆形、其余三指自然伸出的手势在美国一般表示"OK"即"完全可以，好极了"。但在很多拉丁美洲国家它是一种不敬的行为。据新闻界报道，理查德·尼克松担任美国副总统期间，曾经用双手同时作出这种姿势向邻近的拉美国家的人们致意，其后果可想而知！

有一次，美国作家、《手势》一书的作者罗杰·阿克斯特尔出访法国，旅馆的接待员问他："你对房间满意吗？"他对接待员做了一个"OK"手势。这个接待员带着愤怒的表情耸了耸肩："如果你不喜欢它，我们就给你另换一个房间。"很多法国人把这个手势理解为"零"或"无价值的"。

（2）中指与食指构叉。中指与食指叉开、拇指与无名指和小指对接的手势在美国一般表示"胜利"或"和平"。但在英国，如果掌心向内做这种手势就是一种奚落或者说是在嘲笑对方。特别是带有上下快速移动手指的动作时就更是如此。

故事发生在650多年以前，在英法交战中，法国人砍掉俘获的英国弓箭手们的中指和食指，使他们变成残废。后来英国人打败了法国人，胜利的英国人举起手，伸直中指和食指，掌心向内，得意地向法国俘虏示威：我们的手指头是完整的。

（3）拇指与小指竖起。拇指和小指竖起，其余手指卷起来的手势在美国德克萨斯州的一些大学被影迷或球迷用来欢迎他们崇拜的明星。但在非洲的一些地区这种手势却表示诅咒；而对几百万意大利人来说，它表示"王八"，它向对方暗示："你的老婆不贞。"

（4）竖食指与伸拇指。食指略微竖起、拇指自然伸直的手势在美国有时用来招呼一个侍者。在日本如果你用这种手势招呼侍者，会被视为一种很粗鲁的行为；而在德国，这种手势将引起侍者的积极反应，说不定他会多给你两杯饮料。

在马来西亚，弯曲食指被认为是不礼貌的，用手抓空气的动作来招呼侍者略微好一点。

（5）用食指轻拍额头。在美国，它意味着"妙不可言"；而在荷兰用手轻拍前额中部意味着针对第三者："他是疯子。"美国人表示"他是疯子"的手势（把弯曲的食指靠近耳朵），在阿根廷则被看作是"有人找你接电话"。

（6）举手时掌心朝前。掌心向前伸直一只手，在美国意味着"停下"。在希腊这个动作叫"冒扎"，意思是"推手"，它是一公认的表示对抗的手势。在西非它甚至比竖起中指更带有侮辱性。

（7）双手插进口袋里。既然手势的禁忌五花八门，有人以为把两只手都插进衣袋里岂不可以少惹麻烦，结果又发现在印度尼西亚、法国和日本，与人谈话时把手放在口袋里是不礼貌的。

三、表情语

表情即面部神情，是指眼睛、嘴巴、眉毛、鼻子、面部肌肉以及它们的综合运用所反映出的心理活动和情感信息。在人际交往中，表情真实可信地反映着人们的思想、情感及其心理活动与变化。而且,表情传达的感情信息要比语言来得巧妙得多。当然,把握表情,并不是一件容易的事。从大体上说,人的眼神、笑容、面容是表达感情最主要的三个方面。美国心理学家艾伯特·梅拉比安把人的感情表达效果总结为一个公式:感情的表达 = 语言(7%) + 声音(38%) + 表情(55%)。

(一)对眼神的要求

眼神能够最明显、最自然、最准确地表现一个人的心理活动。

(1)注视的时间:注视对方的时间长短是十分讲究的。

表示友好:向对方表示友好时,应不时地注视对方;注视对方的时间约占全部相处时间的1/3 左右。

表示重视:向对方表示关注时,常常将目光投向对方某个部位;注视对方的时间约占相处时间的2/3。

表示轻视:目光时常游离对方,注视对方的时间不到全部相处时间的1/3,就意味着轻视对方。

表示敌意:目光始终盯在对方身上,注意对方的时间在全部相处时间的2/3以上,被视为有敌意,或有寻衅滋事的嫌疑。

表示感兴趣:目光始终盯在对方身上,偶尔离开一下,注视对方的时间在全部相处时间的 2/3 以上,这也同样可以表示对对方较感兴趣。

(2)注视的角度:注视别人时目光的角度,即目光从眼睛发出的方向,表示与交往对象的亲疏远近。

平视:也叫正视,即视线呈水平状态;常用于普通场合与身份、地位平等的人进行交往时。

侧视:是一种平视的特殊方式,即位于交往对象的一侧,面向并平视对方;侧视的关键在于面向对方;若为斜视对方,即为失礼之举。

仰视:即主动居于低处,抬眼向上注视他人,以表示尊重、敬畏对方。

俯视:即向下注视他人,可表示长辈对晚辈的宽容、慈爱,也可表示对他人的轻慢、歧视。

(3)注视的部位

注视对方的常规部位有:

双眼:注视对方双眼,表示自己重视对方,但时间不宜太久。

额头:注视对方额头,表示严肃认真、公事公办。

眼部—唇部:注视这一区域,表示礼貌、尊重对方。

眼部—胸部:注视这一区域,多用于关系亲密的男女之间,表示亲近、友善。

眼部—档部:适用于注视相距较远的熟人,也表示与对方的亲近、友善,但不适用于关系一般的异性。

任意部位：对他人身上的某一部位随意一瞥，多用于在公共场合注视陌生人，最好慎用。

（二）对笑容的要求

戴尔·卡耐基在《处理人际关系的艺术》一书中写道——

他要几千名工作人员做这样一件事：对他们周围每天遇见的人都报以微笑，并将结果反馈回来。

不久，纽约场外交易所的经纪人斯坦哈特来信写道："我结婚已经18年多了，在此期间我很少对我的太太微笑，从起床到准备去上班这段时间同她说不上几句话，百老汇大街那些脾气最坏的人中，我也算一个。

既然你要我们对他人微笑，我想我就试验一个星期吧。于是，第二天的早上，我在梳头时对着镜中的自己闷闷不乐地自言自语："比尔，今天你可再也不能愁眉苦脸了！你要笑，从现在就开始笑！"

我坐下来用早餐时，笑着对我的太太说："早安，亲爱的。"

你提醒过我：她可能会对此感到惊奇，可你低估了她的反应。她愣了神，惊得茫然不知所措。我告诉她，以后她可以天天看到这笑容。我坚持这么做，至今已有四个月了。

这两个月来，由于我的态度的转变，我比去年一年得到了更多的家庭幸福。

现在我在出门上班时，对公寓里开电梯的司机打招呼；我微笑着向门卫打招呼；在地铁票台要求换零钱时，我向出纳员微笑；当我来到场外交易所时，我向同事们微笑。我发现人们很快就对我微笑。我以愉快的态度对待前来找我发牢骚、诉苦的人，我微笑着倾听他们的诉说。这样一来，我发现调解就变得容易多了。微笑还给我带来了美元，每天都很多。

我同另一个经纪人合伙，他手下有一名职员是个招人喜爱的小伙子。我对我自己所取得的结果非常满意，所以，最近我把我的人际关系新哲学告诉了他。然后他承认说，当他一开始和我合伙时，他认为我是可怕的、沉闷的人，只是在最近才改变了看法，他说我只有在笑的时候，才真正像个人。

我们不能不感受到微笑与不微笑的差别。微笑不仅能化解某些矛盾，消除紧张气氛，更有助于改善人与人之间的关系。

笑容，即人们笑时的面部表情。利用笑容，可以消除彼此间的陌生感，打破交际障碍，为更好地沟通与交往创造轻松的氛围。

1. 笑的种类

在商务交往中，合乎礼仪的笑容大致可分为以下几种：

（1）含笑：不出声、不露齿，只是面带笑意，表示接受对方，待人友善，适用范围较为广泛。

（2）微笑：唇部向上移动，略呈弧形；但牙齿不外露，表示自乐、充实、会意、友好，适用范围最广。

（3）轻笑：嘴巴微微张开一些，上齿显露在外，不发出声响，表示欣喜、愉快，多用于会见客户，向熟人打招呼等场合。

（4）浅笑：笑时抿嘴，下唇大多被含于牙齿之中，多见于年轻女性表示害羞之时，通常又称为抿嘴而笑。

（5）大笑：表现太过张扬，一般不宜在商务场合中使用。

2．笑的方式

笑的共性是面露喜悦之色，表情轻松愉快。但如果发笑的方式不对，要么笑得比哭还难看，要么会显得非常虚假，甚至显得很虚伪。

（1）发自内心：笑的时候要自然大方，显得很亲切。

（2）声情并茂：笑的时候要做到表里如一，使笑容与自己的举止、谈吐有很好的呼应。

（3）气质优雅：笑的时候，要讲究笑得适时、尽兴，更要讲究精神饱满，气质典雅。

（4）表现和谐：从直观上看，笑是人们用眉、眼、鼻、口、齿以及面部肌肉和声音所进行的协调行动。

3．笑的禁忌

在画龙点睛式场合笑的时候，严禁下述几种笑的方式出现：

（1）假笑：即虚假的笑，皮笑肉不笑。

（2）冷笑：即含有怒意、讽刺、不满、无可奈何、不屑一顾、不以为然等容易使人产生敌意的笑。

（3）怪笑：即笑得怪里怪气，令人心里发麻，多含有恐吓、嘲讽之意。

（4）媚笑：即有意讨好别人，非发自内心，而是具有一定功利目的的笑。

（5）怯笑：即害羞、怯场，不敢与他人交流视线，甚至是面红耳赤的笑。

（6）窃笑：即偷偷地洋洋自得或幸灾乐祸的笑。

（7）狞笑：即面容凶恶，多表示愤怒、惊恐、吓唬。

（三）对面目表情的要求

面目表情是指人们面部所显示出的综合表情，它对眼睛和笑容发挥辅助作用。同时，它也可以自成一体，表现其独特的含义。一般情况下，通过面部所显示的表情，既有面部部位的局部显示，也有它们之间的彼此合作，表现为综合显示。

1．局部显示

人的眉毛、鼻子、嘴巴、下巴、耳朵都可以独立地显示各自的表情。

（1）眉毛显示：以眉毛的形状变化所显示的表情，一般叫做眉语；除配合眼神外，眉语也可独自表意。

皱眉型：双眉紧皱，多表示困窘，不赞成、不愉快。

耸眉型：眉峰上耸，多表示恐惧、惊讶或欣喜。

竖眉型：眉角下拉，多表示气恼、愤怒。

挑眉型：单眉上挑，多表示询问。

动眉型：眉毛上下快动，一般用来表示愉快、惬意或亲切。

（2）嘴巴显示：嘴巴的不同显示往往可以表示不同的心理状态。在商务场合中常见的有：

张嘴：嘴巴大开，表示惊讶。

抿嘴：含住嘴唇，表示努力或坚持。

撅嘴：撅起嘴巴，表示生气或不满。

撇嘴：嘴角一撇，表示鄙夷或轻视。

拉嘴：拉着嘴角，上拉表示倾听，下拉表示不满。

（3）鼻子显示

挺鼻：表示倔强或自大。

缩鼻：表示拒绝或放弃。

皱鼻：表示好奇或吃惊。

抬鼻：表示轻视或歧视。

摸鼻：表示亲切或重视。

2．综合显示

表示快乐：眼睛大睁，嘴巴张开，眉毛常向上扬。

表示兴奋：眼睛大睁，眉毛上扬，嘴角微微上翘。

表示兴趣：嘴角向上，眉毛上扬，眼睛轻轻一瞥。

表示严肃：嘴角抿紧下拉，眉毛拉平，注视额头。

表示敌意：嘴角拉平或向下，皱眉皱鼻，眼睛稍稍一瞥。

表示发怒：嘴角向两侧拉，眉毛倒竖，眼睛大睁。

表示观察：面带微笑，眉毛拉平，平视或视角向下。

表示无所谓：两眼平视，眉毛展平，整体面容平和。

第三节　电话礼仪

随着科技的发展，电话已经越来越多地应用到人们的日常生活与工作当中。尤其是公关活动中，电话交流已经成为公关活动的必要组成部分。由于电话这一交流形式的客观限制，对公关活动的传情达意等形成一种制约作用，如何进行礼貌得体的交谈，给对方一个良好的印象成了公关人员重视的问题。这就需要了解和掌握一些必要的电话交流的礼仪与技巧，掌握其必要的礼仪规范。

一、座机电话

电话礼仪规范主要涉及打电话时的形体、表情、态度、语气、内容，以及时间控制等方面。给别人打电话、接电话、转接电话，也有一定的礼仪规范。

（一）一般性电话礼仪

1．体态、表情

虽然对方不能直接看到打电话人的体态和表情，但不良的体态和表情会影响打电话的情绪和声音，进而影响双方的谈话质量，并且对你所在周围的人员也会留下不良的印象。

2．态度

打电话显示一个人是否言行一致，这并不是夸张。有的人在打电话时对另一方甜言蜜语，但手上还在翻书报，肢体也看不出多少热情。

3．语言、语音

打电话时，语音要平静柔和，发音要清晰，吐字要准确。音量不要太大，以免对方烦躁。用语要规范，说普通话，要有一定的耐心，把握语速的急缓，不宜过快。

4．内容

打电话之前应该慎重考虑通话内容，确立中心，理清思路，拟定要点，不要临时考虑，不要随时发挥，不要长时间协商，不要抒发感情。有的人刚刚放下电话，又打过去，说刚才忘了一件事，都是不专业的表现。有人打电话时，侧着身子，捂着话筒，压低声音，是不希望别人听见内容。实际上，既然是这样的内容，你不如另选择通话时间、地点和方式，在办公室打这样的电话是不合适的。

5．时间

国际上有"打电话的3分钟原则"，是说一次打电话的时间应该控制在3分钟以内。演讲学也认为，人基本说清一件事情和观点需要3分钟。虽然不一定严格遵守，至少说明人们对简明扼要表达的期望。以直销著称的 IT 巨子戴尔公司，电话是他们行销的主要手段，公司要求必须在6分钟之内处理完任何一次通话。

一般不宜在他人私人时间内打电话；尤其是早上7点之前或是晚上10点之后，不要给对方家中打电话。

6．公私分明

办公室内不要打私人电话，这样不仅影响自身的工作效率，被领导发现会留下不良印象，给周边的同事也不会有什么好的感觉。

对于公事尽可能地利用公司的电话打对方的办公电话。

7. 聊天或者非紧急电话要注意

一定要事先告诉对方没有什么重要事情，问对方是否方便，不方便则另约时间；如果时间不长能够说完，你可以先告诉对方，大概占用对方多长时间，让对方心里有底。也就是说，把通话的主动权交给受话方。因为你打这类电话，说明你有时间，所以要征求对方是否有时间。时间是人最为宝贵的财富，浪费他人的时间等于在谋财害命。所以在电话交谈过程中，尽可能地为对方节省时间，提高通话质量，以减免对方的逆反心理，引起不快。

（二）打电话的礼仪

（1）打电话首先应该是向对方问候和自我介绍，如"您好，我是某单位的某某，我找贵单位的某某"。

（2）打错电话时，向对方说"对不起，打错了"、"打扰您了"等。切勿直接挂断电话，不作任何解释。

（3）通话中途万一断了，要主动打过去，并且道歉。

（4）通话结束，要等对方挂上电话之后，发话人再放下话筒，并且话筒应该轻放。

（三）接电话的礼仪

（1）电话铃响，宜在铃声响过 1 到 2 声之后，立即拿起话筒，原则上不超过 3 声。如果不能立即接，接通后要向对方说明原因，以避免对方产生心理的过度反应，以为你不在或是不愿接听电话。时间过长是一种不礼貌的做法。

（2）总机礼仪，也是通用礼仪。接电话人在拿起话筒后，转达有关方面。做记录或者听电话时，每隔 10 多秒钟要作一个呼应语气，表示你在认真听电话内容，否则对方会怀疑你是否在认真听或者电话是否在正常通话。

（3）在为别人叫电话时，可以有意回避一下，待对方通话一段时间再进去。

（4）如果对方拨错电话，要告诉对方你的号码是什么，让对方核对，请对方重新拨一次。不要责怪对方，礼貌对待打错电话的人，显示你"博爱"的态度。

（5）电话中断时，应由发话人立即重拨一次，向对方说声对不起，并解释客观原因，避免对方产生别的想法。而受话人不宜去做其他的事，应该稍等片刻。一般情况下，对方会在很快时间内重拨过来，离开是不妥的。

（6）通话时，如需查找有关资料，可以告知对方稍等，但中断不应超过 2 分钟，否则可以请对方先把电话挂断，适时重拨。时间在电话礼仪中的掌握是十分重要的，因为双方无法面对面交流，仅仅从言谈中获取一些信息，而时间在谈话中的作用是十分明显的，一个不合时宜的停顿有可能与一笔生意擦肩而过。

（7）假如两个电话铃声同时响起，先接一个电话询问对方是否介意自己去接另一个电话，同意后再接；长途通话优先。不能同时接听两个电话。

（8）除非绝对必要，不要在接电话时要求通话对象转机。将对方的电话转来转去，会让对方感到你不认真、不负责。

二、移动电话

(一)该开则开，该关则关

(1)会场、课堂、影剧院、图书馆等地都应把手机调到振动状态。

(2)坐客机或在加油站、驾车期间、医院停留期间，手机应处在关闭状态。

(3)在一切标有文字或图示禁用手机的地方，都要关闭手机。

(二)放置到位，巧用短信

按惯例，外出时手机应放在公文包内或放在手袋、上衣口袋里。

使用短信时的五条禁忌：一忌滥，二忌骗，三忌假，四忌"黄"，五忌"黑"。

自检：请你判断以下情景中对电话的使用是否符合礼仪。

1. 一男士夜间休息，电话铃响，被惊醒。

2. 一男士在办公室内打电话："这场球太臭，真的，那个6号……"

3. 一男士接听电话："您好！北方公司。您找西海公司？抱歉！您拨错了。需要的话，我可以替您查一下西海公司的电话。"查手册，又道："它的电话是211211。不客气，再见。"

4. 一男士接电话："你好！北方公司。你找西海公司？下次看清楚，我们是北方公司！"

5. 一商务会议正在进行。上司居中讲话，全场安静。一手机铃响，另一手机铃又响。

基本训练

● 知识题

1. 判断题

(1)影响口头语言的主要因素是语音、语气、语速、节奏及语调。(　　)

(2)准确的称呼要看对象、场合，要与称呼人的身份、地位相称。(　　)

(3)在介绍他人时，不管东西方都应强调长者为先原则。(　　)

(4)打电话要注意语气、语调和语音，但对身体姿势可不作讲究。(　　)

(5)电话中断应由接电话的人来打。(　　)

2. 选择题

(1)运用口头语言时，除了要礼貌谈吐、态度诚恳、神情专注、有所忌讳外，还应注意(　　)。

　　A. 率真、直接　　　B. 周到体贴　　　c. 亲切动听　　　D. 长话短说

(2)话题可以通过提问、请教、(　　)的方式开启。

　　A. 聊天　　　　　B. 办事　　　　　C. 批评　　　　　D. 赞美

(3)电话礼仪中最应讲究的是(　　)。

　　A. 事先充分准备　B. 注意礼貌　　　C. 内容精练　　　D. 时间合理

(4)使用手机应做到该开则开、该关则关、长话短说、顾及他人、潇洒大度、助人为乐,同时还应(　　)。

　　A. 禁发各类不适宜的短信　　　　　B. 不滥用手机,以节约费用

　　C. 遵守公共秩序　　　　　　　　　D. 自觉履行安全义务

(5)接电话时,如果自己不是受话人,可以怎样做?(　　)

　　A. 应该马上把电话放下

　　B. 听筒未放下,就应大声喊受话人来听电话

　　C. 要告诉对方:"请您稍等一下,我马上把他找来。"

(6)若去电时对方不能接电话或是收不到信息,有些电话会自动转至语音信箱中,因此语音信箱的使用也显得十分重要。下面有关语音信箱使用不正确的是(　　)。

　　A. 留言时应以简单扼要为原则

　　B. 留言时千万不能把来电时间遗漏

　　C. 留言时来电事宜可以不用涉及

● 素质题

1. 对照口头语言的若干忌讳,你自己能在日常讲话中完全避免吗?

2. 商务交往中,你认为可谈的话题有哪些?试述商务交往中应怎样谈话才合乎礼仪规范?

3. 现代社会中手机使用越来越频繁,试述商务交往中应怎样使用手机。

● 技能题

请熟练掌握礼貌用语和谦语,并在一整天的工作(学习)中自如地运用它。

● 分析题

一个人非常好客,一天他决定大摆宴席,请左邻右舍亲朋好友赴宴。到了开饭时间,人来得差不多了,可还有几个没到,有人等得不耐烦了提议可以用餐了,主人没有应允,说"等等,该来的没有来"。大家一听,原来自己是不该来的。于是这个推说家里有事,那个说突然想起一件事必须办,纷纷借故离去。

请问主人违背了什么礼仪原则,应如何改进?

第六章　文书交际礼仪

[**知识目标**]

了解文书礼仪的概念和作用、种类，文书的基本内容和特点，根据需要选择使用不同的文书礼仪。

[**素质目标**]

具有通晓礼仪文书的内容、格式、收发都应符合礼仪规范要求的专业知识，能够自如地运用文书礼仪准确地传递人际交流信息。

[**技能目标**]

按照文书礼仪的基本要求和符合人际交往通行的礼仪标准，对各类文书分门别类，基本掌握撰写各类文书的方法和技巧。

我国是文明古国，"礼仪之邦"，社团与民间交际应酬有着悠久的历史。礼仪文书，适应社会交际应酬而产生，并随着社会的文明进步而不断发展。如今，礼仪文书的应用日渐频繁。它是个人、单位、社团、地区乃至国家之间交往所使用的，反映一定的礼节、仪式的文书的书面语言，是沟通人际关系的桥梁，是增强人与人之间的团结、友情的纽带。

第一节　文书礼仪概述

一、礼仪文书的含义及种类

礼仪文书是为礼仪目的或在礼仪场合使用的文书。礼仪文书是指人们在社会交往、礼仪活动中，用来调整、改善、发展人与人之间、人与组织群体之间、组织与组织之间相互关系的书面材料与文字。它是开展礼仪活动和社会交往中传播信息、交流感情、融洽关系、相互联络的重要的传播媒介，是必不可少的社交工具。因此，在现代社会写好、用好礼仪文书，对于增进友好关系、促进事业成功、获得幸福生活等都是非常重要的。

（一）礼仪文书的特点

1. 交际性

逢年过节、婚丧嫁娶、寿诞吉日、迎宾送客、赴约待会等，通过使用祝贺信、慰问电、哀悼词、邀请函等各类礼仪文书，达到密切联系、沟通感情、增进友谊的目的。可见，交际性是礼仪文书的支柱。

2. 礼节性

在社会生活中，人与人交往，必须遵循一定的行为规范，从称呼、言谈、举止到仪容，表现出对别人的尊重、友好，而对自己有所克制，这就是人们通常说的礼貌。一旦失礼或施礼不当，往往会导致不良后果。在人际交往过程中，通过礼仪文书向他人表示尊敬、庆贺，或表示同情，或表示哀悼等，能给人以亲切、温暖、愉快、安慰的感受。与此同时，所表示的礼貌必须根据不同的场合、不同的情况，遵循相应的民间习惯而采用相应的形式和语言，既要有"礼"又要有"节"。礼节性是礼仪文书的生命。

3. 规范性

礼仪文书种类繁多，但各种礼仪文书的用途都有较严格的规定，而且有特定的格式和语言要求，行文时要谨慎对待，不应忽视其规范要求。

（二）礼仪文书的种类

根据不同的用途，礼仪文书大致分为如下五类：

1. 邀请类

有邀请书（函）、请柬等。

2. 迎送类

有欢迎词、欢送词、答谢词等。

3. 喜庆类

包括贺信（电）、祝词、题词、喜庆联语等。

4. 慰唁类

有慰问信（电）、讣告、悼词、碑文等。

5. 公关类

包括求职信、推荐信、求助启事、鸣谢启事等。

二、礼仪文书的写作要求

礼仪文书因目的、用途不同，行文中有特定的要求，大体要注意以下几点：

（一）区别不同对象

礼仪文书发送的对象不同，说话的语气也应有所区别。对上级、长辈要尊重、严谨；对平级、平辈要诚恳、谦和；对下级、晚辈要和气、亲切。总之，用词不能混淆，要掌握分寸。如在称谓方面，对自己的亲属及老师不宜使用职务、职业称谓或一般尊称，如称舅父为"××主任"，称表姐为"××女士"，称老师为"××同志"，给人以感情疏远的感觉，也容易引起对方的不快。对同事或一般社交关系的人，才用职务、职业称谓或一般尊称。相反，如果用昵称或戏称，就可能引起对方反感。

（二）语言准确、得体

语言是一门艺术，运用得是否正确，文字表达得是否畅达，都直接关系到礼仪活动的成效。成功地运用礼仪文书语言，能够畅通信息传播，协调人际关系，影响公众态度，激发公众行为，塑造良好形象，改善人际关系。

礼仪文书的语言特点如下：

1. 准确、规范

所谓准确，是指用词、用语含义清楚，概念明确，不发生歧义，不引起误解。所谓规范，是指遣词造句要符合语法，要按照社会约定俗成的语言去写作，不生造词语。

2. 简明、晓畅

简明就是简洁明了，言简意赅；晓畅就是内容明晓，行文畅达。应做到文字虽少，内容精要，叙事完备；篇幅虽短，短而不漏，结构完整。

3. 委婉、得体

语言要确切、得体、庄雅、谦恭。礼仪文书最忌讳生硬的语言和绝对化的语言，而讲求一种委婉的语言。文雅、礼貌、含蓄、亲切的语言，能创造平等、轻松、和谐的氛围让人感到轻松愉快，令人乐于接受。在礼仪文书写作中，凡是要求别人做的，要用请求、商量的语气；对别人的请求，要用诚恳爽快的语言，哪怕是在拒绝对方的要求时，也必须委婉地作出合理的解释。

4. 确切

所谓确切，就是要做到切时、切地、切人、切己和切题。

（1）切时，即切合时间，不先不后，恰到好处。

（2）切地，即注意场合，在不同的场合运用最合适的语言。

（3）切人，即认准说话对象，以便选择最恰当的语言让对方乐于接受。

（4）切己，即切合自己的身份，以免说出失礼、失度的语言。

（5）切题，即语言紧紧围绕主旨，不要言不及义。

5. 庄雅

所谓庄雅，是指行文庄重、礼貌、文雅。礼仪文书的写作，关系到个人与组织的形象，遣词造句都要庄重、得体，不能粗俗，尤其要特别注意讲求文明礼貌。用语要合乎礼节、礼貌规范。无论是称谓、问候，还是请求语、要求语、欢迎语、祝贺语、征询语等，都要根据不同的场合和需要选择礼貌用语。这样，才能表现出应有的修养，使对方感到欣慰和愉快。

（三）感情真挚

礼仪文书的对象是"人"。而与"人"的交往，没有感情是不能成功的。欢迎词、欢送词、答谢词、贺词以及慰问信、慰问电等，要求深怀感情，以情动人，让人体会到致词人的真情实意，才能收到成功的效果。如果写得冷漠、平淡，甚至像写命令、指示、决定、通知那样写礼仪文书，就会事与愿违。至于"悼词"、"碑文"等文书，就更要求语言具有浓郁的感情色彩了。

（四）使用有生命力的习惯语体

礼仪文书中有些词语已经淘汰，如对长辈用的"尊前"、"尊右"，对老师用的"函文"、"坛席"，对平辈用的"台启"、"台右"等，现在除某些特殊场合外，这些词语一般不用了。但是，另外一些词语还有生命力，如称男士为"阁下"、"先生"；称女性为"女士"、"小姐"、"夫人"等。一些祝颂语，如"祝——俪安"（对夫妇俩），"此颂——教祺"（对教师），"敬祝——春禧"（春节），"并祝——暑安"（暑假）等。这些词语，在礼仪文书中还常常用到。

（五）及时、迅速

绝大多数的礼仪文书，都要求写作及时、迅速。如果误了时限，辛辛苦苦写出来的东西，就会变成一张废纸，如贺婚、祝寿、欢送、讣告等文书，过了时，作用不但会大打折扣，有时还会成为笑话。

第二节　书信类文书礼仪

书信是人们在日常生活、社会交往及工作中用来传递信息、交流思想感情的应用文书。信函是社交的一种基本手段，是各部门、人员在业务工作和人际交往中不可缺少的信息传播和交际的工具。

一、书信的种类

书信的种类很多，按照一般的分类方法大致可以分为社交书信（又称一般书信）和公务书信（又称专用书信）两大类。社交书信指私人之间来往的信件，如情书、家信等；公务书信，是指用于公务的介绍信、证明信、申请书、建议书、倡议书、慰问信和商业信函等。

依据是否用信封的情况来分类，可以分为使用信封的书信，如情书、申请书、家书、商业书信等；不使用信封的书信，如明信片、介绍信、倡议书等。

二、书信类文书礼仪的基本要求

（一）书写规范，用语礼貌

（1）书写规范是指信函书写格式要规范。笺文中的称谓、开头应酬语、正文、结尾应酬语、祝颂敬词、署名及日期等，都要注意结构顺序和书写格式。

（2）信函语言要有礼貌。信函是一种书面谈话，这就要讲究礼貌，使收信人有一种亲切感和被尊重感。

（二）内容可信，表达艺术

（1）信函无论写给谁看，所写的内容都应实实在在，所表之情要直率真诚。只有信中所谈的事情真实可信，才会增进双方的友谊和感情；否则，就会有损双方的关系，从而带来负面影响。

（2）在信函中，应把自己的意思表达得完整准确、清晰明白，同时还要观点正确、叙述晓畅、层次清楚。

首先，要求写信人对有关情况有全面的认识，对相关业务比较熟悉和精通。

其次，还必须注重并讲求表达艺术，要让公关信函的内容表达真正做到亲、简、明、雅。

（三）融入情感，激活兴趣

（1）信函应带有浓厚的人情味和亲切感。

（2）信函贵在沟通，注重情感，应使对方从中感受到你的尊重和关心。

（3）信函写作选择的最佳角度，往往是以"对方态度"讲话，善于从对方的立场和处境出发，替他人着想，为他人打算，助他人一臂之力。这样，会使对方觉得你是可以信赖的，愿意同你合作。

（4）信函的内容能引起对方的注意和兴趣，才能使其产生强烈的阅读愿望。由此，信函的开头应直截了当，开门见山地提及主要的事项或观点。

（5）信函的文字可以打印，但手写的信函往往能使收信人倍感亲切、真挚。

（6）信函的文字书写不仅要让别人看懂，也要让人看着舒服、心情愉快。

（7）写信时，要考虑笔种、墨水的颜色、字体及整体的美观大方。字迹应工整，字体要适度、端正、规范、清晰。切忌字迹潦草，让人猜测费解。

三、一般书信的构成要素

（一）信封

信封是书信的重要组成部分。

（1）信封上要写收信人和寄信人的地址、姓名及邮政编码，并贴足邮票。

（2）信封有横写、竖写两种。横写：行序是由上向下，字序是由左向右；竖写：行序是由右向左，字序是由上向下。

（3）地址要写准、写全。写准，一是要字迹工整清楚，容易辨认；二是不要出现错别字，写全，就是要用全称，不用代称或简称，如"河南省"不能写成"豫"或"豫省"，省、市、县、街道（或乡镇、行政村等）名之间，要各空开一格，便于分拣、投递。

（4）收信人和寄信人也要写准、写全。收信人若是写给机关单位负责人的私人信件，要写上"亲收"或"亲启"，以免拿到文书部门当成公文拆封；寄信人不要用"内详"代替姓名，否则一旦因种种原因信被退回，有可能遗失或被人误领。为了便于邮局投递，应在规定的位置写好收、寄信人的邮政编码。

（5）邮票应贴在规定的位置上，不要当封条贴在封口上；邮资要足，否则退回重寄，既浪费精力，又可能误事。

（二）书信内容

书信历史悠久，其格式也几经变化。今天，按通行的习惯，书信格式主要包括五个部分：称呼、正文、结尾、署名和日期。

1. 称呼

也称"起首语"，是对收信人的称呼。称呼要在信纸第一行顶格起写，后加"："，冒号后不再写字。称呼和署名要对应，明确自己和收信人的关系。称呼可用姓名、称谓，还可加修饰语或直接用修饰语作称呼。

2. 正文

（1）正文通常以问候语开头。问候是一种文明礼貌行为，也是对收信人的一种礼节，体现写信人对收信人的关心；问候语最常见的是"您好！""近好！"依时令节气不同，也常有所变化，如"新年好！""春节愉快！"问候语写在称呼下一行，前面空两格，常自成一段；问候语之后，常有几句启始语，如"久未见面，别来无恙？""近来一切可好？""久未通信，甚念！"之类；问候语要注意简洁、得体。

（2）接下来便是正文的主要部分——主体文，即写信人要说的话。它可以是禀启、复答、劝谕、抒怀、辞谢、致贺、请托、慰唁，也可以是叙情说理、辩驳论证等。这一部分，动笔之前，就应该成竹在胸，明白写信的主旨，做到有条有理、层次分明。若是信中同时要谈几件事，更要注意主次分明，有头有尾，详略得当，最好是一件事一段落，不要混为一谈。

3. 结尾

正文写完后，都要写上表示敬意、祝愿或勉励的话，作为书信的结尾。习惯上，它被称作祝颂语或致敬语，这是对收信人的一种礼貌。祝愿的话可因人、因具体情况选用适当的词，不要乱用。

结尾的习惯写法有两种：

（1）在正文写完之后，紧接着写"此致"，转一行顶格或空两格写"敬礼"。

（2）不写"此致"，只是另起一行空两格写"敬礼"、"安好"、"健康"、"平安"等词，一定要另起一行空两格，不得尾缀在正文之后。也可以在正文结尾下另起一行写"祝你"、"敬祝"，再空两格写上"安好"、"健康"等。

4. 署名和日期

（1）在书信最后一行，署上写信人的姓名。署名应写在正文结尾后的右方空半行的地方。如果是写给亲属、朋友的信，可加上自己的称呼，如儿、弟、兄、侄等，后边写名字，不必写姓。如果是写给组织的信，一定要把姓与名全部写上。而在署名之后，有时还视情加上"恭呈"、"谨上"等，以示尊敬。上述自称，都要和信首的称谓相互吻合。

（2）日期一项，用以注明写完信的时间，写在署名之后或下边。有时写信人还加上自己的所在的地点，尤其是在旅途中写的信，更应如此。

四、专用函电

专用函电是党政机关、社会团体和企事业单位专门用于联系某种事务的信函。专用书信种类很多，常用的有：介绍信、证明信、感谢信、表扬信、祝贺信、慰问信、公开信、咨询信、邀请信、倡议书、申请书、建议书、聘书等等，它们在实践中的使用频率都很高。专业书信不同于法定公文文种"函"，与一般书信也有所区别。

（一）专用函电的特点

1．专

专用书信用途专一，针对特定的事务和使用范围。

2．短

专用书信的篇幅都比较短小精悍。

3．快

专用书信撰写成文方便，传递也快速、及时。

（二）专用函电的写作要求

1．礼貌

语言要有礼且谦虚，及时地回信也是礼貌的表现。

2．体谅

写信时要处处从对方的角度去考虑有什么需求，而不是从自身出发，语气上更要尊重对方。

3．完整

一封商业信函应概括了各项必需的事项，如邀请信应说明时间、地点等，切忌寄出含糊不清的信件。

4．清楚

意思表达明确，要注意：

（1）避免用词错误；

（2）注意词语所放的位置；

（3）注意句子的结构。

5．简洁

（1）避免废话连篇；

（2）避免不必要的重复；

（3）注意短句、单词的运用。

6．具体

7．正确

第三节　致辞类文书礼仪

一、礼仪致辞的种类和特点

（一）致辞的概念

致辞，是指在社交活动中为了增进双方友谊，洽谈有关事宜，发展对外关系，主客双方要在一定的场合进行接触，在这种特定场合中，双方发表的礼仪性讲话。

（二）礼仪致辞的种类

社交活动中经常遇到的礼仪致辞，主要有开幕词、闭幕词、祝酒词、致谢词、欢迎词、欢送词和凭吊词等。

（三）致辞的特点

致辞是讲话文稿，但它与讲话稿、演讲稿相比有着明显的区别，具有其自身的特点。

1. 容量小、篇幅短

致辞不应长篇大论，它不宜作复杂深刻的阐述与论证，内容容量比较小。

（1）一般多是进行介绍，表示祝贺，交流沟通感情。这是由致辞的地位决定的。

（2）致辞大部分用于各种活动、各种会议的开场白，它在整个事件中只是个引子或开头，真正的主体部分是后面的专门报告或活动。

（3）致辞在整个过程中仅仅是个"配角"，不能太多、太长；否则，会喧宾夺主，引起公众的反感和厌恶。

2. 注重场景气氛

（1）致辞与演讲不同，它不着重于分析论理，其应酬交际的特点比较突出。

（2）它十分注重与交际环境的一致，要适应环境气氛。比如，大会致辞的庄重典雅；宴会、舞会致辞的轻松愉快；答谢、告别致辞的热烈亲切、依依不舍，等等。

3. 格式、写法较固定

（1）致辞与演讲稿相比有相对固定的格式。

（2）不同类别的致辞，各有自己比较固定的写法。比如祝酒词，一般是在宴会开始，由主人向客人致意时的讲话，它常采用的结构顺序是：

开头：是泛指的称呼语；

正文：是说明祝酒的缘由等；

结束：往往是举起酒杯说一些"我提议，为……干杯"的话。

（四）致辞的写作要求

除了一般写作的要求之外，致辞的写作还有一些特殊的要求。这些写作要求，是根据致辞的特点而提出的。

1. 短小简练

(1)致辞不宜过长，这是由其在活动中的地位决定的。

(2)致辞的场合大都在聚会、宴请、典礼或仪式上进行，有较强的时限性。

(3)要求简明扼要地表达致辞者要表达的内容，内容点到为止，不作详尽论证。

(4)意思高度概括，文字简洁明快，恰如其分。

(5)表现出致辞者的精明、干练、果断。

2. 感情真挚

(1)字里行间表现出一片真情实意。

(2)情感要真诚，是一种自然流露的感情，不是虚假地做给宾客看。

(3)要平易近人，树立尊重宾客的观念，改变"讲话"、"布置工作"的传统习惯，抛掉官气和傲气，一定要让宾客感到亲切。

(4)使用客套话要恰到好处，不能过分或过滥，切忌媚俗和虚假之言。

3. 语气委婉

(1)一般只讲相关事物的原则和基本点，不涉及或直接涉及双方有争议的观点和看法。

(2)如果一定要在致辞中阐明各自的观点或见解时，必须选择委婉的语气和词语。

(3)避免出现针锋相对、互不相让的尴尬场面，以取得双方互相理解、谅解，为进行合作与交流奠定基础。

4. 口语化

(1)致辞要讲究口语化，让人一听就明白。

(2)口语化的优点是简洁、明快。语言要幽默、生动、富于哲理。

(3)使听众既感到美的享受，又感到意味深长。

(4)口语化也要有针对性。面对不同层次的对象，口语化的含义也有所不同。如果面对的是具有较高文化层次的对象时，就应考虑是否对致辞语言进行适当的修饰，以展示自己的学识、风度。总之，口语化是致辞语言的基本要求。

第四节　商务信函礼仪

商务信函即商业业务书信，是在现代商务活动中使用频率高、效果明显、方便易行的一种常用交际文书。其行文目的在于传达意见，从事经济交往上的接洽、安排和发展，以便求得对方的理解和合作。当一旦发生经济纠纷时，又常常作为书证，具有重要的法律意义。

一、商务信函书写礼仪

（一）商务信函的格式

1. 格式类型

一封商业信函的各部分可以由许多不同的方式排列于页面上，可以沿袭公司的首选格式，也可以挑选自己的格式。以下为三种主要的格式：

（1）齐头式　这种格式下的所有条目都应顶着信纸左边一个看不见的空白处。这是如今最受欢迎的格式。

（2）半齐头式　这种格式下信中的主办人和日期都应顶着信纸右边一个看不见的空白处。它们以此种形式排列有助于文件归档和作为参考之用。

（3）缩行式　缩行式信件的版面与齐头式和半齐头式相同。它们的区别在于缩行式中每个段落的开头都应留出五至六个空格。

2．格式

商务信函的格式，是一种近乎公文函与普通信之间的特殊形式。由五部分组成：信头、称谓、文、签署、附记。

（1）信头。包括标题和发函字号两个部分。商务信函要拟制标题，其内容是标明事由，其位置应在函纸首行的中央，其作用在于使阅读人在繁忙的公务活动中一看标题，便知道属于哪方面的业务。标题的右下方是发函字号，以便发函和收函双方将函件归档存查。因为商务信函多是实质性经济往来的重要文字依据，一旦发生经济纠纷，便具有重要法律作用。

（2）称谓。顶格书写受信单位或受信人姓名，若为多个人，一般是姓名后带上职务衔，以示尊重。

（3）正文。它由前文、主文和末文三个部分构成。前文是进入正题之前所说的问候语，特别是商务社交文书。一般商务信函也可省略前文，开门见山，直切主文。

主文就是整个信函的核心部分，它包括引据和中述两部分。引据在信函的结构中占有重要地位，因为行文必有所引据，或引据事实，或引据法令，或引据成案，或引据来文，或引据某种理论。如"贵公司20××年×月×日××字××号函敬悉"，"查市场情况新产品销售应……"等。中述，是根据前面的引据来叙述自己的意见或理由，为下文归结作铺垫。这部分内容可以分段叙述，如果内容较多，可以用分条列项方法说明，使之有条不紊，层次分明。

末文，是把主文所叙述的事再加以简要的概括，起画龙点睛的作用。同时在结尾时要用几句表客套的惯用结语。

（4）签署。包括发函单位或个人姓名、发函时间、用印。如系签署个人姓名，则应写明具体职务。印章的位置也有一定的规定，分章应盖在发信者的中央，私章骑印在姓名的最后一字上，这是加印章的常识。

（5）附记。这一部分包括附言、附件两方面的内容。附言是补充正文的内容。如有附件应予以编号写明。

例一：为请试制高密度尼丝纺事

（××）××字第××号

××××纺织厂：

经双方磋商，为保证出口羽绒制品面料尼丝纺质量，你方同意试制新型高密度尼丝纺，现试样需用的少量尼龙长丝已备，请你厂前来开料后，即试制小样。现将具体成品规格要求开列如下：

经线	70D17F
纬线	70D24F
英寸密	经向 159
纬向	91
门幅	112 – 114 厘米

试样出来后，请送约 50 米左右的一匹来我公司业务科。并请同时附送：

（1）织造工艺、规格（说明）；

（2）每 100 米耗用原料定额；

（3）成本单。

其余数量暂存你厂，由我公司安排色涂防水层等处理后，再进行防绒试验。

特此函达，请洽。

×××公司（印章）

20××年×月×日

例二：交易类商务信函

黄海商务公司：

　　兹函送有关 s—LON 管及配件的我方询价单一份，其中所需数量甚少，不知贵方是否感兴趣，如愿报价，则请速到沪最低价格与最快交货期，并将报价单于本月内寄达我公司，若本月内未能收到贵方报价，我方即向其他公司订购，先此声明，亦请原谅。

　　此致

华东宁浦贸易公司

20××年 4 月 15 日

3. 写作格式中的注意事项

（1）选择适当的版面。不论信中要传递什么信息，一封信都应有一个标准化、职业化的版面——除非是私人信件，可不受这些规定的约束。一般来说，商业信函是由各个部分按同一基本的顺序和方式组织起来的。

（2）抬头。一个有条理的抬头应置于信纸上方的左边、中部或右边的任意一个位置上。它应包含公司的名称、地址、电话和传真号码、网址或电子邮件地址，恰当的话，还应有公司的徽标或标语等。

（3）主办人。如果你要处理大量的信函，你会发现把收信人的主办人代号包括进去是很有用的。通常，主办人代号都要基于写信人和打字员的姓名起首字母，或收信人的账号等。

如果收信人在前一封同一主题的信中使用了"主办人"，你也应使用。主办人应置于抬头下的三至五行处，并隔行书写。

（4）日期。书写完整的日期——比如，7 April 2007 是英国人的标准写法，而 April 7 2007 是美国和其他一些国家的写法。避免使用缩写和"Apr""7－4－00"，和"7/4/2000"。这会使信看上去随便、贸然。日期应置于前文下的两至三行处。

（5）读信人的详细资料。读信人的详细资料包括其姓名、头衔（相关的）和地址，必要的话核对一下拼写，因为错误地拼写姓名会冒犯对方，使其恼怒，而不正确的地址或邮编则会导致信件的延期甚至丢失。读者详细资料置于日期的两至三行下。

（6）问候。如果你熟悉收信人，并与其有着良好、平等的关系，你应称呼其名。如果你不熟悉他们，则称呼他们的姓。避免使用"亲爱的先生/女士"，这样听起来会显得不够真诚。问候应置于前文下的两至三行处。

（7）事由。如果信函只包括一个关键的主题，你会希望把诸如"回复：34 号发票"等字样置于开头，以普通字型，加下划线或以大写字母的形式。这可以帮助读者立即集中注意力。如果你的信包含事由的话，把它置于问候的一行间隔下。

（8）主要正文。正文应整洁、易读，以激发读者继续阅读。可能的话让每个段落长短大致相同，每段主要讲述一个要点。在页面的上方、两侧和底部都留出足够的空白，以避免拥挤和毫无吸引力的外观。首段应与前文留出一行间距，段与段之间都应有一空行。如果信件需要换页，使用一张普通的信纸（没有抬头的信纸）作为第 2 页。在信纸顶端留出 6 行，在左边空白处依次标上页数、日期和读者姓名。再留出 2 至 3 行的距离开始下一段。

（9）结束语。如果你的信是以"Dear Oona"等开头的，用"Yours sincerely"结尾。只有当你的信是以诸如"Dear sir"等开头的话，用"Yours faithfully"结尾。在一些情况下也可以用非正式的结束语，如"all the best"等都是很受欢迎的写法。结束语与主要正文间应留出一行间距。

（10）写信者的详细资料。在结束语下留出 5 至 6 行间距，于此处填写清晰可辨的签名。胡乱的签名将意味着你过于繁忙并对此信漠不关心。过分精细的签名则暗示你的夸耀和自负。

（二）商务信函的写作要求

商务信函以求实为主，要求清楚、准确、简洁、得体。具体要求可归纳为：

1. 文句简短，开门见山

商务信函的句子，力求简洁明了，多用短句。除了句子简短外，还须求其有条不紊，让收信者一目了然。一般而论，除商务应酬信函外，并不需要客套的开场白，可以直截了当地进入主文。并应注意将表达的主旨置于篇首。

2. 审慎

商务信函要特别审慎，既表现在内容上，也表现在表述语言的字斟句酌上。它切忌描写性的模糊语言，如"数以千计"、"成千上万"、"不计其数"这类相当模糊的数字概念。在描写文体中,可以引人遐想,开阔境界,但在商务信函中却是绝对不允许的。因为实质性经济往来需要用审慎态度,提出准确的数据与具体的要求。比如,定货型号、数量、单价、交货期限、地点等都应以十分审慎的态度,准确地表述。这是商务信函中至关重要的问题。在商务信函中,要经常接触商品、货币或贸易上的问题,在这些问题上往往容易发生纠纷。譬如,款项交收、货价讨论、商品购销等,都是商务活动中的关键性环节,所以写作时必须保持十分审慎的态度,表达清楚准确,无歧义和模棱两可之处。

　　3. 分条列项的书写方式

　　商务信函应务求对方理解准确,因此,结构方式以分条列项式为最佳方式。表述者达意清楚,理解者容易把握。分条列项式,可以将繁杂的事项一一表达清楚,而且每一事项独成一段,抬头分行,也容易引起收信者的注意,以免有所遗漏。

　　4. 信函回复要迅速

　　现代商务活动讲究效率,时间就是金钱,在进出口方面尤其注重时间。如果回信太慢,不仅错过交易的好时机,带来经济上的损失,还会使给你写信的人对你失去信心。假如你是小型电机的出口商,一个外商来信问你是否能向他供货,即使你当年订货已满,不能满足他的要求,也应当即回函,告知你的情况,说明什么时候可以向他供货。这样做,即使是一封简短的信,也会保持对方对你良好的印象。回信越晚,信越不好写,而且易于遗忘,一旦放弃复信,贸易关系必然受到损害。

　　(三)商务信函的外观要求

　　1. 信封

　　如果可以选择的话,你应该选择质量最好的信封,这会创造一种职业的、精致的印象。白色、米色、灰色以及其他谨慎的色系都会造成这种印象,并会使你的信在众多标准的浅黄色信封中显得鹤立鸡群。在信封正面的中心打上或印上收信人的姓名、头衔、地址和邮编。如果你有自己公司的名称、徽标或标语的印章,在信封正面的左上方或中心任选一个地方盖上它。选择最好的邮票贴在信封的右上角——次等邮票会给人造成漠不关心的印象。

　　2. 信纸

　　书写商业书信最理想的是选择带有水印的 A4(297 厘米×210 厘米)信纸。短信和私人的致谢信、慰问函等则可选用一半大小的 A5 信纸。确保你所用的信纸和信封相互匹配——用小一号的信封装 A5 的信纸,会给读者留下不和谐的印象。如果合适的话,也可以把 A4 的信纸折成三分之一大小,而不是对折再对折。这样可以确保信从信封中取出时少些折痕,从而更吸引人并易于阅读。

　　3. 正文

　　在许多正式的情况下,特别是在你代表公司订购商品或与客户打交道等情况下,一封打印的信是必不可少的。然而,当你书写一封私人信件,或代表公司处理一些微妙的事件时——诸如对某人伴侣的逝世表示慰问——手写的信则更好。

4. 卡片

你会发现保存一些没有特征的小卡片很有用处。卡片正面应有景物、花卉和其他不触犯他人的文字，卡片内部还应有空白处供你填写。有时你会发送一些致谢函、贺电或慰问信，此时一张令人愉快的卡片配上亲笔书写的文字，通常要比正式的信函合适得多。

二、电子邮件写作礼仪

电子邮件是 E – mail(Electronic Mail) 的中文名称。

电子邮件是一种全球范围的快速、方便、廉价的通讯手段，是国际互联网上使用最多、最广泛的信息服务系统，它为世界各地的 Internet 用户提供了一种极为快速、简单、经济的通讯和交换信息的方法。由于电子邮件具有快速、廉价、高可靠性并能够实现广播通讯（同时给多个人发送）等优点，它已经开始逐步取代许多传统的通讯手段，如非电子类型的邮件。也就是说，传统的信函邮递方式将逐渐萎缩。

电子邮件是通过计算机网络传输数据实现双向通讯功能的，它可以传递文字、图片、Word 文档以及计算机上的其他文件，并且可以进行多媒体信件（声音、影像、动画等）的传递。

电子邮件的结构一般是由邮件地址、信头和信体组成的。在邮件地址中输入发信方和收信方的 E – mail 地址；信头包含邮件标题、发信日期等；信体包括邮件正文和附件等。

从写作学的角度看，现在电子邮件尚未形成一个独立的文种，其正文部分的格式、内容和写作要求与商函相同，只是写作手法和传送手段发生了革命性的改变。商函的文本既可以通过键盘、语音、手写的方式录入计算机，也可以用数码照相机、数码摄像机、扫描仪、录音器等设备录入计算机。有许多应用软件可以帮助人们方便、快捷地将商函信息随时发送出去。

电子邮件写作中的注意事项：

（1）注意措辞：你也许认为自己的邮件浅显易懂，但是有时候却遭到误解。简单明了的邮件可以使你节省打电话发传真澄清邮件意义的时间。

（2）不要"惹火"收件人：如果使用含有敌意的词句或者批评的语气（电邮礼仪中称之为"火焰"），你会"惹火"对方并且造成糟糕的局面。电子邮件不是大家"笔伐"的工具，如果有问题，应与对方当面解决。

（3）提前通知收件人：尽量在发邮件以前得到对方的允许或者至少让他知道有邮件过来；确认你的邮件对他有价值。没有人会喜欢垃圾邮件。收件人对于满篇废话的不速之"件"的态度通常是作为垃圾邮件处理一删了之。

（4）不要发送私人或者机密邮件：即使你选择"永久删除"，许多软件和网络服务仍然可以访问硬盘上备份的信息。在你发送以前，仔细考虑如果别人（比如老板）看到这封信会发生什么情况。你当然不想老板看到你的私人邮件或者冒着泄露客户机密的风险发送机密邮件。

（5）小心使用附件功能：附件越大，下载时间就越长，占用收件人电脑空间就越多。有些附件可能毫无必要，也许收件人已经有了。因此，不要传真或者邮寄那些冗长的附件。

（6）小心使用抄送功能：你也许会把自己的邮件像备忘录一样抄送给其他同事或者客户。不要滥用抄送功能，否则收件人会以处理垃圾邮件的方式一删了之。

（7）避免使用字符图释（emoticon）：你也许是网络专家并且对于各种专业术语和字符图释了如指掌，可是不要假设收件人和你一样专业。

例：

亲爱的网友：

新年好！

电商网（www. Toecom. com）——中国首家电子商务门户网站，您的网上商务信息首选网站，在新千年伊始为您送上一份贺礼。您只要在 2000 年 3 月 1 日至 2000 年 3 月 31 日期间，注册成为电商网的会员，即可获得电商网赠送的价值 16 元的免费上网机时。我们会在 3 个工作日内将上网账号和密码以 E – mail 的形式发送给您。成为电商网的会员，您就有权在电商网站上购买各种超值精品，享受电商网提供的各项优惠及服务。您可以坐在家中逛您喜欢的商店，获得您需要的各种商品信息，参加电商网组织的各项活动（如刚刚推出的"特价热卖"活动，多种定期更新、吸引力十足的特价商品正在电商网上等您带它们回家）。……得到这一切并不困难，您只需轻轻点击"立即免费注册"即可获得"足不出户，坐拥天下"的感受。同时，所有注册的用户，均可参加电商网不断推出的各种抽奖活动。"心动不如行动，机会不会总等人！！！"

"先到电商网看看"，请点击这里。

"立即免费注册成为会员"，请点击这里。

最后祝您生活美满，万事如意！笑口常开，龙年大吉！

电商网与您携手共创美好未来！

电商网（20××年 2 月 20 日）

三、英文商务信函书写礼仪

英文商务信函（Business Letter）作为一种商业文体，有其一定的撰写格式和要求。随着商务活动的不断发展，其书写风格已逐步由模式化向更为直接和简洁的方式转变。针对如何更为有效书写英文商务信函，许多学者提出了四"C"或七"C"原则，即清楚（clearness）、简洁（conciseness）、正确（correctness）、具体（concreteness）、完整（completeness）、尊重（consideration）、礼貌（courtesy）。

（一）英文商务信函的一般格式

这里我们介绍一种商务信函中最通用的格式——齐头式。主要特征就是每行均从左边顶格写，常常采用开放式的标点方式，即除了信文部分，其他部分在必要时才使用标点。信中各段落之间均空一行。

1．信头 The heading

信头就是指书信中发信人的地址和发信的日期等。

通常情况下，公司都会专门印制带有信头的信笺纸，包括发信人的姓名、地址、电话、传真等。当我们撰写传统信件时，直接使用这种信笺纸即可。

2．编号（写信人的名字缩写）和日期 The sender name and the date

这部分内容是为了方便今后查询信件用的。

3．封内地址 The inside address

这里就是指收信人的姓名和地址，一般写在信笺的左上方。收信人名称、地址的格式和信头的格式相同，但必须把收信人的姓名一并写出。另外，如果不是完全公事化的书信往来，或者已经从公事的关系渐渐发展成为带有私人性质的友好信件往来，由于称呼这一栏的内容已经说明了收信人的身份，所以可以不必填写封内地址。

4．事由 The subject heading

事由也就是我们通常说的主题，可以直接写明信件的重点，让人不必读完全信才了解到信的内容。所以事由要写得简明扼要。

5．称呼 The salutation

指对收信人的一种称呼。较常使用的有 Dear Sirs，Dear Madam，Dear Mr. ××。称呼后面的标点，一般使用逗号。称呼里的第一个字母要大写。

6．开头语 The open sentences

开头语没有统一的格式，但习惯上先用客套的语句把收到对方来信的日期、主题及简单内容加以综合叙述，使对方一目了然这是答复哪一封来信的。如果是第一次通信，也可以利用开头语作必要的自我介绍，并表明目的要求。开头语一般与正文分开，自成一节，要求简单明了。

7．正文 The body of the letter

正文是信的主体。一封信件的优劣，完全要看正文写得好或坏。

8．结尾语 The complimentary close

结尾语一般用来总结文本所谈的事项，提示对收信人的要求，如"希望来信来函订货"、"答复询问"等，另外也附加一些略带客套的语气。正文结束后，另起一段写结尾语。

9．结束语 The complimentary close

结束语是结束信函时的一种客套，应该与前面的称呼相呼应。例如："Sincerely，""Best regards，"or "Yours truly，"。结束语写在结尾语下隔一行，只有第一个字母大写，后面加逗号。

10．签名 The signature

写在结束语的下面，签上写信人的名字。如果是传统的信件，写信人最好亲笔签上您的

Koffit Trade Co.,Ltd. ——————————— `1`

15 Western Avenue, Shanghai China,

Telephone: +86 021 88654987

Fax: +86 021 88654988

Email: koffit@A-Z.com.cn

St/KL ——————————— `2`

25 January 2003

Mrs Orith Williams

Williams Trading Co., Ltd

28 Hunter Avenue Denver, CO 80206 ——————————— `3`

USA

Re: Delayed arrival of your new glasses ——————————— `4`

Dear Irith, ——————————— `5`

Thank you for your letter of 24 January. ——————————— `6`

On behalf of Koffit I would like to apologize most sincerely for the problems ——— `7`
you have experienced in receiving your new glasses. This is most unlike the
speedy, professional service we pride ourselves on.

As a gesture of Koffit I would like to offer you a refund of $100 to recover
your raveling costs and inconvenience which you have incurred. Our
cheque is enclosed.

I understand from the manufacturers that your glasses should be arriving in
our store during the next few days. I will give you a call as soon as they are
with us to arrange an appointment for you to come down to collect them.

Many apologies again for the problems you have experienced. ——————————— `8`

Yours sincerely, ——————————— `9`

Shirly Taylor

SHIRLEY TAYLOR ——————————— `10`

Manager of Sales Department

英语坊(www.enfang.com)

名字，因为用印章的话，说明该信件并非本人亲自过目，只是通函而已，不为人重视。签名的下面，最好写上发信人的职位。

11. 附件 Enclosure

如果信中有附件，应在左下角注明 Encs. 或 Enc. 例如：

Encs：2 Invoices

Enc.：1 B/Lading

12. 商务信函的符号

①Re.

Re. 是拉丁文 inre 的缩写，意思是"有关的"（concerning），在中文信函中我们常译成"事宜"一词。这个词一般用在信的首行，称呼的前面，后面注明写信的主要目的和主要内容，有助于收信人理解和查阅。有时我们也用 Subject 一词。但应注意，并不是所有的信都可用 Re 或 Subject。给那些尚未建立起关系的公司或想建立个人间关系的人写信时，就不必用。还有一点应注意，Re 和 Subject 后面应避免太泛太空的内容，最好包括一些较具体的日期、地点、数字等能清楚表明信息的词句。

如：

Re：Shipment 就不够具体。应改为：Re：Shipment of 100 Ton Cotton（事宜：100 吨棉花的运输）。在 Re. 下面的横线称事宜线（Subject line），目的是引起人们的注意。

②标点符号

在称呼后该用逗号还是冒号，有的人不太清楚。其实，商业信函在称呼后面应该用冒号。例如：Dear Sir/Madam：，而不像私人信函那样加逗号。在信的结尾，我们往往用逗号，如：Sincerely yours，Sincerely，或 Yours truly，等。

③Encs

Encs 即"函内装有"（Enclosure）的意思。因为有些信函需要随信附上有关票据、报告等材料，为了明示随信所装的内容，人们习惯于在信的末尾注上 Encs 的字样。在 Encs 后面还可标上具体的内容及页码以便查收。

如：

Encs.：Contract 15 pages

Check for ＄50

基本训练

● 知识题

1. 判断题

（1）讲究书信礼仪一般是对关系不深的社交对象，对于有很深厚友谊的知心朋友或兄弟姐妹之间应突出亲切、自然，在礼仪上可稍作放宽。（   ）

（2）信件可用计算机打印，但署名一定要手写。（   ）

（3）悼词是指在追悼会上宣读的专用哀悼文体。（   ）

（4）书写书信不能用铅笔和红墨水。（   ）

2. 选择题

（1）文书礼仪的特点有交际性、（   ）。

A. 广泛性   B. 礼节性   C. 地方性   D. 规范性

(2)悼词的写作方法有评述式和(　　)三种。

A. 记事式   B. 抒情式   C. 歌颂式   D. 记叙式

(3)正式宴会邀请书的发出应提前(　　)为宜。

A. 3天   B. 1周   C. 1~2周   D. 1个月

● 素质题

1. 我国古代对文书的礼仪非常讲究,无论称谓、正文修饰还是落款。请你从现代社会角度对此作适当评价。

2. 试按书信礼仪要求写一封致师长或尊长的书信。

● 技能题

1. 假设你是一个企业的负责人,你手下有名员工,其工作能力一般,对自身要求不严,表现也较为散漫,你不很欣赏他。有一天他来找你,说他找到了一个新的工作,想离职并请你写一封推荐信,你该如何下笔?

2. 求职是每位大学生走上社会必须经过的环节,求职信也是你的第一张没有答案的"试卷"。试围绕你的专业、你的求职要求,写一封求职信,并请你周边的老师、同学给予评议。

第七章　常用商务礼仪

[知识目标]

了解商务会议、商务谈判、行业服务的概念和基本内容；知晓商务会务、商务谈判、行业服务礼仪规范。

[素质目标]

具有比较全面的商务会议、商务谈判、行业服务方面的知识，能够在各种商务活动中掌握符合礼仪的标准。

[技能目标]

能按照商务会议、商务谈判、行业服务的要求，具有在商务交往过程中正确运用商务礼仪的能力。

会议是组织在日常活动中必不可少的一件事情，是组织实现决策民主化、科学化的必要手段，是实施有效管理、有效领导、有效经营的重要工具，是贯彻政策、下达任务、沟通信息、指挥行动的有效方法，是保持接触、建立联络、结交朋友的基本途径。所以我们必须遵守相应的会议礼仪，确保会议的成功。

商务谈判也叫商务洽谈，是当事人之间为实现一定的经济目的，明确相互的责权利而进行协商的一种特殊的会谈形式，是作为现代商业社会中广泛应用存在的一种经济活动。认真研究商务谈判的特点和原则，自觉遵守谈判礼仪，有利于形成和维护良好的气氛，使谈判顺利进行。

第一节　商务会议礼仪

在一般情况下，会议是指有目的、有领导、有组织地聚集与主题内容相关人员一起，对某些议题进行商议或讨论的公务活动。在现代社会，会议已经成为各国、各民族、各政党、各企事业单位开展政治、经济、文化活动及其他活动的重要方式之一。在我国，尽管中央政府多次下文要求各级各部门单位精简会议，但历来还是有"文山会海"的说法。会议开的效果如何，不仅体现着领导的工作作风，反映组织的工作效率，也关乎着与会者的素质和修养。掌握必要的会议礼仪，可以促使会议成功地进行，不仅"上情下达"、"下情上达"，同时也能有效地解决问题，推动后期工作的开展，对于达到会议预期的目的有着十分重要的意义。

一般而言，会议可分为行政型会议、商务业务型会议、群体型会议和社交型会议。

一、会议前的准备

在许多情况下，会议的主办方往往需要亲自办会。所谓办会，指的是从事会务工作，即负责从会议的筹备直至结束的一系列具体事项的操办。它是保证会议顺利召开并圆满结束的前提和基础。会议要想达到预期的效果，会前则要求做到全盘部署，周密安排，万无一失。

主要负责人员在办会时，必须注意两点：一是办会要认真。奉命办会，就要全力投入，审慎对待，精心安排并为此而一丝不苟。二是办会要务实。召开会议，重在解决实际问题。在这一前提下，要争取少开会、开短会，严格控制会议的数量与规模，彻底改善会风。

会议的礼仪性准备，是要求组织者在安排或准备会议时，预定好会议的场所，做好布置工作，与会者应当注意自己的仪表，这样以此来显示对待会议的郑重其事以及对与会者的尊重。

（一）对于组织者而言，会议前应做好以下工作

1. 确定五项基本事项

WHAT – 会议的议题。就是要讨论哪些问题。会前要认真研究确定会议的内容，不开无目的、无实质内容的会议。现代社会，大家都很繁忙，动辄召集部下开个无意义的会议，是对对方不尊重的行为，也极易引起对方的反感。

WHEN – 会议开始时间、持续时间。组织人员要告诉所有的参会人员，会议开始的时间和要持续多长的时间，这样能够让参加会议的人员很好地安排自己的工作。

WHERE – 会议地点确认。是指会议在什么地点进行。会议地址的确定要本着适中、方便、舒适、经济的原则来确定。会场的选择要考虑到是否便于与会者前往，同时不可选择过于奢华的地点开会，但是会场的附属设施要齐全，要有停车场。会场的大小选择，主要是根据参会人员的多少来定。如果会场不易寻找，应在会场附近安设路标作为指点。

WHO – 会议出席人。在会议召开之前，必须以慎重的态度来确定参加会议的人员名单或者人员范围。确定的原则应该是一切从有利于工作出发，严格控制与会人员的范围。做到该邀请的邀请，该控制的控制。这是对会议本身的重视，也是为了使会议召开得更有成效。

OTHERS – 接送服务安排、会议设备、会议物品的准备、公司纪念品的发放等。根据这次会议的类型目的，需要配备哪些物品，比如纸、笔、笔记本、投影仪、小点心等，这些都是主办人员需预备好的。

2. 寄发会议通知

以上内容都确定好后，应当发出会议通知或者简要成文寄发给参会人员。会议的"五要素"即会议名称、内容、范围、时间、地址都要一一列出，缺一不可。寄发通知时，要做到"早、细、规范"。

所谓"早"，即发通知要有适当的提前时间，以便于参加者有所准备。一般而言，会议通知要提前一周左右发出；"细"是指通知的内容要具体、详细，便于代表赴会。对于外地的会议参加者，需要在会议通知中写明会务费用、食宿安排、到达路线、联系电话等内容；"规范"，即通知的格式要规范，要做到庄重严肃，行文规范。

3．会场布置

会场的布置是一种艺术。如人民代表大会要布置得隆重庄严，庆祝大会要布置得喜庆热烈，经验交流会要布置得和谐亲切。会场背景选择不同的图画、鲜花、灯光，都会给与会者带来不同的感受。所以，主办方应花费一点心思，给参会者留下一个"先入为主"的良好印象。

大型会议，一般根据会议内容，在会场内悬挂与会议主题相适应的横幅；主席台上可悬挂国旗、党旗或会徽等；在会场可摆放适当的青松盆景、盆花；门口张贴欢迎和庆祝标语；将事先准备好的写有会议主要参加者姓名的牌子放置在相应的座席上，并在桌面上摆放干净的茶杯、饮料、纸巾或毛巾等。另外，会务组应根据会议的要求与否，准备好会议资料，并将资料装订整齐，随时发给与会人员。

组织人员还需根据会议的需要事先配备调试好各种音响器材，以便会议能顺利进行。

座席的安排要适合于会议的议题，讲究礼宾次序。一般而言，座位编排有环绕式、散座式、圆桌式、主席式。此内容在本书的第五章第六节有详细的介绍，这里就不再赘述。

4．备好茶点

在会议召开之前，应当为与会者提供优质足量的茶点。组织者在进行准备时应注意的是：

对于用来待客的茶叶、茶具，务必要精心准备。应尽量挑选上品，不要滥竽充数。另外，还要注意照顾与会者的不同口味，最好能准备几种茶叶或者饮料以供选择。茶具最好使用一次性纸杯或塑料杯。除主要供应茶水外，在会桌上还可以为与会者略备一些点心、水果或是地方风味小吃。需要注意的是，所提供的点心、水果或地方风味小吃，品种要适合、数量要充足，并能方便拿取，同时还配上擦手巾。

（二）对于与会者而言，会议前应做好以下工作

对于出席正式大型会议的人员，务必要注意衣着整洁、仪表大方。

男士应当理发剃须，而不应蓬头乱发。女士应选择端正、素雅的发型，并且化淡妆，不可作过于摩登或超前的发型，不可染彩色头发，不可化艳妆，或使用香气过于浓烈的化妆品。

同时，出席正式庄重的会议场合，参会人员应着传统、简约、高雅、规范的服装。一般而言，参加会议时，男士穿背心、拖鞋或者袒胸露背；女士穿紧身装、透视装、低胸装、露背装、超短装、运动装，并全身上下戴满各式首饰，从耳垂一直"武装"到脚脖子，这样的打扮，都是极为不妥的。

二、会议前的接待礼仪

会议主办方在会议前接待中的礼仪表现，不仅体现接待人的形象，更涉及到他所代表的组织形象。因此，接待礼仪历来受到重视。接待工作的基本要求是主动、准时、热情、周到。会议的组织者应根据与会人员的身份、人数、到会时间来确定接待的规格、所需车辆等具体事项。如能在会议的台前幕后，恰如其分地运用礼仪，迎接、款待、照顾好对方，都可以赢得参会人员的好感，获得理解与尊重。

接待人员应穿戴整齐，仪态大方。对与会者，一般应引领其进入会场。对上级、长者或者 VIP 贵宾等的来访，还可上前迎候。

如果参会来宾数量众多，主办方则应尽量安排较多的接待人员。接待人员在接待与会者时，应关闭通讯工具，以免中断正在进行的接待。总之，不能让与会者坐冷板凳，不能冷落了与会者。

如果某位宾客不符参会的条件要求不是本次会议的邀请对象，或者会议已开始不再接待新入人员时，接待人员应说明缘由，婉言相拒，坚守职责。

大中型会议，往往在会议室的入口处设置了签字台。对于与会者而言，则应自觉做好签到工作，领取相关的会务用品。会务组的人员对来宾的提问应有礼耐心予以解答。

三、会议进行中的礼仪

（一）主持人的礼仪

各种会议的主持人，一般由具有一定职位的人来担任。其行为表现对会议能否圆满成功有着重要的影响。在主持会议期间，主持人应注意以下几点：

（1）主持人应衣着整洁，大方庄重，切忌不修边幅，邋里邋遢。

（2）走上主席台应精神饱满，步伐稳健有力，行走的速度因会议的性质而定。

（3）主持时的言谈举止应根据不同的会议气氛来采取，不同的场合要调动不同的气氛，如庄重、严肃或者轻松、幽默。

（4）姿态大方得体，腰背挺直，主持过程中，切忌出现搔头、揉眼、拦腿等不雅动作。

（5）言谈应口齿清楚，思维敏捷，简明扼要。要切实把握会议的主题，不要使讨论或发言离题太远。同时尊重发言人的发言和提问，不能随意打断别人的发言或者武断地妄下结论。

（6）在会场上不能随意和熟人打招呼，更不宜寒暄闲谈。

（二）会议发言人的礼仪

会议发言有正式发言和自由发言两种，前者一般是领导报告，后者一般是讨论发言。正式发言者，应衣冠整齐，走上主席台应步态自然，刚劲有力，体现一种成竹在胸、自信自强的风度与气质。发言时应口齿清晰，讲究逻辑，简明扼要。如果是书面发言，要时常抬头扫视一下会场，不能低头读稿，旁若无人。自由发言则较随意，注意发言应讲究顺序和秩序，不能争抢发言；发言应简短，观点应明确；与他人有分歧，应以理服人，态度平和，听从主持人的指挥。

如果有在场的与会人员对发言人提问，应礼貌作答。对不能回答的问题，应机智而礼貌地说明理由；对提问人的批评和意见应认真听取，不应争吵大闹失态。

我们要明确的是，工作会议仅是工作过程中的一个环节，所以有必要克服开会过多、过长的形式主义作风。对于发言人而言，发言时要注意尽量紧凑，切忌兴之所至长篇大论任意发挥，如果既是这样而又言而无实，极为引人反感的。开会发言也必须是针对具体明确的内容而开展的。

发言结束后，可向会议参加人员表示感谢。

（三）会议参加者礼仪

会议参加者应衣着整洁，仪表大方，准时入场，进出有序，依会议安排落座。对于大型的参与单位众多的会议，与会人员在仪表上应当特别注意，应该表现出敬业、职业、干练的形象。

就一般来说，最基本的是要按时到会，遵守会议纪律。开会时要尊重会议主持人和发言人。会中尽量不要离开会场。如必须离开，则要轻手轻脚，尽量不影响发言者和其他与会者，尽量从后门离开。如果长时间离开或提前退场，应与会议组织者打招呼，说明理由，征得同意后再离开。

在开会过程中，如果有讨论，最好不要保持沉默，这会让人感到你对工作或对单位漠不关心。想要发言时应先在心里有个准备，用手或目光向主持人示意或直接提出要求。发言应简明、清楚、有条理，实事求是。当别人讲话时，应认真倾听，用纸笔记录下与自己工作相关的内容或要求。对于他人发言精彩之处，应鼓掌致意。不要在别人发言时说话、随意走动、打哈欠等，这是失礼的行为。如要反驳他人，不要轻易打断对方，应等待对方讲完再阐述自己的见解。别人反驳自己时要虚心听取，不要急于争辩。

如果手机在会场响起，最好是能及时挂断电话，调成振动状态避免铃声再次响起，然后安静迅速地离开会场回复电话。一般来说，大部分人反对在会议中使用移动电话。在会议中或和别人洽谈的时候，最好的方式是把手机关掉，或者调到振动状态。这样既显示出对别人的尊重，又不会打断正在发言者的思路。

在参加商务会议时，应当注意：发言时不可长篇大论，滔滔不绝（原则上以3分钟为限）；不可从头到尾沉默到底；不可引用不确凿的资料；不要尽谈些妄想性毫无根据的预测；不可做人身攻击；不可打断他人的发言；不可不懂装懂，胡言乱语；不要尽谈抽象论或观念论，太本本主义；不可对发言者吹毛求疵；不宜中途离席。

（四）会场服务礼仪

大中型会议一般都设有专门的会场服务人员。其工作内容一般是引领答疑、供应茶水、调试音响、担当保卫等。会议进行中的服务工作要做到主动、稳重、大方、敏捷、及时。

服务人员在负责端茶倒水时，脚步一定要轻。茶杯和水瓶都要稳拿轻放，尽量不要弄出声响来。倒水动作要轻盈、快捷、规范。同时应随时注意到每位与会者的茶杯，以便及时为其添茶水。

会议服务人员还应做好会场内外的有关信息沟通工作，及时将相关信息传递给与会人员。在这一服务过程中，服务人员应轻轻地走到相关人员面前，轻声传递信息。切忌在会场中和与会者长时间交谈或者频繁出入会场。

四、会议结束后的礼仪

会议的成功举办，应当是善始善终的。如果虎头蛇尾，也会给与会代表留下不好的印象，甚至于前功尽弃。在会议结束之后，组织者应该注意以下细节，才能够体现出良好的礼仪素养。主要包括：将会议内容形成文字资料，整理好会议记录。对于大型的重大会议，还可以整理成会议纪要印发出去，指导全局。对于本次会议所讨论的一些具体事项，最好落实到相关的负责人，以便有专人负责相关活动的跟进，由此加强单位的执行力，确保会议召开的实效性。

如有需要，为兄弟单位赠送公司的纪念品，或者参观公司、厂房等。如有必要，可合影留念。

根据情况，为与会人员安排交通工具送达车站、机场、码头。如有必要，主办方应为对方买好回程票，单位的主要领导亲自送别。

第二节　商务谈判礼仪

谈判是人们为了协调彼此之间的关系，满足各自的需要，通过协商对话而争取达到意见一致的行为和过程。谈判的种类有很多，如外交谈判、政治谈判、军事谈判、商务谈判等。

商务谈判作为现代商业社会中广泛应用存在的一种经济活动，集政策性、技术性、艺术性于一身。它是当事人之间为实现一定的经济目的，明确相互的责权利而进行协商的行为，如货物买卖、工程承包、技术转让、融资谈判等。认真研究商务谈判的特点和原则，自觉遵守谈判礼仪，有利于形成和维护良好的气氛，使谈判顺利进行。

一、商务谈判准备礼仪

俗话说"知己知彼，百战不殆"，要想谈判取得成功，就要有备而来，不打无准备之仗，不打无把握之仗。而谈判的礼仪准备主要是指谈判的东道主一方为了确保谈判的顺利进行，而为谈判营造一个良好的气氛所做的一系列接待与迎送准备工作。

（一）成立谈判小组

商务谈判之前首先要确定谈判人员。谈判班子的构成要遵循对等性的原则，即我方与对方谈判代表的身份、职务要相当。一个精干的谈判班子不仅是我方谈判取得成功的重要保证，而且也是对对方的尊重。

另一方面，谈判的东道主还需有另一个班子小组从事服务接待工作，以做好对客方人员的接待迎送、食宿交通、端茶倒水、安全保障等方面的服务。

（二）拟定谈判活动的日程表

谈判活动的日程表包括迎送日期、谈判内容、进度安排、参观访问、宴请、娱乐活动等具体项目的活动时间地点。在拟定日程表时，东道主方应与客方取得良好的协商与沟通，彼此意见要达成一致。

（三）收集相关资料

为了使谈判取得成功，谈判前就必须要做功课。谁的功课做得越多越深、越充分，谈判的形势就对谁越有利。做的功课主要是指谈判事先资料的搜集。它包括对此次谈判议题相关内容的整体把握与了解；对方企业的综合实力的掌握；谈判对手的人员构成及特点；我方具备的优势与不足；对方的文化习俗和礼仪习惯等。

（四）安排做好接待迎送、食宿安排、礼品赠送等工作

1．接待与迎送

迎来送往是社会交往接待活动中最基本的形式和重要环节，是表达主人情谊、体现礼貌素养的重要方面。尤其是迎接，它是给客人留下良好的第一印象的最重要的工作。迎接时要主动热情、周到细致。接待时，一般采取对等接待，即主方确定与客方谈判代表团的身份和职位对等、人数相等的接待陪同人员参加接待。如果出席此次谈判的对方代表身份地位很高、规格很高，则主方所有接待人员应先于客方提前到指定场所列队欢迎。抵达后握手致意，相互问候，并由主方主要领导陪同乘车前往目的地。

2．食宿安排

作为东道主，还应事先为客人做好食宿的安排。一方面我们应了解对方人员的构成情况，另一方面可征求对方对食宿的要求，据此来选择一家档次相当的酒店。食宿安排的基本要求是舒适、安全、卫生、方便，最好能体现当地特色。在客人有了宾至如归之感的基础上，还感到礼遇有加。这也就充分体现了我方的友好与合作的诚意。

3．礼品赠送

谈判合作成功之后，可适当地向对方代表赠送礼品。一件价值虽然不高但是富有象征意义、充满地方特色或者代表本公司形象的礼物总是备受欢迎。赠送礼物可以增进情感与友谊，巩固交易伙伴关系，为以后的交往铺设一条良好的通道。

（五）谈判场所的布置与座次安排

谈判场所一般有主场、客场、中立地点三种情况。三种谈判地点对双方而言各有利弊，

因此选择谈判地点并不是一件容易的事情。另外，座次的安排也是一个十分敏感的问题，应谨慎处理。

关于谈判的座次在本书第四章第四节中有详细的介绍，这里就不再赘述。

总之，商务谈判场所的环境布置与座次安排，应体现礼仪的规范和对客方的尊重。

二、商务谈判过程礼仪

（一）谈判之初的礼仪

1．仪容仪表的整理

谈判之初，谈判双方接触的第一印象十分重要。各方谈判代表要体现良好的综合素质，谈判前就应整理好自己的仪容仪表，穿着要整洁、正式、庄重。男士应刮净胡须，穿西服必须打领带。女士穿着不宜太性感，不宜穿细高跟鞋，应化淡妆。穿着任何服装都应做到清洁、整齐、挺直。进入谈判室内，应摘去帽子和手套，脱掉的大衣风衣等送入存衣处。在室内，不宜戴墨镜。

2．主方的迎候

谈判的东道主一方在谈判之日，应安排接待人员在大楼或谈判室门口接引客人。接待人员应有礼有节、热情相迎，请客方先行进入谈判室或者宾主双方同时进入谈判室。

3．相互介绍

入室后，主方人员应先请客方人员入座。谈判之初的一项首要任务是弄清对方身份、摸清对方底细，所以开始都会有自我介绍或主持人对双方成员的简要介绍。作自我介绍时要自然大方，不可显露傲慢之意。主持人介绍时，被介绍者应起身并微笑示意。如此时有名片传递，要双手接受。介绍完毕，可稍作寒暄，以沟通感情，预先创造良好氛围。

（二）谈判之中的礼仪

商务谈判的实质阶段主要是对一系列问题进行磋商，彼此协商解决矛盾。对于经济问题，由于事关双方利益，所以容易因情急而失礼，因此更要注意保持风度。报价要明确无误，恪守信用。对于有争议性的问题，彼此应顾全大局，求大同存小异。但对原则性问题应当据理力争，当仁不让。对于矛盾，要就事论事，切不可因此就怒气冲冲，甚至进行人身攻击或侮辱对方。当冷场时，主方要灵活处理，可以暂时转移话题，稍作松弛。如果确实已无话可说，则应当机立断，暂时中止谈判，稍作休息后再重新进行。

缺乏经验的谈判者的最大弱点是不能耐心地听对方发言，他们认为自己的任务就是谈自己的情况，说自己想说的话和反驳对方的反对意见。因此，在谈判中，他们总在心里想下面该说的话，不注意听对方发言，许多宝贵信息就这样失去了。他们错误地认为优秀的谈判员是因为说得多才掌握了谈判的主动。其实，成功的谈判员在谈判时把50%以上的时间用来听。他们边听、边想、边分析，并不断向对方提出问题，以确保自己完全正确的理解对方。他们仔细听对方说的每一句话，而不仅是他们认为重要的或想听的话，因此获得大量宝贵信息，增加了谈判成功的筹码。有效地倾听可以使我们了解对方的需求，找到解决问题的新办法。"谈"是任务，而"听"则是一种能力。"会听"是任何一个成功的谈判员都必须具备的能力。在谈判中，我们要尽量鼓励对方多说，并提问题请对方回答，使对方多谈他们的情况，以达到尽量了解对方的目的。

在商务谈判中，除了注意多听对方的发言之外，交谈时还应注意要尊重对方、理解对方，这样我们才能赢得对方感情上的接近，从而获得对方的尊重和信任；及时肯定对方，因为赞同肯定的语言在交谈中常常会产生异乎寻常的积极作用；态度要和气，语言应得体。谈话时的距离要适中，太远太近均不适合；交谈中陈述意见时语速要尽量做到平稳。在特定的场合下，可以通过改变语速来引起对方的注意，加强表达的效果。

除了语言，谈判中，良好的姿态也有利于创造出友好轻松的气氛。如当你的目光注视对方时，目光应停留于对方双眼至前额的三角区域正方，这样使对方感到被关注，觉得你诚恳严肃。手心朝上比朝下要好一些，手势要自然，手势不要过多或乱打手势。肢体动作不要过大，更不要手舞足蹈，用手指点人。同时切忌双臂在胸前交叉，那样会显得十分傲慢无礼。

在谈判进行中，双方要关闭所有的通讯工具（或者把手机调到静音状态），人员不要随便进出。谈判中，主方应提供茶水等饮料。服务人员在添茶续水时要轻声。为了不影响谈判进行，可在休会或者某一方密谈时进行。

（三）谈后签约的礼仪

当双方经过充分的洽谈磋商之后，彼此就谈判项目达成书面协议，为使有关各方重视遵守合同，在签署合同时，应举行较隆重的签约仪式。

签约仪式是一件意义重大的事情。双方参加谈判的全体人员都要出席，共同进入会场，相互致意握手，一起入座。双方都应设有助签人员，分立在各自一方代表签约人外侧，其余人排列站立在各自一方代表身后。

助签人员要协助签字人员打开文本，用手指明签字位置。签字前，各方主签人应再次确认合同的内容。若无异议，双方代表各在己方的文本上签字，然后由助签人员互相交换，代表再在对方文本上签字。

签字完毕后，双方应同时起立，交换文本，并相互握手，祝贺合作成功。其他随行人员则应该以热烈的掌声表示祝贺。这时，服务人员可及时用托盘送上准备好的上等香槟酒。各方签字人和成员共同举杯庆祝。

最后，请参加活动的双方最高领导人退场，再请客方来宾退场，最后是主方人员退场。

当谈判签约结束之后，主方人员应将客方人员送至电梯口或送上车，握手告别，目送客人汽车离开后方可离开。如果后面还有相关的参观或其他的娱乐活动，则应安排专门的人员予以接待，保证整个活动做到善始善终，给客方留下一个良好的印象，以有利于后期合作。

第三节　商场服务礼仪

商场服务是指商业销售企业利用特定的商品陈列场所为消费者提供的商品信息和购买服务。在商场服务中，营业员作为商场的代表，她的一言一行不仅是个人形象的体现，更重要的是企业形象的体现。高水平的礼貌服务不仅可以弥补环境因素的不足，对树立良好的企业形象，加深企业与消费者的感情交流亦有极大的作用。而营业员在商场服务中所表现出来的礼仪关系着顾客对商场的整体印象，影响着商场的经济效益。商场服务礼仪体现在商场服务的环境、程序、语言及服务技巧中，体现在营业员服务的全过程。现代商场要给顾客提供一流的设施、优质的商品和满意的服务，使顾客在商场得到物质和精神上的双重满足。

一、环境礼仪

商场的购物环境是企业形象的重要组成部分，是企业文化、品位和价值的展示。随着消费市场的渐趋成熟和商业竞争的白热化，购物环境对消费群体的吸引作用日渐明显。购物环境，不仅是指商场的地理位置、房屋的建筑等，而且还指在这些硬件基础上所设计的商场整体风格，营业场所的布局，商品的陈列和灯光、色调、音乐等，以及由此所创造出来的空间效果。购物环境本身就是一种礼仪。良好的购物环境，可使顾客一走进商场就感受到和谐、优雅、亲切的气氛，即使是在无人售货的超级市场，顾客仍可以从良好的购物环境中，感受到服务礼仪的存在。置身于这样的环境，欣赏着琳琅满目的商品，体验着和谐优雅的气氛，尽情地选购自己喜欢的商品，并随时可以得到满意的服务，这不能不说是一种享受。

（一）外部环境

商场的外部环境包括商场的招牌、门面等。消费者与商场的接触一般是从外部环境开始的，在这个意义上讲，商场的外部环境可以称得上是商场环境的脸面，"脸面"的好坏直接关系到商场的整体形象效果。

招牌：招牌是商店名称的视觉表现形式，有反映企业特色、档次，吸引行人注意，以及装饰店面等作用。在设计和制作招牌时，其形状、尺寸、材质、色彩、字体、亮度、位置等应与企业的市场身份相吻合。

门面：一般是指商场建筑物的主立面，包括外墙、大门、橱窗、招牌等。门面的装饰要注重整体效果和企业特点，在内容和视觉效果上要尽可能使消费者产生亲和感。要根据企业的特点选择恰当的建筑材料、色彩，以及文化风格。整体与局部之间的形状、体积、力度、色彩、亮度等方面应有充分的协调，应主题鲜明、主次有节，详略得当。过分的装饰和铺天盖地的广告招贴常会使消费者感到厌烦。大门应给人以便利、宽敞、透亮、通达的感觉。橱窗布置应注意主题与艺术表现力的结合，同时亦要考虑到一般消费者的理解能力。橱窗布置应有一个合理的变换周期，避免老面孔、老手法。

（二）内部环境

商场的内部环境包括商场内部的灯光、色彩、温度、通风、音响，商场陈列，相关设施等多方面因素。

现代商场的灯光、色彩、通风、音响设计对渲染商场的内部气氛有重要影响。明亮的光线、柔和的色彩、新鲜的空气、宜人的音响效果能营造出极具亲和力，令消费者舒心的购物环境，使消费者有一种被尊重的感觉，可以激发消费者的潜在购物欲望；反之，则会使消费者感到压抑和郁闷，有一种被冷落、轻视的感觉，购物的兴趣大大降低，更不要说激发潜在的欲望了。要特别注意现在商场中普遍存在的视觉污染——随处可见的招贴、广告；听觉污染——震耳欲聋或嘈杂的"伴奏"，给消费者一个轻松的环境。

商品陈列是商场内部环境的主体。商品陈列首先要解决好销售区域的划分，在楼层分配、楼面布局、走道设置（宽度、长度、交叉）、扶梯设置（上行、下行）等方面，应以方便消费者观看、选择和购买商品为原则，应避免消费者不必要的时间和精力的浪费。一些销售量大、销售频率高、选择性较低的商品销售区域应尽量靠近出入口或走道，并布置在底层或较低的楼层。其次，商品陈列要体现商场对消费者的信任、尊重，应从方便消费者的选择、询问、购买出发，除一些贵重物品外，开架售货是一种可行的方式。商品陈列应展示商场的诚信和公平待客的理念，充分尊重消费者的知情权，提供的价格、品牌、等级、规格、产地、说明等信息应真实、可靠、有效。此外，还应注意商品陈列的艺术性，商品的陈列方式应充分展现该类（种）商品的特点、价值和品位，使消费者在选购商品过程中能感受到一种美的氛围。

现代商场随着营业面积的不断扩大和营业内容的增多，消费者的人数，以及消费者在商场中停留的时间亦逐渐增多，商场（特别是大型商场）的功能正向购物、休闲相结合过渡，因此，相关服务设施的建设和相关服务项目的设立日益显得重要。商场应设身处地为消费者着想，在诸如收银设施、残障服务设施、休息场所与设备、幼儿托管、饮食供应、休闲娱乐项目等问题上，尽可能为消费者提供方便。

商场内部环境、外部环境的整洁、卫生是应特别注意的问题。环境卫生不仅关系企业的市场形象，而且对消费者的购物情绪亦有直接的影响，应根据不同情况建立卫生责任制，要保持地面、墙壁、门窗、用具设备的清洁卫生，要保持物品陈列的清洁有序，给消费者提供一个文明、整洁的购物和休闲场所。

二、服务礼仪

商场的环境因素给消费者提供的是购物的场所和可供选择的物品及服务，交易的达成最终是通过营业员与消费者之间面对面的交流和沟通来实现的。

（一）服务员仪表仪容

商场营业员在销售服务工作中的穿着打扮和个人卫生习惯应符合礼仪规范。服饰要整洁、美观、得体、端庄。商场营业人员要遵守商场统一着装的规定,工作服、领结、领带或飘带要符合商场的统一规定,不可在上班时间自行着装,要佩戴好统一工号牌或证章。如果商场没有统一着装规定,营业员应自行选择式样大方、颜色搭配得体的服装,以不引起顾客的过分注意为宜。时装柜台的营业员可以穿式样新颖的衣服,仪容整洁、自然大方。男士要常理发、常修面,不留胡须、不蓄长发、不理怪发型。女士化淡妆为宜,不浓妆艳抹。发型宜短、散、直,不要蓬松披散,前发不宜过眉,上班时只能带1~2只戒指,不戴耳环、项链、手链等饰物。化妆品营业员要具备化妆基本知识、基本方法,更要注意自己的化妆效果。

营业员尤其是食品柜台的营业员要勤洗澡、勤换衣、勤修面、勤理发、勤剪指甲、勤洗手,上班前不吃带有异味的食品,不饮烈性酒,要养成尊重顾客的良好卫生习惯。营业员要讲究工作时间的站姿,其标准站姿是:头部抬起,面朝正前方,双目平视,下颌微微内收,颈部挺直,双肩自然放松,腰部直立,双臂自然下垂。

(二)服务语言

语言是表达思想、沟通感情的主要工具,一个人的语言表达能充分体现他的品德、修养和知识。俗话说"良言一句三冬暖,恶言半语六月寒",得体的语言表达常有事半功倍之效,同样失礼的语言亦会使事情前功尽弃。尊重对方的语言,亦会赢得对方的尊重。

商场面对的不仅是本地消费者,还要为外地,乃至外国消费者提供服务,因此,营业员的语言能力直接关系到服务质量的好坏。商场营业员不仅要会说普通话,还应对中国主要的方言(广东话、福建话、上海话等),以及英语日常用语有初步的了解和掌握,以便于和不同消费者交流,了解他们的愿望,尽可能满足他们的要求。

语言礼貌不仅体现在语言的掌握程度上,更重要地表现在语言的表达技巧上,我们常说"一句话能把人说得跳起来,一句话也能把人说得笑起来"。商场服务语言的表达有如下讲究:

亲切——和气、谦逊、真诚;

准确——给消费者提供正确、可靠的信息,表达明白,不含糊其辞,不模棱两可;

生动——言辞活泼、有感染力;

文雅——文明礼貌,言辞得体,不粗俗。

具体地说,营业员在与顾客语言交流时应注意以下问题:

(1)恰当的称谓。恰如其分的称谓常给人以亲切感,可以起到很好的感情沟通作用,反之,则使人感到不愉快。称呼顾客时应注意根据年龄、性别、职业、地区、民族、习惯的不同,因人而异。在一些地区、行业流行的称呼方式,用到了其他地方和行业就未见得适宜,甚至会引起人的反感。营业员在称呼顾客时,应使用大众一般认可的称谓,如"同志"、"师傅"、"大爷"、"大娘"、"小朋友"、"小弟弟"、"小妹妹"、"先生"、"太太"等等。对一些流行称谓,如"哥们"、"姐们"等的使用应慎重其事,切不可使用"哎"、"喂"等不礼貌,或带有偏见、歧视、侮辱色彩的语言指称顾客。

（2）使用规范的文明礼貌用语。即："您好"、"请"、"谢谢"、"对不起"、"再见"。但作为一个高素质的营业员，在实际工作中不应以此为满足，因为千篇一律的词句会使人厌烦，应注意根据具体情况使用不同的方式来表达你的意思。

（3）做到"六不"。即：不说阴阳怪气的话；不说低级趣味的话；不说讽刺挖苦的话；不说有伤别人自尊心的话；不说强词夺理的话；不说欺瞒哄骗的话。

（三）服务举止

营业员在柜台内行走要轻、稳，切不可漫不经心地东游西逛，趴在柜台上，打闹嬉笑，吃东西，聚众聊天或东张西望。

在接待顾客时，要主动热情、精神饱满、彬彬有礼，不取笑顾客，与顾客对话时眼睛要正视顾客。轻拿轻放商品，动作干净利落。收款时要唱收唱付，切不要把商品或零钱扔给顾客或摔在柜台上让顾客去取。工作中有差错，要当面主动向顾客道歉，不能强词夺理与顾客争执。不可随地吐痰或当着顾客面打手机、谈私事、吃东西、打喷嚏、剪指甲、掏耳朵、掏鼻孔、剔牙齿及梳妆打扮等。

（四）服务态度

为顾客提供主动、热情、周到、耐心的服务是服务工作的基本要求。满意周到的服务是与营业员的服务态度密切相关的，营业员如果对待消费者的态度有所偏差，再好的仪表、再标准的语言也是枉然。服务态度以公允、热情、主动、耐心、周到为基本要求。

（1）公允。要求营业员一视同仁，以正直的心态对待所有消费者，不因职业、地位、民族、地域、年龄、性别、外貌等的差异而有所不同，做到"童叟无欺"，处处体现平等待人、公平交易的精神。

（2）主动。要求营业员在工作中主动接近顾客，不消极等待，更不能对顾客视而不见，要让顾客有时刻被人关注和重视的感觉。应做到：主动和顾客打招呼；主动询问顾客的需求；主动当好顾客的参谋；主动帮助挑选商品；主动帮助顾客解决问题，处处体现顾客至上的精神。

（3）热情。要求营业员以饱满的精神状态投入工作，以真诚、自如的微笑，以温和、清楚的语调对待顾客。应做到：顾客来时有招呼；顾客询问有回应；挑选商品有介绍；收款找零有交代；顾客离开有道别，处处体现礼貌服务的精神。在热情为顾客服务时，营业员必须恰当地表达热情，把握分寸，切忌为达到推销商品的目的而"过分热情"、"不厌其烦"和"喋喋不休"，适当的感情距离有时更有利于沟通和交流。

（4）耐心。要求营业员在服务工作中充分理解消费者，把方便让给消费者，把困难留给自己，以百问不繁、有问必答的态度对待消费者。应做到：买与不买一个样；买多买少一个样；大人小孩一个样；生人熟人一个样；退货买货一个样；忙时闲时一个样，处处体现一切为了顾客的精神。

（5）周到。要求营业员在工作中从顾客的利益出发，想顾客之所想，急顾客之所急；从专业服务的角度出发为顾客解疑排难，相关事宜应向顾客解释清楚，不应对顾客有所隐瞒。每笔业务要有头有尾、善始善终，不能虎头蛇尾、粗枝大叶，要处处体现一切为了顾客的精神。

三、服务过程礼仪

(一)准备阶段礼仪

营业前的准备工作包括：根据柜台商品账目，复点商品的数量、备用金数量；及时验收新到的商品，检价及时、准确；检查价格标签有无脱落、有无模糊不清或移放错位的情况，补足商品，备好零钱；备好各种用具，如算盘、发票、复写纸、销货卡、圆珠笔、剪刀、绳子、包装袋、包装纸等；搞好清洁卫生；商品摆设要整齐、美观，保持商品干净。此外，在上班前要根据商场规定整理好个人形象。

(二)迎接顾客阶段的礼仪

营业员要端庄站立，面带微笑，语言文明。在没有接待顾客时，营业员应采取标准的站姿：双手可以放在柜台上，切忌双手叉腰、双臂抱在胸前、两手插入口袋、身体东倒西歪或倚靠其他物体。若是一名营业员，应站在柜台(或货位)中间；二名营业员，就分别站在柜台(或货位)两侧；三名营业员，应等距离一字排开。顾客走近柜台前浏览商品时，营业员要主动地说声："您好！欢迎光临！"等礼貌用语，或"您需要看什么商品吗？"要给予顾客从容浏览和精心挑选商品的环境，切不可见到顾客马上就问："您想买什么？"以免给顾客造成心理压力而草率购买，或引起顾客反感而放弃购买。营业员也不能在顾客已经走到柜台前时还旁若无人、不予理睬。

(三)接待顾客阶段的礼仪

接待顾客阶段是指从顾客明确表示要挑选商品到完成购物或放弃购物的过程。这个阶段顾客与营业员接触时间较长，是营业员代表商场与顾客进行交易行为的阶段。

1. 介绍商品

介绍商品要抓住时机。过早，易使顾客产生戒心；过迟，则使顾客转移了注意力，丧失了销售时机。向顾客介绍商品要诚心诚意、主动热情、实事求是，当好顾客的参谋，不能夸大其词、弄虚作假。同时，要及时回答顾客的询问，解答顾客的疑虑。

2. 递拿商品轻拿轻放

递拿商品时切不可把一堆商品堆到顾客前面，应用双手轻轻递给顾客，而且要将商品的最佳观赏面朝向顾客。野蛮的递拿行为既是对顾客的不尊重，也容易造成商品的损坏。当顾客付款后，营业员应根据不同的商品采取不同的包扎方法，或替顾客将商品平稳装入包装袋，商品包装要做到迅速、合理、美观、牢固。

3. 接一问二联系三

在接待正在购买商品的第一位顾客时，主动向第二位顾客询问意向，同时向第三位顾客打招呼以示热情，防止顾客产生被冷落感。

4．耐心协助顾客挑选

当把商品递给顾客时，要亲切地说一声："别着急，慢慢挑选。"并注意观察顾客的表情，适时地介绍商品，不可中断介绍，把顾客丢开，不可对顾客挑选表示出不耐烦的情绪，不能说"你是外行，你不懂"之类的话，也不能说"这很好，你买吧"，这样会给顾客造成压力，甚至会损害顾客的利益。

商场服务礼仪案例

人物：儿子、妈妈、某服务员

地点：某大商场

儿子：妈妈，电子辞典在哪一区啊？

妈妈：我也不知道，这个商场这么大，方向都搞不清楚，问一下服务员吧！请问："电子辞典摆在哪儿？"

服务员甲：在二楼。

妈妈：二楼怎么走？

服务员甲：前面左转。

妈妈：哪个前面啊！

服务员甲：你往前走，看一下指示就知道了。

妈妈：你就不能说清楚一点吗？我要知道，就不用问你了，真是的！

遇到这样的服务员，这位妈妈一定感觉非常糟糕，也许她就有可能到别处去购买电子辞典，顾客就这样由于服务员的劣质服务而流失了。如果服务员端正自己的服务态度，就为赢得顾客奠定了基础。

再看看下面的一段对话：

儿子：妈妈！电子辞典在哪一区啊？

妈妈：我也不知道，这个卖场这么大，方向都搞不清楚，问一下服务员吧。

服务员乙：欢迎光临！

妈妈：请问电子辞典摆在哪儿？

服务员乙：电子辞典在二楼家电精品区。

妈妈：请问二楼怎么走？

服务员乙：您往前走，会看到摆家具的区域，往左边转您就会看到电扶梯。上了楼右转就可以看到卖相机、随身听的区域，那就是了。

妈妈：谢谢您！

服务员乙：祝您购物愉快！

妈妈：小姐，请拿这款电子辞典给我看看。

服务员：好的。

妈妈：请问这个辞典多少钱？

服务员：这个是 1300 元。

妈妈：这么贵啊！

服务员：这是最新款的，有真人发音而且有五国语言，所以单价比较高。请问您是买给谁的？

妈妈：买给儿子的。

服务员：小朋友，你几岁了？

儿子：13 岁。

服务员：如果是小朋友要用的，我建议您可以买这一款。（拿出另外一款）它有三国语言而且有词句练习，比较适合像他这个年龄层的学生，价格也比较经济。

妈妈：这个多少钱？

服务员：这个 750 元。

妈妈：可是既然要买就买好的，以后也可以用的，比较实惠。

服务员：像电子辞典这种科技产品日新月异，以后会有更新更好的产品出现。等到以后或许您的孩子还要买更好的。那不是浪费钱吗？所以您可以考虑这台。

妈妈：也对！儿子，买这台好吗？

儿子：嗯！好啊！

妈妈：小姐，请问这个辞典如何操作？

服务员：开关在主机旁边，先按下去，旁边有一支塑料笔，用这支笔点选您要的项目就可以了，您如果回去有不明白的地方，可以参阅说明书，上面有很详细的解说。

妈妈：我试试看！怎么打不开？

服务员：不是按那一个，是旁边的按键，对！对！就是这个。

妈妈：对不起！从没用过，笨手笨脚，我儿子这么小会用吗？

服务员：没关系！我以前也不会用，这很容易学的，而且您的孩子这么聪明，很快就会用了。如果您有任何问题，欢迎您随时过来询问。

　　作为一个商场服务人员，就要像该案例中的服务员一样，能够充分体恤客人的心，充分满足客人的优越感，为客人营造没有压力的销售气氛，这才是最佳的销售法宝。

（四）送客阶段的礼仪

　　营业员将商品双手交给顾客。顾客完成购买行为欲离开柜台时，营业员要点头示意并道别："您慢走"、"欢迎您再来"、"再见"，并目送顾客离店。这个阶段是柜台销售礼仪中不可轻视的一环，不能因完成了商品的销售任务而在顾客临走时失去应有的礼貌，更不能因为顾客没有购买商品而发牢骚、生气。营业员必须礼貌送客，使礼貌服务贯穿于柜台销售的始终。

第四节　酒店服务礼仪

酒店是为过往旅客提供住宿、膳食等多种服务的场所。当今酒店服务综合性的特点极其鲜明，集住宿、饮食、购物、娱乐等综合性服务于一体。其部门划分和岗位设置也充分体现了多项目、多层次服务的特点。酒店主要的业务部门有前厅部、客房部、餐饮部、康乐部、商场部等，明确各部门的岗位职责是提高服务质量的首要问题，掌握酒店服务礼仪是提高其服务质量的重要因素。

一、各部门服务礼仪

（一）前厅服务礼仪

前厅，又称大堂，是酒店服务的起点和终点。前厅部是整个酒店业务活动的中心，是酒店服务的代表机构，也是酒店的信息中心，是进行酒店业务内外联系的综合性部门。前厅部的服务质量及管理水平是反映酒店总体水平的窗口，其工作贯穿于顾客与酒店接触及交易往来的全过程。因此，前厅服务人员要自觉遵循礼仪规范，主动、热情、高效地为顾客服务。

1. 门卫服务人员礼仪

门卫的主要工作是迎送顾客，由门卫礼仪服务人员和接待服务人员共同来完成。

（1）门卫服务人员的仪表要求

五官端正，面带笑容；站姿挺直肃立，即两眼平视，下颌微收，挺胸，收腹，两腿并拢，脚跟相靠，两脚成60度，两臂自然下垂，中指靠近裤缝或在体前交叉。双手交叉时要求男性左手放在右手上，女性右手放在左手上。走姿要自然、稳重、雄健。着装大方干净，男性不留胡子，女性要化淡妆；头发整齐，无头屑。门卫服务人员一般要穿着整齐笔挺的套装工作服。男性的裤子不要穿得太瘦和上提得太紧，黑皮鞋配深色袜子。女性的裙子不能太紧贴身体，衬裙不能外露，裙长应达到膝盖以下，袜子和裙子、皮鞋的颜色要协调。领带、领结要系正，佩戴服务标志卡，不能戴耳环、手镯、项链、戒指等首饰。

（2）门卫服务人员的礼仪规范

客人到来时应主动开启大门，并出示手势请客人进入，同时说："您好！欢迎光临。"对常住客人应该说："您好！请进。"当客人进门时带有太多、过重的物品时，在征得客人同意后上前帮忙。当客人来往过多、携带物品也多时，应立即通知接待服务人员和行李服务人员帮忙。服务人员要环视顾客和车辆出入的地方，凡是事先约好的客人，在将至时刻一定要做好迎接准备。客人在离开酒店时，主动开启大门，同时向客人挥手说"欢迎再来"、"再见"。

2. 接待服务人员的礼仪规范

当前来投宿或办事的车辆停留在门前，服务人员一定要主动上前开启车门，开车门时，先开右边门并用手挡住车门上框，迎接客人下车。对年老的顾客、女士应主动相扶。雨天要主动为客人撑伞。在引领客人时，服务人员要走在客人一至两步远的左前方。走到拐角处，应回头向客人点头示意，并用手指示方向，同时说："请这边走。"乘电梯时，服务人员应主动上前叫电梯，电梯门打开后，请客人先上，并主动说明客人要去的楼层。引领客人到达楼层服务台时，向楼层服务人员说明客人所要住的房间，和楼层服务员一起将客人引领到所投宿的房间门前。当楼层服务员打开房门后，再帮助楼层服务员将客人引领进房间，并将客人行李送到房间，经客人同意后放到客人指定的位置。如客人无事，即可后退两步，向客人道别："请您休息，再见！"然后转身走出客房，轻轻地关上门。

客人要离开酒店时，接待服务人员应到客人投宿的房间门前，右手微握掌，用中指骨节轻敲门三下，并说："我可以进来吗？"，经允许后再进入房间，并向客人致意："您好！打扰您了。我是来为您提送行李的，请您吩咐。"提行李出房前，要填写好行李发出登记卡，并请客人核实。客人办理结账手续时，要帮助客人看管好行李。如果门前有等候客人离去的车，服务人员要把行李送至车上。待客人上车后，服务人员站在车斜前方1.5米远，躬身站立，两眼注视客人所乘车辆和送别的客人，向客人致意，并说"再见"或"一路平安"、"一路顺风"、"谢谢您的光临"、"欢迎您再来"等，车辆离开后方可回转。

3. 总台服务礼仪

总台一般设在大厅正对大门口的醒目位置，是进入酒店大门后到客房、餐厅之前的公共区域，也是每位顾客抵离酒店的必经之地，顾客对服务质量的优劣评说，也往往从总台开始，因为总台的服务贯穿于酒店对顾客服务的全过程，其业务范围通常是包括收银、问讯、行李、总机等职能部门，为客人提供登记、接待、订房、分房、咨询、电话、订票、留言、行李、退房等各项服务，是酒店的"门面"或"窗口"，决定了顾客的满意程度。总台服务人员接触面广，事务性工作很多，礼仪要求表现在以下几个方面。

（1）素质要求

①品行端正、诚实、正直

总台的工作种类较多，有些会涉及价格、金钱以及酒店的经营秘密，如果没有良好的修养，品行不端，就很容易发现并利用酒店管理中的某些漏洞，利用岗位职责之便，为个人牟取私利，损害客人和酒店的利益，从而直接影响酒店的服务质量，有损酒店的形象和声誉。

②敬业乐业，认真负责

总台员工对前厅部的工作，诸如任务、目标、地位、范围、岗位职责等要有责任心。对客人的要求要敏感，反应快，及时向上级或同事准确地传达信息。在服从指挥的前提下，还要有一定的灵活性和创造性，自觉关心和维护酒店的利益。遇事，尤其是遇到突发性事情时，要保持理智和清醒，能抑制住冲动情绪。

③要有灵活的应变能力

入住酒店的客人来自四面八方，性别、国籍、职业、年龄、受教育程度、职务、入住目的等不尽相同，造成客人需求的差异。这就要求总台服务人员具备应变能力，有设身处地为对方着想以及缓和突发事件形成的紧张气氛的能力，才能有针对性地根据具体情况具体分析、具体处理的原则，为客人排忧解难，提供优质服务。

④要有较强的记忆能力

总台员工应在实践中逐步摸索、总结经验、找寻规律，力使自己有较强的记忆能力，特别是时间、人名、人的特征等，能够迅速、准确地记住，以利于工作的顺利进行。锻炼一定的记忆能力，在工作中既有利于体现对他人的尊重，无疑也为工作带来了便利。当然，酒店每天人来人往，川流不息，要在短时间内记住不少客人的名字，显然得靠一点技巧，但关键还在于服务人员是否用心。

⑤具备相应的工作技能

总台工作较为繁杂。作为一名合格的总台服务人员，要根据自己担负职责的不同，分别具有适应工作所必需的相应的技能技巧，如打字、电脑操作、速记、接打电话、电传、常用中英文信函的写作、有关各种业务表单的填写、分发、整理、归档等。这些技能技巧将有效地帮助总台服务人员胜任本职工作。

（2）仪表仪态要求

总台服务人员的仪表仪容要端庄整洁，统一着装。服装要清洁，要注意上衣纽扣齐全并全部扣上，口袋内不装物品，标志牌佩戴在左胸部的上方。保持面部和口腔的卫生，举止自然大方。

站立服务，站姿要标准，不得弯腰躬背和双脚交叉站立，精神饱满，举止自然大方，精力集中，做好随时接待客人的准备。在同客人交谈时，手勿叉腰或插入口袋，不能指手画脚、摇头晃脑，不吸烟、不做私事。需坐下为客人提供服务时，要注意坐姿。

热情主动，微笑相迎，有问必答，百问不烦，口齿清楚，用词得当，去繁就简，节时高效。遇到自己确实不清楚的疑难问题，不要不懂装懂，以免闹出笑话或是耽误了客人的时间，而应该诚挚地向客人表示歉意，请客人稍候，然后迅速查阅有关资料或向有关部门、人员请教，再给客人以满意的答复。如果自己当时就能答复客人的，就不要随意推给别人。在任何情况下都不得讽刺、挖苦和讥笑客人。

听清顾客的要求后，请其填写住宿登记单，并根据客人要求和客房控制实际情况，尽量满足客人的需求为其安排好房间。如客人的要求无法得到满足，不能简单地以"不行"而一言蔽之。应向客人致歉，再向他提出有益的替代建议，供客人选择参考。当遇到客人犹豫不决，拿不定主意时，可以通过察言观色等适时介入，应客人要求，热心为客人提供信息，当好参谋。但要注意热情适度，只能当参谋，不要参与决策，更不要干涉客人私生活。

每个酒店均应真诚地欢迎每一位客人，对他们的光临始终抱着顾客至上的服务宗旨。对每一位来自不同国家或具有不同身份的客人，都应按照制度、程序进行必要的登记，应使客人理解住宿单上所反映的情况，有利于酒店及时了解不同客人的实际需求，以更好地提供周到的服务。酒店本身的重要职能之一就是要对客人的安全和方便负责。如果客人在住宿期间，不愿他人知其姓名、房号或其他事宜，可预先将特殊要求输入电脑，从而保证客人能不受干扰地安静、舒适地住在酒店内。如果客人在填写上存在困难或觉得麻烦，接待人员在征得客人同意后，可为其代填登记卡上的内容，然后请客人签名确认，让客人感到酒店很愿意为他们提供优质服务。

（3）服务语言规范

服务员在与客人谈话时要用普通话，语言清楚、简洁、文明。要实事求是，声音适量，语速适中，与客人说话要保持正常的距离。服务人员应业务熟练，工作有序，讲求效率，节省客人的时间。接待客人投宿要热情，客人抵达时，总服务台的服务人员要热情问候每一位来宾，停下手中事情，双目正视对方，以诸如"您好，欢迎光临！""请问，您预订过房间吗？"等语句欢迎顾客的到来。为客人办理投宿手续时，要全神贯注、认真负责。登记的姓名、住址等要字迹清楚，准确无误，登记完后要与客人进行核对。如果同时接待多位投宿的顾客，一定要一视同仁，按先来后到的顺序办理，做到不乱、快速、稳妥、准确、礼貌、周到。要谨慎小心处理疑难问题，耐心倾听客人意见，把握好自己的情绪。要主动与前来问询的顾客打招呼，做到有问必答，回答准确，以获得客人的信任。在回答顾客所提问题时，目光注视客人，语气轻柔，对一时回答不上来的问题，不要向顾客回答"不知道"或"不清楚"之类的话，也不能用"也许"、"大概"、"可能"之类的语言，而是要表示歉意："对不起"，"请稍等"，"我帮您查问一下再回答您"。

在办理顾客的住宿手续时，应主动介绍旅馆内房间的情况如规格、价格、设备、条件等，请客人自己挑选自己所需要的理想房间。对有特殊要求或重点照顾的客人进入客房后，总台要打电话询问："您对这个房间满意吗？您还有什么要求吗？"客人结账时，要先致以问候："您好！您将要启程吗？"结账要唱收唱付。当客人当面点清账款后，对客人协助办理手续要表示谢意："谢谢您的合作"，或者说"谢谢您的帮助"、"欢迎再次光临"。

4. 商务中心的服务礼仪

位于前厅的商务中心是为了满足客人商务工作的需求而提供的一种现代化办公设施。

商务中心服务，除按照服务礼仪的一般规定外，在礼貌服务上还应做到：

（1）注重个人仪表

在工作岗位上，要仪表整洁，仪容端庄，仪态大方。工作时间要精神饱满，精力集中，在客户面前，注意自己的坐立、行走姿势，要符合酒店员工守则中有关规定的要求。

（2）工作热情主动

要热情主动地接待客户，微笑问候，敬语当先，尊重客户的意愿，对客户不得漫不经心，不搭不理，显出无所谓的样子，尤其是对一些有特殊要求的客户，不得有不耐烦的表示。在同时接待数位客户时，应按先后次序一一受理，同时向各位打招呼致意，使其不致有被冷落感。要忙而不乱，有条有理，要讲究职业道德，注重信誉，确保质量，按规定收费，代客户保密。

（3）认真高效

承办电传、传真、打字、复印、翻译、快递等项业务，要做到准确、快捷、细心、周到，杜绝差错。客户如果对服务有不满时，商务中心文员应做耐心解释，不应置之不理，解释时说话态度要谦和，语气要委婉，要耐心申述事情的原委，不应转化为与客户一比高下的争辩。

二、后台服务礼仪

（一）客房服务礼仪

客房部是酒店的重要部门之一，主要为顾客提供舒适、清洁的房间，以及优良的服务和安全保障。客房服务人员要承担顾客的大部分日常生活服务，其服务质量最能体现出酒店的服务水平和管理水平。服务人员的服务态度、礼貌、礼仪是评价其服务质量的重要因素，因此，客房服务人员必须掌握客房服务礼仪规范。

参与客房服务的人员，主要是楼层接待员和客房服务员。客房员工要为人诚实，品质好。

客房部的工作有许多都是独立运作的，如果思想意识不健康，追求物欲，经受不住考验，那是不可能做好客房服务工作的。

客房服务员在岗时，应自觉按照酒店有关规定，不打私人电话，不与同伴闲谈，不可翻阅客人的书报、信件、文件等材料，不可借整理房间之名随意乱翻客人使用的抽屉、衣橱，或出于好奇心试穿客人的衣物、鞋帽等。不可在客人的房间看电视、听广播，不可用客房的卫生间洗澡，不可拿取客人的食物品尝等。这些都是服务工作的基本常识，也是客房部工作中铁的纪律，客房部员工应该以高度的自觉性来执行。

楼层服务人员除了必须具备其他服务人员的态度、仪容仪表、服饰等要求外，还必须在自己的岗位上体现下列服务规范。

客房服务的基本规范和技巧概括为："八字"工作法、"五个服务"及"五声"、"十七字"等。

"八字"工作法是从客人进店到离店，要求服务人员做到迎、问、勤、洁、灵、静、听、送。

迎——客人到达要以礼当先，热情迎客；

问——见到客人要主动打招呼；

勤——服务人员在工作中要勤快，做到手勤、眼勤、嘴勤、腿勤；

洁——房间要保持清洁，勤整理，茶具要消毒，保证客人身体健康；

灵——办事认真，机动灵活，眼观六路，耳听八方，应变能力强；

静——工作中要做到说话声音轻、走路声音轻、操作声音轻，保持楼层安静；

听——工作中要听客人的意见，不断改进服务工作；

送——客人离店送行，表示祝愿，欢迎再次光临。

"五个服务"包括：主动服务、站立服务、微笑服务、敬语服务、灵活服务。

"五声"是指：客人来店有迎声、客人离店有告别声、客人表扬有致谢声、工作不足有道歉声、客人欠安有慰问声。

"十七字"是指："请"、"您好"、"谢谢"、"不用客气"、"请原谅"、"没关系"、"再见"。

自检：客房服务的"八字"工作法、"五个服务"及"五声"、"十七字"等礼仪规范，你是否能做到？

（二）餐厅服务礼仪

餐厅是酒店向顾客提供膳食的服务场所，也是酒店重要的接待部门，餐厅不仅是就餐的固定场所，也是人际交往的理想地点。这就要求餐饮服务人员必须全面了解和运用餐饮服务礼仪，使顾客在品尝美味佳肴的同时享受富有人情味的和主动、热情、周到、耐心的服务，达到消费需求的最大满足。

餐厅服务员一到岗位后，即应适时调整自己的情感，尽快进入服务人员的职业角色。为使餐厅按时进入优质服务状态，要通力合作把餐厅的地面、椅子、桌子、布件、餐具等认真予以清洁和布置整理，使之达到清洁、美观、整齐、完备无缺的标准，然后整理个人卫生。工作前后要洗手，大小便后要洗手。在岗时不准抽烟，按有关规定梳理头发，工作服要合体，无破损油污，精神抖擞准备上岗。

仪表。餐厅服务人员工作时间应穿规定的制服。衣服要整齐笔挺，没有油渍、异味。要经常换洗衣服，保持衣服的袖口、领口和腰部的清洁，衣服的扣子要齐全，颜色要一致。衬衣或衣服的衬里不能外露，不可挽袖子卷裤筒，要佩戴服务标志卡。男服务员以黑色皮鞋为宜，女服务员以黑色、棕色皮鞋为宜，系好鞋带，并保持皮鞋的光亮。

仪容。男服务员不能留大鬓角，后面的头发不能长到衣领，不留胡须，常修面。女服务员的头发不能长到披肩，不用带刺激香味的发乳。不留长指甲，不涂猩红的指甲油，不使用香水和浓味的化妆品，化妆要淡而高雅。上班不要佩戴项链、手链、戒指、耳环、胸花及其他饰物，并保持良好的个人卫生。

仪态。站姿要挺拔，坐姿要端正，给顾客以美的印象。步态轻盈、稳健，一般必须靠右行，不能走中间，不可跑步，不可与客人抢道。

服务人员与客人谈话时，手势不宜过多，动作不宜过大。在引路、指示方向时应注意手势要规范，同时注意手势应用和面部表情及身体各部分的配合要和谐。餐厅的服务接待人员要热情适度，耐心周到，对顾客的态度反映敏感，能耐心、虚心听取顾客的意见，遇到事情冷静、沉着，表情要含蓄，动作要大方。

餐厅服务礼仪是餐厅服务质量、服务态度的直接表现，主要由领台、值台、帐台、走菜、厨台等服务礼仪构成。

（三）电梯、行李人员的服务礼仪

1. 电梯服务员的服务要求

电梯服务员的工作是：在电梯停靠楼层迎送顾客，并为顾客开启电梯。电梯停靠楼层迎候顾客时，电梯服务员应站在门外一侧，双脚并拢，双手握指于腹前，面带笑容，随时注意是否有顾客来搭乘电梯。看见客人来临，电梯服务员应先进入电梯，对着电梯门口侧身站立，一手按住电梯门，另一只手示意，并说："您好，请进！"顾客进入电梯后，应询问："请问到几楼？"准备关时，如果发现有赶着搭乘电梯的顾客，应耐心等候。关电梯时，应注意顾客安全，要在顾客完全进入并站稳后再关门、启动。运行中，每一层都要预先报告，以免客人误下。电梯到达停靠楼层时，要举手示意，电梯停稳后才能开门。电梯满载但仍有顾客等候时，电梯服务员应礼貌致歉："对不起，已经满员了，（您）稍候。"完成一次运送后，电梯服务员应迅速返回接待客人，并说：对不起，让您久等了，请进！"客人离开电梯时，电梯服务员应微笑道别"请慢走"，并点头示意，目送客人。

电梯服务员应注意对一些特殊顾客的接待及特殊情况的处理。接待老弱病残时，应主动上前搀扶出入电梯，并在电梯启动与停靠时提醒站稳；对儿童顾客，应善意劝阻其擅动电梯控制开关，以防发生意外；对贵宾，应确保操作安全，到达后应负责陪送出电梯；电梯因故障导致中途停驶或门打不开时，电梯服务员应一面安慰客人，一面用电话与总机联系求助，切勿与顾客发生争执。

2. 行李服务的礼仪要求

行李服务包括客人来到酒店时的行李服务和客人离开酒店时的行李服务。

（1）客人来到酒店时

主动向客人表示欢迎，请客人一起清点行李件数并检查行李有无破损，然后引领客人至总台。引领时应走在客人左前方，距离二三步，合着客人脚步走，拐弯处或人多时要回头招呼客人。另外，搬运行李必须小心，不可用力过大，更不许用脚踢客人行李。

客人办理入住登记手续时，应背手站在总台一侧（离前台约4米以外的地方），眼睛注视接待员，待客人办妥手续后，主动上前从接待员手中接过房间钥匙，帮客人拎行李，并引领至房间，途中要热情主动地问候客人，向客人介绍酒店服务项目和设施。若乘电梯要先请客人进出电梯。

进入房间前，要先按门铃，再敲门，房内无反应，再用钥匙开门。进房后，先开总开关，退至房门一侧，请客人先进。将行李放在行李架上或按客人吩咐放好，然后介绍房内设施及使用方法，介绍要简练，有所侧重。最后要问是否还有吩咐，如没有，即道别，祝客人在本店过得愉快，迅速离开，轻轻关上房门。

（2）客人离开酒店时

客人携行李离开酒店，应主动提供服务。当接到电话通知去客房为离开酒店客人拎行李时，应问清房号，迅速赶到客人房间。进房前要先按门铃再敲门，帮助客人清点行李后再离开房间。到大厅后要先到收银处确认客人是否已结账，如客人未结账，应有礼貌地告诉客人收银处的位置，并提醒客人交回房间钥匙或房卡。送客人离开酒店时，再次请客人清点行李后装上车，向客人道别，祝客人旅途愉快。

（四）商场部服务礼仪

商场部是专门向住店顾客和其他顾客提供商品和相应服务的部门，是国际星级酒店的重要组成部分。其主要职责是：美化购物环境，向顾客提供日用品、旅游纪念品、其他旅游商品，主动、热情、耐心、周到、真诚、亲切地为顾客提供优质便利服务。

三、康乐服务礼仪

康乐部是高级星级酒店为顾客提供咖啡厅、酒吧、健身房、桑拿浴室、卡拉 OK 厅、舞厅、棋牌桌球室、游泳池、网球场、美容室等多功能的娱乐厅，即所谓的"住食行游购娱"一条龙服务。

（一）酒吧服务礼仪

酒吧是客人聚集的地方，一般夜间兴隆，人们工作了一天到酒吧消闲，以酒会友，缓和紧张的生活，酒吧常伴有轻松愉快的音乐节奏。服务人员对来到酒吧的客人要笑脸相迎，诚挚致意。然后将客人引领到合适的席位间，并先请女士入座。把酒单、菜单从客人右边递给客人。服务员可以将当日的特色菜或特别要介绍的事件推荐或介绍给客人，将客人点的酒、菜及时记录。然后复述一遍，当客人无异议时，请客人稍等。随即把客人所点的所有酒、饮料、食品、菜等及时从客人右侧送上。

服务人员必须掌握斟酒技能。根据不同酒的浓度选择好酒具，斟酒时站在男主人右手一侧，右腿伸入两椅间的空当，身体稍侧，把酒的商标显示给客人，从主人旁的女宾起开始，没有女宾的则从正主位左侧开始，按顺时针方向逐位斟酒，最后是主人。每杯酒只斟到杯子的 2/3 即可。斟香槟酒、啤酒要讲究技巧。开酒时不可用力摇晃酒樽，应把酒樽摆向客人的一边反方向和客人成 45 度角，用工作巾把酒樽包好，拿掉安全线，拿在手中，轻轻把瓶塞向上推，以防酒串出瓶。

如果客人来之前就已醉酒，要劝其不要进入营业厅，如果客人是在营业厅内醉酒并有不礼貌的言行，服务员不可同客人争吵或怠慢，要及时请求领导或主管处理。客人因醉酒提出无理要求，服务员要婉言谢绝，不可用无礼的词语相驳，以免把事闹大。停止营业时，醉酒者若无明显缓解，值班经理要安排几个服务员留下来看候，如果醉酒者酒醒或有所缓解，可让服务员送客人回家或送回投宿处。对常客或经常醉酒的客人，在客人进酒时，要巧妙地提醒客人，以防醉酒。

服务人员还应注意自己的一言一行，切忌娇声娇气、挤眉弄眼、抓耳挠腮、叉腰板脸、嬉皮笑脸、不分宾主。

（二）歌厅、卡拉 OK 厅服务礼仪

为满足人们休闲和娱乐的需要，酒店设立了歌厅、卡拉 OK 厅。其服务礼仪规范如下：客人到来时，服务员要热情接待，并根据客人的特点和需要，将客人引领到适当的位置上。如果是一对夫妇或情侣，最好把他们引领到幽雅、安静的地方；如果是一群年轻人，可安排他们坐到大厅中间。客人所持入场券若包括酒水和食品，应在客人就座后迅速将酒水、食品送到客人桌上；若不包括酒水、食品，应礼貌地征求客人意见，然后将客人所点酒水、食品送到。服务过程中要随时注意客人是否需要添加食品、饮料。

服务人员要细心观察顾客的情绪。对心境不佳、情绪不好的客人，不要让他们只顾喝酒，可向他们介绍歌手的拿手歌曲和演唱风格，或介绍一些激情洋溢的歌曲劝其点歌自唱。服务人员应根据不同年龄、地区、民族的客人介绍歌手和歌曲，还应根据个人喜好和嗓音条件介绍歌曲。比如，向成双成对的男女介绍二重唱歌曲，向年轻人介绍流行歌曲，对老年人应介绍一些他们年轻时的歌曲。对初唱者，应介绍一些他们熟悉的歌曲，以免跟不上节奏。要懂得音乐知识和演唱卡拉 OK 的基本技巧，以便解答客人的咨询和给予帮助，如嗓音低沉的顾客可帮其选择中音或低音歌曲。

服务人员还应注意及时收走顾客所点歌单，迅速送交主持人或操作员。还应根据每晚客人的喜爱程度、点歌率高低编排节目，尽量满足顾客要求。

第五节　银行服务礼仪

银行，通常特指由国家批准设立的，专门经营存款、货款、汇兑等各项金融业务的机构。银行的服务宗旨，应当是竭诚服务、信誉至上、顾客第一。凡此种种，均应在银行礼仪之中得到充分而具体的体现。

一般而言，银行的礼仪主要是指银行业的全体从业人员在工作岗位上，在待人接物方面所应当遵守的服务规范。

一、银行业服务人员专业形象

银行员工的形象不仅体现其本人内在的修养、气质，而且也体现着银行的精神风貌。作为银行工作人员，上班时的穿着应该庄重、文雅，发型、打扮要适合职业特点，修饰、化妆适当，佩戴银行统一制作的工号牌，保持精神焕发，整洁大方。

1. 男士的整体形象

在银行业工作的男性要通过个人形象展现专业的水平，所以，对于很多细节都要考虑到。要特别注意自己的发型和制服，注意整体的个人形象。要定期刮胡须；注意保持牙齿的清洁；保持头发的整洁，不要让额前发过长，不要染发，不要留怪异的发型，脑后的头发最好剪得短一点。夏季不着短裤、背心、拖鞋上岗。

2. 女士的整体形象

银行的女性服务人员在外形方面要注意以下几点：上班的时候最好化淡妆，比如淡淡的眼影、淡淡的口红，为了避免脸色过于苍白，可以搽一点腮红。还有必要用摩丝使头发保持整洁，如果是长发，最好用皮筋扎起来，要尽量避免用手撩拨头发。上班时如果着裙装，一定要穿裤袜，而不要穿短袜，也不要穿半截袜，裤袜要以灰色为主，夏季不着超短裙，不准袒胸露怀。鞋必须是皮鞋，不要穿凉鞋或拖鞋，过于粗俗。指甲油不要用鲜红色的，最好选用透明的或者淡粉红色的，手上的饰品不要过于繁复，否则显得过于粗俗。

为客户服务时，银行服务人员要注意保持优雅的仪态，具体包括一个小动作、一个眼神或者一次回头。不要用眼角瞄客户；为客户指引方向时，要用邀请的手势；为客户传递物品时，要用双手，不要养成单手传递的习惯，更不要扔东西。

二、营业服务语言规范

银行员工在工作和公共场合中必须使用的文明用语：

(1)请！(2)您好！(3)欢迎(您)光临！(4)请稍等！(5)对不起！(6)请提意见！(7)谢谢！(8)欢迎再来！(9)再见！

二、柜面服务礼仪规范

柜面服务礼仪首先要求待人礼貌。这主要是强调行为举止要体现出"四心"，即：诚心、热心、细心和耐心。

诚心，就是要诚恳待人，想客户所想，急客户所急，虚心听取意见，不断改进工作。

热心，需要发扬"一团火"精神，主动热情地为客户服务。

细心，就是要在细微处见精神，处处体现周到、细致、关心、方便。

耐心，是指办理业务不怕麻烦，执行规章制度做好解释。即使发生纠纷时，也要以克制忍让、冷静耐心的态度来对待，做到"得理也让人"。

这"四心"服务的具体做法是：

(1)亲切招呼：当客户走进银行的时候，柜台的服务人员要马上对客户说出亲切恰当的招呼语。比如，客人是早晨来的，你可以说一声"您早"；如果是下午来的，你就说一句"您好"。紧接着，你应该再问一句："请问您有什么需要我服务的吗？您是需要取钱还是存款呢？"对于经常光顾银行的常客，你还可以学会对其表示关心。如天气变冷了，你可以问候他："外面冷吗？天气开始转凉了，您要多添点衣服，千万别感冒了。"这种亲切的老朋友似的问候，会让客户感到亲人般的温暖，从而成为银行的忠诚客户。

(2)微笑服务：当你用亲切合宜的语言向客户打招呼之后，马上应该提供的下一个服务是微笑。对于银行的柜台人员来说，必须要学会使用这种特殊的语言。自然而真挚的笑容来自于服务人员对自己工作的热爱以及对客户的尊重，这样的笑容才是灿烂的笑容，它可以打开客户的心扉，令客户如沐春风。

　　在为客户服务时，每个服务人员都要做到顾客至上，尽心服务。建议银行的柜台服务人员在为客户服务时，最好能够起立迎接客户，这样才能与客户的眼神直接对视，也便于用点头微笑来为客户做好视线服务。这样的服务能打破你与顾客之间的障碍，能让客户感觉到自己受到重视，也才能让其心甘情愿地把钱存入你的银行。

　　（3）温语暖人：接待客户时，银行的服务人员讲话要和一般人不同，这种不同主要表现为措辞有礼，并且语句优雅。每个服务人员讲话之前都要三思，要充分考虑到你的话语可能造成的后果以及客户的感受。

　　当你接待上了年纪的客户时，尽量不要用"老"字来称呼对方，最好用先生、小姐、女士来称呼，你可以说："请问这位先生，您有什么需要我帮忙的？""请问这位女士，您要取多少钱？""请问贵姓？请问贵公司宝号？"，这些是你在为客户服务时一定要用到的话语。因为称呼姓氏能够有效地增加你对客户的印象，而且能够让客户产生强烈的受到重视的感觉。

三、大厅走动服务规范

1. 主动招呼，热情接待

　　当客户步入银行时，往往不能立刻判断出该到哪个柜台去办理业务。当他进行判断的时候，银行的走动服务人员应该适时地给予帮助。在提供服务时，服务人员态度要热情而诚恳，使用礼貌用语问清问题，然后将客户引领到相应的柜台去。走动服务人员除了做好柜台内的工作之外，还要走到柜台外面去，因为向客户打招呼和接待客户也属于你的工作。

2. 为客户解决问题

　　当客户有疑虑的时候，服务人员要主动为其排忧解难。在银行的大厅，都会有许多表单，这些表单消耗得很快，如果稍不留意，它们就会被用完。当客户办理业务的时候，若遇到这种情况，将会给客户带来不便，也会增加柜台服务人员作业上的麻烦。所以走动人员应该及时进行表单的增补。如果客户在填写表单时有不清楚的地方，服务人员应向客户进行细致地讲解，直到为客户解决问题为止。

3. 随时做好走动服务

　　走动人员主要提供一些软性服务。所谓软性服务一种是指当客户进门时，服务人员应为其拉开门，并做个"请"的动作，然后把客户移交给内部人员继续作引导；另外一种是当客户等待得不耐烦的时候，走动人员要上前表示关怀，比如可以送一杯茶水。不要小看这一杯小小的茶水，它可以换回很好的服务功效。冬天送上一杯热茶，会令客户的心里非常温暖；夏天送上一杯凉开水，会为客户带去丝丝凉意。

4. 注意客户的需求

　　所有的走动服务人员都应具备这样的服务态度——随时注意客户的需求。

　　有的客户在填写单据的时候总是出现错误，使很多单据都作废了，这个时候，走动服务人员应该立刻告诉他该如何填写。

5. 架起柜台人员与顾客之间的桥梁

通过走动服务人员的服务，还可以有效地架起柜台人员与顾客之间的桥梁。很多银行都会出现这样的问题，就是顾客排队等待服务，某一队列的人特别多，而另一列的人则很少甚至没有。这个时候，走动服务人员就要上前去疏导顾客，让更多的柜台服务人员为顾客提供服务。

6. 平衡各柜台的工作量

银行会设置办理不同业务的柜台，有的柜台办理的是"外汇"业务，有的是"交手机费、电话费"等。当顾客特别多的时候，走动人员可以让那些空闲的柜台通过网络办理最需要办理的业务，这样就可以使各柜台的工作量得到合理的调节。

7. 协助维护安全

走动服务人员除了要关照普通顾客外，还要特别注意一些可疑人物，即那些图谋不轨的人，尤其是一些小银行，非常容易成为这类人的目标。在银行人力、警力不足的情况下，就需要走动服务人员发挥积极的作用。走动服务人员平时要多多观察，看见那些行踪可疑、鬼鬼祟祟望着银行安全情报系统，或者总是看柜台内部的人物，你就要马上上前询问：先生请问您有什么需要服务的吗？我看您可能不知道该去哪个柜台，是否需要我给您介绍一下？这样简单的问话往往可以起到很好的震慑作用，在一定程度上可以避免灾难的发生。

8. 扶助老弱以及行动不便的顾客

扶助老弱以及行动不便的顾客是走动服务人员的又一项职责。对于这类需要特别帮助和照顾的顾客，走动人员最好能马上为其开辟一条"绿色通道"，让其尽快办理业务。走动人员可以向其他顾客进行解释，相信绝大多数顾客还是能够体谅并且积极配合的。

9. 撰写大厅的服务日志

撰写大厅的服务日志应成为走动服务人员的一项随堂作业。走动服务人员除了要做好必要的协助工作外，还要认真观察并记录每个柜台服务人员的工作情况以及顾客的反应。具体需要记录的内容有：大厅当天的主要情况，发生了什么问题，哪些工作是需要修正的，哪些物品是需要补充的。以上内容要据实逐条记录，这些记录可以作为银行改进工作的有效依据。

10. 注意窗口的补充

将放错位置的表单归位，更换标识不明的牌子也是走动服务人员的工作内容。走动人员还要在顾客的银行卡被取款机吞掉或者银行卡遗失的情况下，以最快的速度为顾客解决问题，使顾客的损失降到最低。以上内容都属于窗口补充的内容，走动服务人员做好这类工作，可以为银行赢得许多忠实顾客。

11. 大厅环境的维护

银行大厅是一个公众场所，每天人来人往，因此银行应该格外重视大厅的整体形象。走动服务人员要注意时时维护大厅的环境，看到不整齐、不干净的地方，应该及时提醒卫生服务人员进行清扫。保持一个优美又整洁的环境，才能吸引更多的顾客。

12. 安抚客户的情绪

当客户情绪不好又在焦急等待的时候，走动服务人员就要用温馨的语言或恰当的行动去安抚顾客的情绪，让他能够心平气和。走动服务人员只有发自内心地关心和爱护顾客，才能在顾客遇到烦恼的时候主动地帮助他。

四、银行特殊情况服务礼仪规范

1. 遇到顾客姓名中有生僻字时

作为服务性的行业，银行的服务人员每天要接触众多的顾客。中国字那么多，每个人的名字又不相同，在服务中遇到不认识的字可谓再正常不过了。当然可以通过平时的学习和积累尽量避免出现这种情况，但这并不能保证万无一失。而当你遇到生僻字时，请你一定要虚心求教于顾客。你可以说："先生，请问您姓名中间的那个字怎么读？"相信顾客一定会清楚地告诉你。这样的提问非但不会受到别人的嘲笑，反而会让顾客觉得你是一个非常认真的人。长此以往，相信你可以认识许多比较生僻的汉字，从另外一个角度提高了你的中文水平。

2. 遇到外宾时

随着经济发展的全球化，银行接待的客户不只包括中国人，还有许多外国人。要克服语言障碍，银行的服务人员必须具备一定的外语能力。外语虽多，一般来说，只要你掌握了英语，就可以应付大多数的外籍顾客。学习语言是一个长期的过程，所以，当你走上工作岗位以后，首先要学习一些比较常用的银行用语，比如你可能经常听到外宾问你："我如果要开户，需要具备什么资格？我要向账户里存多少钱？我存入美金可不可以？"对于这些问题，你不仅要能听懂，而且要能够应对自如。比较常用语有："请问您要汇多少钱？""请问您要换多少外币？""请您到×号柜台办理，谢谢！"

3. 顾客指责时

（1）虚心道歉

服务中遇到顾客的抱怨在所难免，作为银行的服务人员，遇到抱怨时不能总想着如何躲开，而应该迎头而上，设法消除顾客的抱怨。任何抱怨都是可以化解的，只要你用心去解决。遇到抱怨的时候，你应该马上采取的行动是虚心道歉，不论责任在谁，你都要先向顾客道歉，可以说："对不起，很抱歉，本人谨代表银行向您致以深深的歉意。"

（2）找出原因

向顾客道歉之后，接下来要设法让顾客说出不满的原因。你可以这样询问顾客："您为什么生气？是什么事情让您这么不开心？您慢慢说出来，或许我可以帮您解决。如果我不能解决，没有关系，我很快会上报我们主管，让他来帮你解决。"相信通过这样的对话，顾客一定能感觉到你的诚意，他心中的怒火也会慢慢熄灭，而你也就可以找出引发抱怨的原因了。

（3）寻求解决之道

了解了引发抱怨的原因之后，就应马上寻求解决方案。如果是自己能够解决的问题，就应该立刻果断处理；如果是以自己的能力所不能解决的问题，或者已经超出自己的权限范围，应该马上汇报给上级主管。当上级主管处理这些问题的时候，你应在旁边认真学习，这样会提高自己处理问题的能力。

（4）吸取经验

每一次问题处理完毕，你都要做个有心人，不断积累经验。因为问题虽多，但是类型却是有限的，你要善于将每天遇到的问题进行归类，然后记下这类问题应该怎样处理，那类问题又该如何解决。这样，当以后再出现同类问题时，你就可以很轻松地进行处理了。

总之，银行工作人员要养成每天自我反省的好习惯。每天工作结束后，都要问问自己："我做得好不好？我这样做够不够？还有没有什么地方需要修正？"通过自我反省不断强化自己的专业形象，提升服务质量，同时提升自己在职场中的能力。

要想成为一名成功的银行柜台服务人员，就要掌握银行柜台服务人员的服务礼仪和最佳柜台服务要点。亲切得体的招呼语、温馨动人的笑容、温和亲切的态度、贴心的照顾、视线服务、诚恳的接待、热情称呼、礼貌用语、真情互动和服务员专业形象都是服务人员必须重视的学习内容。

第六节　公司服务礼仪

一、公司内部办公礼仪

（一）仪表端庄、仪容整洁

无论是男职员还是女职员，上班时都应着职业装。有些公司要求统一着装，以此体现严谨、高效的工作作风，加深客人对公司的视觉印象。男士上班应穿西服、衬衣、扎领带。服装必须干净、平整，不应穿花衬衣、运动服上班；应穿深色的皮鞋而不应穿着拖鞋上班；不留胡须，不留长发，头发梳理美观大方，这样才能衬托出自己良好的精神面貌和对工作的责任感。女士上班应着西服套裙或连衣裙，颜色不要太鲜艳、太花哨。上班时不宜穿得太暴露，不宜穿过透、过紧的服装或超短裙，也不能穿奇装异服、休闲装、运动装、牛仔装等。应穿皮鞋上班，皮鞋的颜色要比服装的颜色深。应穿透明的长筒丝袜，袜口不能露在裙摆下，不能穿有破洞的袜子。佩戴首饰要适当，符合规范。发型以保守为佳，不能太新潮。最好化淡妆上班，以体现女性端庄、文雅的形象。

（二）言语友善、举止优雅

早晨，在跨进公司，走向自己的办公室时，无论遇到什么人，都应该面带微笑，主动问候。在进入办公室之前，要整理好自己的衣帽，检查帽子是否戴正，纽扣是否扣好，鞋带是否系紧。

进入办公室后，应挂起外衣和帽子，轻轻放下公文包；与此同时，主动地同早到的同事或领导打招呼。如果同事已开始工作，就不应该开口出声，对已经注意到自己进来了的人可用眼光、手势和微笑表示问候。如果大家正忙于搞卫生，就应该立即动手参加。

在公司办公时间里，要注意保持办公室的安静与整洁，不能大声讲话，更不能与同事交谈同工作无关的话；不能在办公室、过道上大声呼唤同事和上级；无论是对同事、上级还是来访者，都应使用文明用语。在办公室里，说话不要刻薄，与同事开玩笑要适度，不能挖苦别人，恶语伤人，更不能在背后议论领导和同事。在拟稿和起草文件时，不要乱丢废弃的纸张，不能因构思而用手击敲桌子和跺脚；喝茶不能喝得过响，吸烟不能过猛、过频，应到专门设置的"吸烟区"吸烟。如果因事要离开座位，应轻轻起身，把座椅轻轻置于办公桌下，然后轻轻离开。

公司职员的行为举止应稳重、自然、大方、有风度。走路时身体挺直，步速适中，抬头挺胸，给人留下正直、积极、自信的好印象。不要风风火火、慌慌张张，让人感到你缺乏工作能力。坐姿要优美，腰挺直，头正，不要趴在桌子上，歪靠在椅子上。有人来访时，应点头致意，不能不理不睬。工作期间不能吃东西、剪指甲、唱歌、化妆、与同事追追打打，这样有失体面。谈话时手势要适度、不要手舞足蹈，过于做作。

（三）彬彬有礼、讲求效率

在公司办公时间里，如上级召见，应立即停止手中进行的工作，将桌上的东西收拾整理好后，马上去见上级。在上级的办公室门前，应先告诉秘书或轻轻敲门。未经允许，直接进入别人的办公室是极不礼貌的行为。进门后，应顺手轻轻将门掩上，走到上级办公桌的正前方站立，等候上级问话。在上级领导没有请你入座前，不可径自落座；在上级领导请你入座后，应按照上级领导示意的座位坐下，落座后，不要跷二郎腿。汇报时，要注意仪表、姿态，站有站相，坐有坐相，文雅大方，彬彬有礼。汇报内容要实事求是，汇报口音要清晰，语调、声音大小恰当。有喜报喜，有忧报忧，语言精炼，条理清楚，不可"察言观色"，投其所好，歪曲或隐瞒事实真相。不应在上级领导面前随意评论同事的优劣是非。

在与上级领导交谈时，未经允许，不能抽烟。上级领导对你说话时，不能随便插话，打乱上级的言语。回答问题完毕，应先起立，向上级告辞，说："我可以出去了吗？"在得到允许后，轻轻离开上级的办公室，并轻轻带上门，径直回到自己的办公室。回到自己的办公室后，应不声不响地开始工作，切不可将自己所听到或看到的情况向同事宣扬。

在公司办公时间里，同事因工作缘故产生矛盾甚至发生争吵时，应积极劝阻，不能采用"事不关己，高高挂起"的态度。在劝阻中，应以实事求是为原则，心平气和地劝说，不能态度粗暴、横加指责，那只能是"火上浇油"，加深同事之间的矛盾与隔阂；若劝说无效，应如实报告有关部门，并协助有关部门了解落实情况，迅速地解决纠纷。在办公清闲之时，不能几人坐在桌上聊天，或围坐一起打扑克、下象棋或高声谈笑，否则，会给人粗俗、无聊、不文明的感觉，也给公司形象造成坏影响。

下班时间到了，才能停止工作。不能在快要下班的时候，率先一人离开或与同事交谈些与工作无关的事。在离开公司之前，要将办公用品和文件清点、收拾好，归档或锁起来。在离开办公室大门时，应向同事或尚未离开的人告别。

二、公司接待来访客人礼仪

公司常常会来一些客人，作为公司的一员，你自然有义务来进行接待。怎样才能礼貌周到地接待来客，又不会因此影响到工作呢？这就需要根据来客身份的不同，学会审时度势，具体情况具体处理，这样才会做到有礼有节，协调好单位和来访人员的关系，展现出良好的职业素质。

（一）领导的上级、客户或亲戚朋友

应该热情地请进会客室就座，上茶，可以说"您稍等一下，我看一下×××在不在"，并马上请示领导，再按照指示接待、安排。

（二）推销员

这类人员我们可能遇到得最多。这时候你最好先打电话给相关部门，如果相关部门有意向或是事先有约的话，你再指引他们过去。如果没有预约，而推销员又坚持要见相关领导，你也没必要黑脸推辞，可以委婉地让他们把材料留下，回头请领导过目。领导如果感兴趣，你再及时、主动地和他们联系。

（三）客户

有些客户来访的问题，是很简单的，不需要领导出面也可以解决，这时，你就要显示出"分担领导工作"的本事了。你可以介绍他们去找相关部门的主管或人员交涉。但事先应主动替他联系，然后指明该部门的名称、位置，最好能亲自引领客人去。

（四）不速之客

遇到这种情况，应态度和蔼地请对方报上姓名、单位、来访目的等基本资料后，请示领导，由领导决定是否会见。

（五）来访自己的客人

当确认来访人员是来找自己后，应立即放下工作马上起身，面带微笑，热情地招呼对方坐下，并为他们沏上热茶。泡茶时要注意：

（1）应站在客人右边倒茶。

（2）泡茶时应注意茶叶不要太多或太少。太多则茶浓、苦，不利于待客；太少则茶浅、淡，给人印象"清茶一杯"，比较小气，也不利于待客。所以，泡茶时除非客人要求浓些或淡些，一般情况下应浓淡适宜。

（3）泡茶时，第一遍可以只冲一点水，第二遍再倒八成满。

（4）倒水时不要洒水出来，这样不礼貌。如果不小心洒了水，应及时用抹布擦去。一般服务员上茶时左手端的茶杯垫布可用来擦水。

（5）茶盖揭下来应倒放在桌子上，以避免弄脏茶盖。

（6）茶泡好后，盖好茶盖，应把茶杯摆在客人右前方，茶杯把手向右，以利于客人端放。

（7）如果有一桌客人，中间有一主人，应首先从主人的右边即第一主宾处开始倒起，逆时针转动倒茶。然后在其一侧或对面坐下，礼貌地问明来访者的姓名、住址、工作单位、电话号码，认真仔细地阅读来访者的有关证件和材料，耐心地听取来访者的谈话。与来访者谈话时，不能用手抓这抓那，或者是眼睛望着别处，或将两条腿交叉叠起。这些，都会让对方认为接待人员不耐烦或无心听取他的谈话。当对方说话声音过高或情绪异常激动时，接待人员要用暗示或手势要求对方放低声音和保持平静以免影响同事们的工作。可能的话，最好将对方请到洽谈室去座谈。

在接待来访时，要认真地做好来访记录，必要时，要向对方复述记录，看看是否有差异和需要补充的地方。在回答来访者提出的问题时，要深思熟虑，本着实事求是的原则，对没有把握的问题或不属于直辖权力以内的问题，不要轻易评说或做出许诺；应当把来访者的问题以记录的形式提交给有关部门或领导处理。当来访者故意找碴或蓄意骚扰、寻衅时，接待人员应保持高度的冷静与沉着，本着"有理、有利、有节"的原则，将事端制止于萌芽状态中，并将滋事者劝出办公场所，以免正常的工作秩序遭到干扰和破坏。千万不能张皇失措，甚至借故开溜或推诿责任。这样，只能助长其气焰，造成更坏的影响或更大的损失。必要时，应迅速与公安机关取得联系。

三、公司接待商务活动礼仪

随着公司业务往来的增加、对外交往面的扩大，公司的接待及拜访工作的重要性越来越明显。令人满意的、健康的接访礼仪，对于建立联系、发展友情、促进合作有着重要的意义。重要接待的客人有生产厂家、供货单位，也有本企业的顾客、媒体以及相关领域的企业等。

（一）迎接礼仪

迎来送往，是社会交往接待活动中最基本的形式和重要环节，是表达主人情谊、体现礼貌素养的重要方面。在商务往来中，对于如约而来的客人，特别是贵宾或远道而来的客人，表示热情、友好的最佳方式，就是指派专人出面，提前到达双方约定的或者是适当的地点，恭候客人的到来。对前来访问、洽谈业务、参加会议的外国、外地客人，应首先了解对方到达的车次、航班，安排与客人身份、职务相当的人员前去迎接。

1. 迎候礼节

在迎候地点人声嘈杂或客人甚多时，可事先准备好一块牌子，上书"欢迎光临！"接到客人后，应首先问候"一路辛苦了"、"欢迎您来到我们这个美丽的城市"、"欢迎您来到我们公司"等等，然后向对方作自我介绍。如果宾主早已认识，则一般由礼宾人员或我方迎候人员中身份最高者，率先将我方迎候人员按一定顺序一一介绍给客人，然后再由客人中身份最高者，将客人按一定顺序一一介绍给主人。如果有名片，可送予对方。迎接客人应提前为客人准备好交通工具，不要等客人到了才匆匆忙忙准备交通工具，那样会因让客人久等而误事。

2．乘车礼节

客人所带箱包、行李，要主动代为提拎，但不要代背女客人随身小提包。客人有托运的物品，应主动代为办理领取手续。如果主人陪车，应请客人坐在主人的右侧；如果是三排座的轿车，译员或随从人员坐在主人的前面；如果是二排座，译员或随从人员坐在司机旁边。上车时最好客人从右侧门上车，主人从左侧门上车，避免从客人座前穿过。主人亲自驾车，坐客只有一人，应坐在主人旁边。若同坐多人，中途坐前座的客人下车后，在后面坐的客人应改坐前座，此项礼节最易疏忽。女士登车不要一只脚先踏入车内，也不要爬进车里。需先站在座位边上，把身体降低，让臀部坐到位子上，再将双腿一起收进车里，双膝一定保持合并的姿势。

3．引导礼节

主人应提前为客人安排好住宿，帮客人办理好一切手续并将客人领进房间，同时向客人介绍住处的服务、设施，将活动的计划、日程安排交给客人，并把准备好的地图或旅游图、名胜古迹等介绍材料送给客人。主人带领客人到达目的地，应该有正确的引导方法和引导姿势。

（1）行进过程中的引导方法：主人在客人两三步之前，配合步调，让客人走在内侧。

（2）上下楼梯的引导方法：当引导客人上楼时，应该让客人走在前面，主人走在后面。若是下楼时，则应该由主人走在前面，客人在后面。因为，上下楼梯时，主人应该注意保护客人的安全。

（3）出入电梯的引导方法：引导客人乘坐电梯时，主人应先进入电梯，等客人进入后再关闭电梯门。到达时，主人应按"开"的钮，让客人先走出电梯，自己再走出。

（二）送客礼仪

人们常说："迎人迎三步，送人送七步。"可见送客礼节是多么的重要。接待工作顺利完成后，作为一位懂礼敬礼的商务人员，必须认识到送客比接待更重要，这是为了留给对方美好的回忆，以期待客人能再度光临。因此，送客又被称之为商务工作的"后续服务"。在送客时应注意：当客人告辞时，应起身与客人握手道别。对于本地客人，一般应陪同送行至本单位楼下或大门口，待客人远去后再回单位。如果是乘车离去的客人，一般应走至车前，接待人员帮客人拉开车门，待其上车后轻轻关门，挥手道别，目送车远去后再离开。对于外来的客人，应提前为之预订返程的车、船票或机票。一般情况下，送行人员可前往外宾住宿处，陪同外宾一同前往机场、码头或车站，必要时可在贵宾室与外宾稍叙友谊，或举行专门的欢送仪式。在外宾临上飞机、轮船或火车之前，送行人员应按一定顺序同外宾一一握手话别，祝愿客人旅途平安并欢迎再次光临。飞机起飞、轮船或火车开动之后，送行人员应向外宾挥手致意，直至飞机、轮船或火车在视野里消失，送行人员方可离去。不可以在外宾刚登上飞机、轮船或火车时，送行人员就立即离去。

总之，公司礼仪讲究两个字，一个是"诚"，另一个是"礼"，"诚"要求公司人员凡事应实事求是、以诚相见，不盲从、不轻信。"礼"要求公司人员正确掌握各个职能部门之间的公务关系、上下级之间的关系和同事之间的关系以及工作之余的处事态度，使大家在一个团结、求实、和谐的气氛中开展工作。

基本训练

● **知识题**

1. 判断题

(1)办展览会时应统一服务人员的服装，男士要着西装，女士要着套装。(　　　)

(2)开会时又打喷嚏又咳嗽应该到会场外面去。(　　　)

(3)开高度机密会议时可以带手机，但应将手机关掉或设为震动提醒。(　　　)

(4)主持人应该坐在象征权力位置的主座，离门最远的地方。(　　　)

(5)意见相左的人应该隔桌相对而坐。(　　　)

(6)紧靠主持人左边的座位通常安排给尊贵的客人或者高级管理人员。

(7)如果会议有内容演示，则最好用 U 字形的桌子。(　　　)

(8)利益第一原则不是商务谈判礼仪的基本原则。(　　　)

(9)接待公司顾客，给顾客倒茶时，应站在客人右侧。(　　　)

(10)银行的女士上班时间可以化浓妆。(　　　)

2. 选择题

(1)组织和参加会议是商务礼仪的日常工作，所以作为一名商务人员应熟悉会议的筹备、组织等基本规则。在筹备会议时应注意的是(　　　)。

A. 会议材料准备上一定要从全局入手，不须注重具体细节

B. 选择出席对象时坚持宁滥勿缺的原则，不能遗漏任何人

C. 预先筹划会议时一定要有一个切实可行的计划

(2)在商务会谈中，U 字形桌椅排列比较适合那些有演示内容的会议，在座位排列中，重要人物或贵宾应该坐在(　　　)。

A. U 字的横头处下首位置

B. U 字的两侧中间位置

C. U 字最下端位置

(3)关于电视电话会议礼仪不合规范的是(　　　)。

A. 衣着打扮要显得庄重与正规

B. 言谈举止上可以不必像面对面的会议那么要求严格

C. 拿起茶杯时要注意轻拿轻放以免形成背景噪音

(4)下面有关商务会议礼仪符合规范的是(　　　)。

A. 开高度机密会议时一定要将手机的电池取出来

B. 办展览会时应统一服务人员的服装,男士要着西服,女士要着套装

C. 主持人应该坐在象征权力位置的主座,离门最远的地方

(5)礼敬对手原则是商务谈判礼仪的一项十分重要的原则。在商务谈判中,我们千万不能(　　)。

A. 坚持没有永恒的朋友,只有永恒的利益的宗旨进行谈判

B. 始终如一地对自己的洽谈对手讲究礼貌,时时处处表现诚意

C. 坚持做到面带微笑、态度友好、语言文明礼貌、举止彬彬有礼

(6)在商务谈判中下面有失礼仪规范的是(　　)。

A. 商界人士在出席洽谈会时理应穿着传统、简约、高雅、规范的最正规的礼仪服装

B. 去日本和韩国时最好穿的年轻一些,这样会显得比较容易接近

C. 除了注重个人整洁卫生外,还要在谈吐上尊重对方

(7)现代行业的服务理念有(　　)

A. 服务是一种态度　　　　　　　B. 服务是一种修行

C. 服务是一种磨炼　　　　　　　D. 服务是一种回馈

(8)服务人员在餐厅服务时,应做到"三轻",即(　　)

A. 走路轻　　　　B. 说话轻　　　　C. 操作轻　　　　D. 行为轻

(9)解决商场纠纷的礼仪有(　　)

A. 尊重　　　　B. 让步　　　　C. 倾听　　　　D. 克制

(10)柜面服务礼仪强调行为举止要体现出"四心",即(　　)

A. 诚心　　　　B. 热心　　　　C. 细心　　　　D. 耐心

● 素质题

一次会议就像一场演出一样,主持人有责任创造一个富有生气和和谐的会议气氛,请分析主持人在主持会议时应该注意哪些礼仪?

● 技能题

1. 模拟一食品公司与一家大型超市谈判前的准备工作,主要包括对客方谈判代表的个人基本情况的了解、日程安排、迎送礼仪、谈判场地布置与座次安排。

2. 张小姐是某银行新来的一位柜台服务人员,刚刚进入新的环境就遇到了烦恼的事情,她不知道自己该以何种形象出现在工作场合最为得体。你能否帮助张小姐解决难题呢?

3. 李某有一次穿着一件新买的衣服去某商场,该商场的一位服务人员马上热情地说:"阿呀,你今天这件衣服好漂亮!"李某立刻不好意思地说:"哪里哪里,这件衣服很便宜的。""对对对,这种衣服在大排档,也就是十几元钱一件。"顿时,李某脸色立即涨得通红,十分恼怒地走远了。

请你根据上面所述内容,分析一下这位服务人员赞美人存在哪些方面的问题?

第八章　公关礼仪

[知识目标]

了解公关礼仪的基本概念、特征及基本功能，认识当前公关礼仪存在的问题与对策。

[素质目标]

树立正确的公关礼仪意识，能够反思与修正自身行为；同时能准确地理解公关礼仪对组织主体的影响和作用。

[技能目标]

初步具备正确的公关礼仪理念，为自己与企业营造良好的"人和"环境，并具有在与公众交往过程中正确运用公关礼仪理念的能力。

公关礼仪是公关人员从事公关活动所必须遵循的礼仪规范，与一般的人际交往礼仪相比，公关礼仪有着自身显著的特点。实施公关礼仪的主体是社会组织的公关部门和公关人员，他们将公关礼仪体现在具体的公关实践中，致力于本组织良好的社会形象的建树。

第一节　开业礼仪

开业礼仪，一般指的是在开业仪式筹备与运作的具体过程中所应当遵从的礼仪惯例。通常，它包括两项基本内容：其一，是开业仪式的筹备。其二，是开业仪式的运作。

一、开业仪式的筹备

开业仪式尽管进行的时间极其短暂，但要营造出现场的热烈气氛，取得彻底的成功，却绝非一桩易事。由于它牵涉面甚广，影响巨大，不能不对其进行认真的筹备。筹备工作认真、充分与否，往往决定着一次开业仪式能否真正取得成功。主办单位对于此点，务必要给予高度重视。

筹备开业仪式，首先在指导思想上要遵循"热烈"、"节俭"与"缜密"三原则。所谓"热烈"，是指要想方设法在开业仪式的进行过程中营造出一种欢快、喜庆、隆重而令人激动的氛围，而不应令其过于沉闷、乏味。有一位曾在商界叱咤风云多年的人士说过："开业仪式理应删繁就简，但却不可以缺少热烈、隆重。与其平平淡淡、草草了事，或是偃旗息鼓、灰溜溜地走上一个过场，反倒不如索性将其略去不搞。"所谓"节俭"，是要求主办单位勤俭持家，在举办开业仪式以及为其进行筹备工作的整个过程中，在经费的支出方面量力而行，节制、俭省。反对铺张浪费，暴殄天物。该花的钱要花，不该花的钱千万不要白花。所谓"缜密"，则是指主办单位在筹备开业仪式之时，既要遵行礼仪惯例，又要具体情况具体分析，认真策划，注重细节，分工负责，一丝不苟，力求周密、细致，严防百密一疏，临场出错。

具体而言，筹备开业仪式时，对于舆论宣传、来宾约请、场地布置、接待服务、礼品馈赠、程序拟定等方面的工作，尤其需要事先做好认真安排。

第一，要做好舆论宣传工作。既然举办开业仪式的主旨在于塑造本单位的良好形象，那么就要对其进行必不可少的舆论宣传，以吸引社会各界对自己的注意，争取社会公众对自己的认可或接受。为此，要做的常规工作有：一是选择有效的大众传播媒介，进行集中性的广告宣传。其内容多为：开业仪式举行的日期、开业仪式举行的地点、开业之际对顾客的优惠、开业单位的经营特色，等等。二是邀请有关的大众传播界人士在开业仪式举行之时到场进行采访、报道，以便对本单位作进一步的正面宣传。

第二，要做好来宾约请工作。开业仪式影响的大小，实际上往往取决于来宾身份的高低与其数量的多少。在力所能及的条件下，要力争多邀请一些来宾参加开业仪式。地方领导、上级主管部门与地方职能管理部门的领导、合作单位与同行单位的领导、社会团体的负责人、社会贤达、媒体人员，都是邀请时应予优先考虑的对象。为慎重起见，用以邀请来宾的请柬应认真书写，并应装入精美的信封，由专人提前送达对方手中，以便对方早作安排。

第三，要做好场地布置工作。开业仪式多在开业现场举行，其场地可以是正门之外的广场，也可以是正门之内的大厅。按惯例，举行开业仪式时宾主一律站立，故一般不布置主席台或座椅。为显示隆重与敬客，可在来宾尤其是贵宾站立之处铺设红色地毯，并在场地四周悬挂横幅、标语、气球、彩带、宫灯。此外，还应当在醒目之处摆放来宾赠送的花篮、牌匾。来宾的签到簿、本单位的宣传材料、待客的饮料等等，亦须提前备好。对于音响、灯光设备，以及开业仪式举行之时所需使用的用具、设备，必须事先认真进行检查、调试，以防其在使用时出现差错。

第四，要做好接待服务工作。在举行开业仪式的现场，一定要有专人负责来宾的接待服务工作。除了要教育本单位的全体员工在来宾的面前，人人都要以主人翁的身份热情待客、有求必应、主动相助之外，更重要的是分工负责，各尽其职；在接待贵宾时，需由本单位主要负责人亲自出面；在接待其他来宾时，则可由本单位的礼仪小姐负责。若来宾自己开车前往，则需为来宾准备好专用的停车场、休息室，并应为其安排饮食。

第五，要做好礼品馈赠工作。举行开业仪式时赠予来宾的礼品，一般属于宣传性传播媒介的范畴之内。若能选择得当，必定会产生良好的效果。根据常规，向来宾赠送的礼品，应具有如下三大特征：其一，宣传性。可选用本单位的产品，也可在礼品及其包装上印制本单位的企业标志、广告用语、产品图案、开业日期，等等。其二，荣誉性。要使之具有一定的纪念意义，并且使拥有者对其珍惜、重视，并为之感到光荣和自豪。其三，独特性。它应当与众不同，具有本单位的鲜明特色，使人一目了然，并且可以令人过目不忘。

第六，要做好程序拟定工作。从总体上来看，开业仪式大都由开场、过程、结局三大基本程序所构成。开场，即奏乐，请来宾就位，宣布仪式正式开始，介绍主要来宾。过程，是开业仪式的核心内容，它通常包括本单位负责人讲话，来宾代表致词，启动某项开业标志，等等。结局，则包括开业仪式结束后，宾主一道进行现场参观、联欢、座谈，等等。它是开业仪式必不可少的尾声。为使开业仪式顺利进行，在筹备之时，必须认真草拟仪式的程序，并选定好称职的仪式主持人。

站在仪式礼仪的角度来看，开业仪式其实只不过是一个统称。在不同的适用场合，它往往会采用其他一些名称。例如，开幕仪式、开工仪式、奠基仪式、破土仪式、竣工仪式、下水仪式、通车仪式、通航仪式，等等。它们的共性，都是要以热烈而隆重的仪式，来为本单位的发展创造一个良好的开端。它们的个性，则表现在仪式的具体运作上存在着不少的差异，需要有所区别。

二、开业仪式的地点及程序

依照常规，举行开幕式需要较为宽敞的活动空间，所以门前广场、展厅门前、室内大厅等处，均可用作开幕仪式的举行地点。

开幕仪式的主要程序共有六项：

第一项，仪式宣布开始，全体肃立，介绍来宾。

第二项，邀请专人揭幕或剪彩。揭幕的具体做法是：揭幕人行至彩幕前恭位，礼仪小姐双手将开启彩幕的彩索递交对方。揭幕人随之目视彩幕，双手拉启彩索，令其展开彩幕。全场目视彩幕，鼓掌并奏乐。

第三项，在主人的亲自引导下，全体到场者依次进入幕门。

第四项，主人致词答谢。

第五项，来宾代表发言祝贺。

第六项，主人陪同来宾进行参观。开始正式接待顾客或观众，对外营业或对外展览宣告开始。

第二节　剪彩礼仪

剪彩仪式，是指商界的有关单位，为了庆贺公司的设立、企业的开工、宾馆的落成、商店的开张、银行的开业、大型建筑物的启用、道路或航线的开通、展销会或展览会的开幕等等，而隆重举行的一项礼仪性程序。因其主要活动内容，是约请专人使用剪刀剪断被称之为"彩"的红色缎带，故此被人们称为剪彩。

在一般情况下，在各式各样的开业仪式上，剪彩都是一项极其重要的、不可或缺的程序。尽管它往往也可以被单独地分离出来，独立成项，但是在更多的时候，它是附属于开业仪式的。这是剪彩仪式的重要特征之一。

从操作的角度来进行探讨，目前所通行的剪彩礼仪主要包括剪彩的准备、剪彩的人员、剪彩的程序、剪彩的做法等四个方面的内容。

一、剪彩准备

剪彩的准备必须一丝不苟。与举行其他仪式一样，涉及到场地的布置、环境的卫生、灯光与音响的准备、媒体的邀请、人员的培训，等等。在准备这些方面时，必须认真细致，精益求精，这自不待言。除此之外，尤其对剪彩仪式上所需使用的某些特殊用具，诸如红色缎带、新剪刀、白色薄纱手套、托盘以及红色地毯，仔细地进行选择与准备。

二、选择剪彩人员

剪彩者，即在剪彩仪式上持剪刀剪彩之人。根据惯例，剪彩者可以是一个人，也可以是几个人，但是一般不应多于五人。通常，剪彩者多由上级领导、合作伙伴、社会名流、员工代表或客户代表所担任。

确定剪彩者名单，必须是在剪彩仪式正式举行之前。名单一经确定，即应尽早告知对方，使其有所准备。在一般情况下，确定剪彩者时，必须尊重对方个人意见，切勿勉强对方。需要由数人同时担任剪彩者时，应分别告知每位剪彩者届时他将与何人同担此任。这样做，是对剪彩者的一种尊重。千万不要"临阵磨枪"，在剪彩开始前才强拉硬拽，临时找人凑数。

必要之时，可在剪彩仪式举行前，将剪彩者集中在一起，告之对方有关的注意事项，并稍事训练。按照常规，剪彩者应着套装、套裙或制服，将头发梳理整齐。不允许戴帽子，或者戴墨镜，也不允许其穿着便装。

若剪彩者仅为一人，则其剪彩时居中而立即可。若剪彩者不止一人时，则其同时上场剪彩时位次的尊卑就必须予以重视。一般的规矩是：中间高于两侧，右侧高于左侧，距离中间站立者愈远位次便愈低，即主剪者应居于中央的位置。需要说明的是，之所以规定剪彩者的位次"右侧高于左侧"，主要是因为这是一项国际惯例，剪彩仪式理当遵守。其实，若剪彩仪式并无外宾参加时，执行我国"左侧高于右侧"的传统做法，亦无不可。

助剪者，指的是剪彩者剪彩的一系列过程中从旁为其提供帮助的人员。一般而言，助剪者多由东道主一方的女职员担任。现在，人们对她们的常规称呼是礼仪小姐。

具体而言，在剪彩仪式上服务的礼仪小姐，又可以分为迎宾者、引导者、服务者、拉彩者、捧花者、托盘者。迎宾者的任务，是在活动现场负责迎来送往；引导者的任务，是在进行剪彩时负责带领剪彩者登台或退场；服务者的任务，是为来宾尤其是剪彩者提供饮料，安排休息之处；拉彩者的任务，是在剪彩时展开、拉直红色缎带；捧花者的任务则在剪彩时手托花团；托盘者的任务，则是为剪彩者提供剪刀、手套等剪彩用品。

在一般情况下，迎宾者与服务者应不止一人。引导者既可以是一个人，也可以为每位剪彩者各配一名。拉彩者通常应为两人。捧花者的人数则需要视花团的具体数目而定，一般应为一花一人。托盘者可以为一人，亦可以为每位剪彩者各配一人。有时，礼仪小姐亦可身兼数职。

三、剪彩程序

剪彩的程序必须有条不紊。在正常情况下，剪彩仪式应在行将启用的建筑、工程或者展销会、博览会的现场举行。正门外的广场、正门内的大厅，都是可予优先考虑的。在活动现场，可略作装饰。在剪彩之处悬挂写有剪彩仪式的具体名称的大型横幅，更是必不可少的。一般来说，剪彩仪式宜紧凑，忌拖沓，在所耗时间上愈短愈好。短则一刻钟即可，长则至多不宜超过一个小时。

按照惯例，剪彩既可以是开业仪式中的一项具体程序，也可以独立出来，由其自身的一系列程序所组成。独立而行的剪彩仪式，通常应包含如下六项基本的程序：

第一项，请来宾就位。在剪彩仪式上，通常只为剪彩者、来宾和本单位的负责人安排座席。在剪彩仪式开始时，即应敬请大家在已排好顺序的座位上就座。在一般情况下，剪彩者应就座于前排。若其不止一人时，则应使之按照剪彩时的具体顺序就座。

第二项，宣布仪式正式开始。在主持人宣布仪式开始后，乐队应演奏音乐，现场可燃放鞭炮，全体到场者应热烈鼓掌。此后，主持人应向全体到场者介绍到场的重要来宾。

第三项，奏国歌。此刻须全场起立，必要时亦可随之演奏本单位标志性歌曲。

第四项，进行发言。发言者依次应为东道主单位的代表、上级主管部门的代表、地方政府的代表、合作单位的代表，等等。其内容应言简意赅，每人不超过三分钟，重点分别应为介绍、道谢与致贺。

第五项，进行剪彩。此刻，全体应热烈鼓掌，必要时还可奏乐或燃放鞭炮。在剪彩前，须向全体到场者介绍剪彩者。

第六项，进行参观。剪彩之后，主人应陪同来宾参观被剪彩之物。仪式至此宣告结束。随后东道主单位可向来宾赠送纪念性礼品，并以自助餐款待全体来宾。

第三节　展览会礼仪

展览会礼仪，通常是指商界单位在组织、参加展览会时，所应当遵循的礼仪规范与惯例。

一、展览会的组织

一般的展览会，既可以由参展单位自行组织，也可以由社会上的专门机构出面张罗。不论组织者由谁来担任，都必须认真做好具体的工作，力求使展览会取得完美的效果。根据惯例，展览会的组织者需要重点进行的具体工作，主要包括参展单位的确定、展览内容的宣传、展示位置的分配、安全保卫的事项、辅助服务的项目，等等。

第一，参展单位的确定。

一旦决定举办展览会，由什么单位来参加的问题，通常都是非常重要的。在具体考虑参展单位的时候，必须注意两厢情愿，不得勉强。按照商务礼仪的要求，主办单位事先应以适当的方式，向拟参展的单位发出正式的邀请或召集。

邀请或召集参展单位的主要方式为：刊登广告，寄发邀请函，召开新闻发布会，等等。不管是采用其中任何一种方式，均须同时将展览会的宗旨、展出的主题、参展单位的范围与条件、举办展览会的时间与地点、报名参展的具体时间与地点、咨询有关问题的联络方法、主办单位拟提供的辅助服务项目、参展单位所应负担的基本费用等，一并如实地告之参展单位，以便对方据此加以定夺。对于报名参展的单位，主办单位应根据展览会的主题与具体条件进行必要的审核。切勿良莠不分，来者不拒。当参展单位的正式名单确定之后，主办单位应及时地以专函进行通知，令被批准的参展单位尽早有所准备。

第二，展览内容的宣传。

为了引起社会各界对展览会的重视，并且尽量地扩大其影响，主办单位有必要对其进行大力宣传。宣传的重点，应当是展览的内容，即展览会的展示陈列之物。因为只有它，才能真正地吸引各界人士的注意和兴趣。对展览会，尤其是对展览内容所进行的宣传，主要可以采用下述几种方式：

其一，是举办新闻发布会；

其二，是邀请新闻界人士到场进行参观采访；

其三，是发表有关展览会的新闻稿；

其四，是公开刊发广告；

其五，是张贴有关展览会的宣传画；

其六，是在展览会现场散发宣传性材料和纪念品；

其七，是在举办地悬挂彩旗、彩带或横幅；

其八，是利用升空的彩色气球和飞艇进行宣传。

以上八种方式，可以只择其一，亦可多种同时并用。在具体进行选择时，一定要量力行事，并且要严守法纪，注意安全。为了搞好宣传工作，在举办大型展览会时，主办单位应专门成立对外进行宣传的组织机构。其正式名称，可以叫新闻组，也可以叫宣传室。

第三，展示位置的分配。

对展览会的组织者来讲，展览现场的规划与布置，通常是其重要职责之一。在布置展览现场时，基本的要求是：展示陈列的各种展品要围绕既定的主题，进行互为衬托的合理组合与搭配。要在整体上显得井然有序、浑然一体。顺理成章的是，所有参展单位都希望自己能够在展览会上拥有理想的位置。展品在展览会上进行展示陈列的具体位置，称之展位。大凡理想的展位，除了收费合理之外，应当面积适当，客流较多，处于展览会上的较为醒目之处，设施齐备，采光、水电的供给良好。

第四，安全保卫的事项。

无论展览会举办地的社会治安环境如何，组织者对于有关的安全保卫事项均应认真对待，免得由于事前考虑不周而麻烦丛生，或是"大意失荆州"。

在举办展览会前，必须依法履行常规的报批手续。此外，组织者还须主动将展览会的举办详情向当地公安部门进行通报，求得其理解、支持与配合。

举办规模较大的展览会时，最好从合法的保卫公司聘请一定数量的保安人员，将展览会的保安工作全权交予对方负责。为了预防天灾人祸等不测事件的发生，应向声誉良好的保险公司进行数额合理的投保，以便利用社会的力量为自己分忧。在展览会入口处或展览会的门券上，应将参观的具体注意事项正式成文列出，使观众心中有数，以减少纠葛。展览会组织单位的工作人员，均应自觉树立良好的防损、防盗、防火、防水等安全意识，为展览会的平安进行竭尽一己之力。按照常规，有关安全保卫的事项，必要时最好由有关各方正式签订合约或协议，并且经过公证。这样一来，万一出了事情，大家就好"亲兄弟，明算账"了。

第五，辅助的服务项目。

主办单位作为展览会的组织者，有义务为参展单位提供一切必要的辅助性服务项目。否则，不单会影响自己的声誉，而且还会授人以柄。由展览会的组织者为参展单位提供的各项辅助性服务项目，最好有言在先，并且对有关费用的支付进行详尽的说明。

具体而言，为参展单位所提供的辅助性服务项目，通常主要包括下述各项：

其一，是展品的运输与安装；

其二，是车、船、机票的订购；

其三，是与海关、商检、防疫部门的协调；

其四，是跨国参展时有关证件、证明的办理；

其五，是电话、传真、电脑、复印机等现代化的通讯联络设备；

其六，是举行洽谈会、发布会等商务会议或休息之时所使用的适当场所；

其七，是餐饮以及有关展览时使用的零配件的提供；

其八，是供参展单位选用的礼仪、讲解、推销人员等。

二、展览会的参加

参展单位在正式参加展览会时，必须要求自己的全部派出人员齐心协力、同心同德，为大获全胜而努力奋斗。在整体形象、待人礼貌、解说技巧等三个主要方面，参展单位尤其要予以特别的重视。以下就分别对其作简要的介绍：

第一，要努力维护整体形象。

在参与展览时，参展单位的整体形象直接映入观众的眼里，因而对自己参展的成败影响极大。参展单位的整体形象，主要由展示之物的形象与工作人员的形象两个部分所构成。对于二者要给予同等的重视，不可偏废其一。

展示之物的形象，主要由展品的外观、展品的质量、展品的陈列、展位的布置、发放的资料等构成。用以进行展览的展品，外观上要力求完美无缺，质量上要优中选优，陈列上要既整齐美观又讲究主次，布置上要兼顾主题的突出与观众的注意力，而用以在展览会上向观众直接散发的有关资料，则要印刷精美、图文并茂、资讯丰富，并且注有参展单位的主要联络方法，如公关部门与销售部门的电话、电报、电传、传真以及电子邮箱的号码，等等。

工作人员的形象，则主要是指在展览会上直接代表参展单位露面的人员的穿着打扮问题。在一般情况下，要求在展位上工作的人员应当统一着装。最佳的选择，是身穿本单位的制服，或者是穿深色的西装、套裙。在大型的展览会上，参展单位若安排专人迎送宾客时，则最好请其身穿色彩鲜艳的单色旗袍，并胸披写有参展单位或其主打展品名称的大红色绶带。为了说明各自的身份，全体工作人员皆应在左胸佩戴标明本人单位、职务、姓名的胸卡，惟有礼仪小姐可以例外。按照惯例，工作人员不应佩戴首饰，男士应当剃须，女士则最好化淡妆。

第二，要时时注意待人礼貌。

在展览会上，不管它是宣传型展览会还是销售型展览会，参展单位的工作人员都必须真正地意识到观众是自己的上帝，为其热情而竭诚地服务则是自己的天职。为此，全体工作人员都要将礼貌待人放在心坎上，并且落实在行动上。展览一旦正式开始，全体参展单位的工作人员即应各就各位，站立迎宾。不允许迟到、早退、无故脱岗、东游西逛，更不允许在观众到来之时坐卧不起，怠慢对方。当观众走近自己的展位时，不管对方是否向自己打招呼，工作人员都要面含微笑，主动地向对方说："你好！欢迎光临！"随后，还应面向对方，稍许欠身，伸出右手，掌心向上，指尖直接展台，并告知对方："请您参观。"当观众在本单位的展位上进行参观时，工作人员可随行于其后，以备对方向自己进行咨询；也可以请其自便，不加干扰。假如观众较多，尤其是在接待组团而来的观众时，工作人员亦可在左前方引导对方进行参观。对于观众所提出的问题，工作人员要认真作出回答。不允许置之不理，或以不礼貌的言行对待对方。当观众离去时，工作人员应当真诚地向对方欠身施礼，并道以"谢谢光临"，或是"再见！"在任何情况下，工作人员均不得对观众恶语相加，或讥讽嘲弄。对于极个别不守展览会规则而乱摸乱动、乱拿展品的观众，仍须以礼相劝，必要时可请保安人员协助，但不许对对方擅自动粗，进行打骂、扣留或者非法搜身。

第三，要善于运用解说技巧。

解说技巧，此处主要是指参展单位的工作人员在向观众介绍或说明展品时，所应当掌握的基本方法和技能。具体而论，在宣传性展览会与销售性展览会上，其解说技巧既有共性可循，又有各自的不同之处。

第四节　赞助会礼仪

所谓赞助，通常是指某一单位或某一个人拿出自己的钱财、物品，来对其他单位或个人进行帮助和支持。在现代社会中，赞助乃是社会慈善事业的重要组成部分之一。它不仅可以扶危济贫，向社会奉献自己的爱心，体现出自己对于社会的高度责任感，以自己的实际行动报效于社会、报效于人民，而且也有助于获得社会对自己的好感，提高自己在社会上的知名度、美誉度，为自己塑造良好的公众形象。对于商界而言，积极地、力所能及地参与赞助活动，本身就是自己进行商务活动的一种常规的形式，而且也是自己协调本单位与政府、社会各界的公共关系的一种重要的手段。所以，赞助一直颇受商界的重视。

为了扩大影响，商界在公开进行赞助活动时，往往会专门为此而举行一定一次规模的正式会议。这种以赞助为主题的会议，即为赞助会。欲使赞助会取得成功，遵守赞助会礼仪是十分必要的。赞助会礼仪，一般指的是筹备、召开赞助会的整个过程中所应遵守的有关礼仪规范。

一、赞助会的准备

根据现代礼仪的规范，赞助会通常应由受赞助者出面承办，而由赞助单位给予其适当的支持。

赞助会的举行地点，一般可选择受赞助者所在单位的会议厅，亦可由其出面，租用社会上的会议厅。用以举行赞助会的会议厅，除了其面积的大小必须与出席者的人数成比例之外，还需打扫干净，并且略加装饰。

举行赞助会的会议厅之内，灯光应当亮度适宜。在主席台的正上方，或是面对会议厅正门之处的墙壁上，还需悬挂一条大红横幅。在其上面，应以金色或黑色的楷体书写着"某某单位赞助某某项目大会"，或者"某某赞助仪式"的字样。前一种写法，意在突出赞助单位；后一种写法，则主要是为了强调接受赞助的具体项目。

一般来讲，赞助会的会场不宜布置得美轮美奂，过度豪华张扬。否则，极有可能会使赞助单位产生不满，因为它由此可能产生受赞助单位不务正业、华而不实的感觉。参加赞助会的人士，既要有充分的代表性，又不必在数量上过多。除了赞助单位、受赞助者双方的主要负责人及员工代表之外，赞助会应当重点邀请政府代表、社区代表、群众代表以及新闻界人士参加。在邀请新闻界人士时，特别要注意邀请那些在全国或当地具有较大影响力的电视、报纸、电台等媒体人员与会。所有参与赞助会的各界人士，在与会之时，皆须身着正装，修饰仪表，并且检点个人的举止动作。赞助会的整体风格是庄严而神圣的，因此任何与会者都不能与之唱反调。

二、赞助会的操作过程

依照常规，一次赞助会的全部时间，不应当长于一个小时。因此赞助会的具体会议过程，必须既周密，又紧凑。赞助会的具体会议过程，其操作过程可分为以下六项：

第一项，宣布赞助会正式开始。

赞助会的主持人，一般应由受赞助单位的负责人或公关人员担任。在宣布正式开会前，主持人应恭请全体与会者各就各位，保持肃静，并且邀请贵宾到主席台上就座。

第二项，奏国歌。

此前，全体与会者须一致起立。在奏国歌之后，还可奏本单位标志性歌曲。有时，奏国歌、奏本单位标志性歌曲，可改为唱国歌、唱本单位标志性歌曲。

第三项，赞助单位正式实施赞助。

其具体做法通常是赞助单位的代表首先出场，口头上宣布其赞助的具体方式或具体数额。随后，受赞助单位的代表上场，双方热情握手。接下来，由赞助单位的代表正式将标有一定金额的巨型支票或实物清单双手捧交给受赞助单位的代表。必要时，礼仪小姐应为双方提供帮助，若赞助的物资重量、体积不大时，亦可由双方在此刻当面交接。在此过程之中，全体与会者应热情鼓掌。

第四项，赞助单位代表发言。

其发言内容，重在阐述赞助的目的与动机。与此同时，还可以对本单位的简况略作介绍。

第五项，受赞助单位代表发言。

此刻的发言者，一般应为受赞助单位的主要负责人或主要受赞助者。其发言的中心，应当集中在对赞助单位的感谢方面。

第六项，来宾代表发言。

根据惯例，可邀请政府有关部门的负责人讲话。其讲话主要是肯定赞助单位的义举，同时亦可呼吁全社会积极倡导这种互助友爱的美德。该项议程，有时亦可略去。至此，赞助会即可宣告结束。

在赞助会正式结束后，赞助单位、受赞助单位双方的主要代表以及会议的主要来宾，通常应当合影留念。此后，宾主双方可稍事晤谈，然后来宾即应一一告辞。在一般情况下，在赞助会结束后，东道主大都不为来宾安排膳食。如确有必要，则至多略备便餐，而绝对不宜设宴待客。在极个别的情况下，赞助会亦可由赞助单位操办。由赞助单位所操作的赞助会，其会务工作与以上所述基本相仿。

第五节　新闻发布会礼仪

新闻发布会礼仪，指的就是有关举行新闻发布会的礼仪规范。对商界而言，发布会礼仪至少应当包括会议的筹备、媒体的邀请、现场的应酬、善后的事宜等四个主要方面的内容。

一、新闻发布会的筹备

筹备新闻发布会，要做的准备工作甚多。其中最重要的，是要做好主题的确定、时空的选择、人员的安排、材料的准备等项具体工作。

二、媒体的邀请

在新闻发布会上，主办单位的交往对象自然以新闻界人士为主。在事先考虑邀请新闻界人士时，必须有所选择、有所侧重。不然的话，就难以确保新闻发布会真正取得成功。

三、现场的应酬

在新闻发布会正式举行的过程之中，往往会出现种种这样或那样的确定和不确定的问题。有时，甚至还会有难以预料到的情况或变故出现。要应付这些难题，确保新闻发布会的顺利进行，除了要求主办单位的全体人员齐心协力、密切合作之外，最重要的，是要求代表主办单位出面应付来宾的主持人、发言人，要善于沉着应变、把握全局。

四、善后的事宜

新闻发布会举行完毕之后，主办单位需在一定的时间之内，对其进行一次认真的评估善后工作。一般新闻发布会的步骤如下：第一步，主持人宣布开会；第二步，介绍应邀参加会议的政府官员和主要发言人；第三步，说明记者提问时间、提问规则等；第四步，宣布提问开始，并指定提问记者；第五步，宣布提问时间到，提问结束；第六步，组织参观或宴请。

在新闻发布会举行过程中，往往会出现种种问题。要确保新闻发布会的顺利进行，主持人、发言人需要牢记下述几个要点。

1. 要注意外表的修饰

在新闻发布会上，代表主办单位出场的主持人、发言人，是被媒体视为主办单位的化身和代言人的。

按照惯例，主持人、发言人要进行必要的化妆，并且以化淡妆为主。发型应当庄重而大方，男士着深色西装套装、白色衬衫、黑袜黑鞋，并且打领带，女士则宜穿单色套裙、肉色丝袜、高跟皮鞋。服装必须干净、挺括，一般不宜佩戴首饰。在面对媒体时，主持人、发言人要举止自然而大方，要面含微笑，目光炯炯，表情松弛，坐姿端正。

2. 要注意相互的配合

不论是主持人还是发言人，在新闻发布会上都是一家人，因此主持人与发言人必须保持一致的口径，不允许公开顶牛、相互拆台。当媒体提出的某些问题过于尖锐或难于回答时，主持人要想方设法转移话题，不使发言人难堪。而当主持人邀请某位新闻记者提问之后，发言人一般要给予对方适当的回答。

主持人要做到的，主要是主持会议、引导提问；发言人要做到的，则主要是主旨发言、答复提问。有时，在重要的新闻发布会上，为慎重起见，主办单位往往会安排数名发言人同时出场。若发言人不止一人，事先必须进行好内部分工，各管一段。当数名发言人到场时，只需一人进行主旨发言即可。

3. 要注意语言艺术

新闻发布会上主持人、发言人的言行，都代表着主办单位。所以，必须注意自己讲话的分寸。

首先，要简明扼要。不管是发言还是答问，都要条理清楚、重点集中，让人既一听就懂，又难以忘怀。不要卖弄口才、口若悬河。

其次，要提供新闻。新闻发布会，自然就要有新闻发布。媒体就是特意为此而来的，所以在不违法、不泄密的前提下，要善于满足对方在这一方面的要求，要在讲话中善于表达自己的独到见解。

再次，要生动灵活。适当地采用一些幽默风趣的语言、巧妙的典故，也是必不可少的。

最后，要温文尔雅。新闻记者大都见多识广，加之又是有备而来，所以他们在新闻发布会上经常会提出一些尖锐而棘手的问题。遇到这种情况时，发言人能答则答，不能答则应当巧妙地避实就虚。无论如何，都不要恶语相加，甚至粗鲁地打断对方的提问。吞吞吐吐、张口结舌，也不会给人以好的印象。

第六节　茶话会礼仪

与洽谈会、发布会、赞助会、展览会等其他类型的商务性会议相比，茶话会恐怕是社交色彩最为浓重，而商务色彩最为淡薄的一种类型。所以，有人将其称为"商界务虚会"。

所谓茶话会，在商界主要是指意在联络老朋友、结交新朋友的具有对外联络和进行招待性质的社交性集会。因其以参加者不拘形式地自由发言为主，并且因之备有茶点，故此称为茶话会。有的时候，也有人将其简称为茶会。从表面上来看，茶话会主要是以茶待客、以茶会友，但是实际上，它则往往是重点不在"茶"，而在于"话"，即意在借此机会与社会各界沟通信息、交流观点、听取意见、增进联络，为本单位实现"内求团结、外求发展"这一公关目标，创造良好的外部环境。从这个意义上来讲，茶话会在所有的商务性会议中并不是无足轻重的。

茶话会其具体内容主要涉及会议主题的确定、来宾的邀请、时空的选择、座次的安排、茶点的准备、会议的议程、现场的发言等几个方面。

一、主题的确定

茶话会的主题特指茶话会的中心议题，一般来说，茶话会的主题可以分为以下三类：

1. 以联谊为主题的茶话会

以联谊为主题的茶话会是我们见得最多的，其目的是为了联络主办单位同应邀与会的社会各界人士的友谊。在这类茶话会上，宾主通过叙旧与答谢，往往可以增进相互之间的进一步了解，密切彼此之间的关系。

2. 以娱乐为主题的茶话会

在以娱乐为主题的茶话会上，为了活跃气氛，而安排一些文娱节目，并以此作为茶话会的主要内容，以现场的自由参加与即兴表演为主，不必刻意追求表演水平，强调重在参与，尽兴而已。

3. 专题茶话会

所谓主题茶话会是指在某个特定的时刻，或为某些专门问题而召开的茶话会，以听取某些专业人士的见解，或是和某些与本单位有特定关系的人士进行对话。召开此类茶话会时，尽管主题既定，仍须倡导与会者畅所欲言。

二、来宾的邀请

主办单位在筹办茶话会时，必须围绕主题来邀请来宾，尤其是确定好主要的与会者。来宾可以是本单位的顾问、社会知名人士、合作伙伴等各方面人士。茶话会的来宾名单一经确定，应立即以请柬的形式向对方提出正式邀请。按惯例，茶话会的请柬应在半个月之前送达或寄达被邀请者，被邀请者可以不必答复。

三、时空的选择

时间和空间的选择是茶话会要取得成功的重要条件。辞旧迎新、周年庆典、重大决策前后、遭遇危难挫折的时候，都是召开茶话会的良机。

根据惯例，举行茶话会的最佳时间是下午四点钟左右。有些时候，也可以安排在上午十点钟左右。在具体进行操作时，也不用墨守成规，应该以与会者特别是主要与会者的方便与否以及当地人的生活习惯为准。茶话会往往是可长可短的，关键是要看现场有多少人发言，发言是否踊跃。如果把时间限制在一到两个小时之内，它的效果往往会更好一些。

适合举行茶话会的场地主要有：

一是主办单位的会议厅。

二是宾馆的多功能厅。

三是主办单位负责人的私家客厅。

四是主办单位负责人的私家庭院或露天花园。

五是包场高档的营业性茶楼或茶室。餐厅、歌厅、酒吧等地方，不合适举办茶话会。

四、座次的安排

从总体上来讲，在安排与会者的具体座次时，必须和茶话会的主题相适应。安排茶话会与会者具体座次的时候，可以采取下面的办法：

一是环绕式。就是不设立主席台，把座椅、沙发、茶几摆放在会场的四周，不明确座次的具体尊卑，而听任与会者在入场后自由就座。这一安排座次的方式，与茶话会的主题最相符，也最流行。

二是散座式。散座式排位，常见于在室外举行的茶话会。它的座椅、沙发、茶几四处自由地组合，甚至可由与会者根据个人要求而随意安置。这样就容易创造出一种宽松、惬意的社交环境。

三是圆桌式。圆桌式排位，指的是在会场上摆放圆桌，请与会者在周围自由就座。圆桌式排位又分下面两种形式：一是适合人数较少的，仅在会场中央安放一张大型的椭圆形会议桌，请全体与会者在周围就座。二是在会场上安放数张圆桌，请与会者自由组合。

四是主席式。在茶话会上，这种排位是指在会场上，主持人、主人和主宾被有意识地安排在一起就座，并且按照常规就座。

五、茶点的准备

茶话会不上主食，不安排品酒，只提供茶点。茶话会是重"说"不重"吃"的，没必要在吃的方面过多下工夫。在茶话会上，为与会者所提供的茶点，应当被定位为配角。我们在进行准备时要注意的是：

对于用以待客的茶叶与茶具，务必要精心进行准备。选择茶叶时，在力所能及的情况之下，应尽力挑选上等品，切勿滥竽充数。与此同时，要注意照顾与会者的不同口味。对中国人来说，绿茶老少咸宜。而对欧美人而言，红茶则更受欢迎。

在选择茶具时，最好选用陶瓷器皿，并且讲究茶杯、茶碗、茶壶成套，千万不要采用玻璃杯、塑料杯、搪瓷杯、不锈钢杯或纸杯，也不要用热水瓶来代替茶壶。所有的茶具一定要清洗干净，并且完整无损，没有污垢。

除主要供应茶水之外，在茶话会上还可以为与会者略备一些点心、水果或是地方风味小吃。需要注意的是，在茶话会上向与会者所供应的点心、水果或地方风味小吃，品种要对路、数量要充足，并且要便于取食。为此，最好同时将擦手巾一并上桌。

按照惯例，在茶话会举行之后，主办单位通常不再为与会者备餐。

六、茶话会的基本议程

相对而言，茶话会的会议议程，在各类正式的商务性会议之中，都可以称得上是最为简单不过的了。

在正常的情况之下，商界所举办的茶话会的主要会议议程，大体只有如下四项：

第一项，主持人宣布茶话会正式开始。在宣布会议正式开始之前，主持人应当提请与会者各就各位，并且保持安静。而在会议正式宣布开始之后，主持人则还可对主要的与会者略加介绍。

第二项，主办单位的主要负责人讲话。其讲话应以阐明此次茶话会的主题为中心内容。除此之外，还可以代表主办单位，对全体与会者的到来表示欢迎与感谢，并且恳请大家今后一如既往地给予本单位以更多的理解，更大的支持。

第三项，与会者发言。根据惯例，与会者的发言在任何情况下都是茶话会的重心之所在。为了确保与会者在发言之中直言不讳，畅所欲言，通常，主办单位事先均不对发言者进行指定与排序，也不限制发言的具体时间，而是提倡与会者自由地进行即兴式的发言。有时，与会者在同一次茶话会上，还可以数次进行发言，以不断补充、完善自己的见解、主张。

第四项，主持人略作总结。随后，即可宣布茶话会至此结束散会。

七、茶话会的发言

现场发言在茶话会上举足轻重。茶话会假如没有人踊跃发言，或者是与会者的发言严重脱题，都会导致茶话会的最终失败。

茶话会上，主持人更重要的作用是在现场上审时度势，因势利导地引导与会者的发言，并且控制会议的全局。大家争相发言时，主持人决定先后。没有人发言时，主持人应引出新的话题，或者恳请某位人士发言。会场发生争执时，主持人要出面劝阻。在每位与会者发言前，主持人可以对发言者略作介绍。发言的前后，主持人要带头鼓掌致意。

与会者在茶话会上的发言以及表现等，必须得体。在要求发言时，可以举手示意，但也要注意谦让，不要争抢；不管自己有什么高见，都不要打断别人的发言。肯定成绩时，要力戒阿谀奉承。提出批评时，不能讽刺挖苦。切忌当场表示不满，甚至私下里进行人身攻击。

基本训练

● 知识题

1. 判断题

(1)筹备开业仪式，首先在指导思想上要遵循"热烈"、"节俭"与"缜密"三原则。（　　）

(2)一般来说，剪彩仪式宜紧凑，忌拖沓，在所耗时间上愈短愈好。短则一刻钟即可，长

则至多不宜超过一个小时。但赞助会的时间，可以长于一个小时。（　　）

（3）茶话会不仅提供茶点，而且可上主食，可安排品酒。（　　）

（4）主办各种公关活动是公众参与性最强的一类公共关系传播方式。（　　）

（5）专题性展览即围绕一项专业或一个专题举办的展览。（　　）

（6）赞助活动的对象应该就是赞助公众。（　　）

（7）直接将实物展现在公众面前，给公众以"眼见为实"直观感受的专题活动是展览会。（　　）

2．选择题

（1）举行开业仪式时赠予来宾的礼品，应具有如下三大特征：

A．宣传性　　　　　　B．荣誉性　　　　　　C．独特性

（2）新闻发布会的工作环节主要包括（　　）。

A．确定主题　　　　　B．邀请记者　　　　　C．会前准备

D．主持会议　　　　　E．收集反馈信息

（3）要恰到好处地开展节庆活动并达到预期效果，应该注意以下几点（　　）。

A．要区分公关节庆活动的重点　　　　B．要注意分析不同节庆活动的难点

C．开展节庆活动贵在富有传统特色　　　D．开展节庆活动的商业利益分析

E．要不失节庆活动的时机

（4）为办好开业典礼，大致可归纳为以下几项内容（　　）。

A．论证工作　　　　　B．准备工作　　　　　C．开幕活动

D．结束工作　　　　　E．总结工作

● 素质题

优秀公关人员应具备哪些特质，对此谈谈你的看法。

● 技能题

1．在预算既定的情况下为某连锁超市分店开张设计开业庆典。

2．编制一份校庆活动庆典仪式的程序。资金既定情况下为某饮料企业开发校园市场策划赞助活动。

第九章　特定场所礼仪

[知识目标]

了解应聘、办公室、娱乐场所、图书馆、外出旅行、购物等特定场所的礼仪礼节，认识特定场合礼仪的基本要求和注意事项。

[素质目标]

具有运用应聘、办公室、娱乐场所、图书馆、外出旅行、购物等特定场所的礼仪基本知识于实际生活中的能力。

[技能目标]

具有应聘、办公室、娱乐场所、图书馆、外出旅行、购物等特定场所的礼仪基本常识，在各种特定场合中，能够自觉地按照礼仪规范提升自身素质。

第一节　应聘礼仪

促进人才流动，实行双向选择，开展公平竞争，越来越成为政府部门、企事业单位、社会团体等用人单位充实人力资源的重要方式。通过应聘寻找理想的工作单位和工作岗位也成为大中专毕业生、下岗人员和其他待业人员就业和施展个人才华的主要方式。掌握应聘过程是应聘者向招聘单位、主考官展示个人全面素质的过程。应聘人员不但要具备招聘单位所需要的思想政治、业务知识、业务技能等综合素质，而且必须掌握应聘中的礼仪规范。应聘礼仪有利于应聘者在应聘过程中展示个人的良好形象、体现个人的综合素质，是应聘成功的必备条件。

一、应聘材料准备

应聘材料是应聘者个人的学历、知识、能力、兴趣、经历等全面情况的基本资料。求职应聘者必须保证应聘材料的真实性、全面性、时效性和权威性。

1. 应聘材料内容要求

应聘材料主要包括以下几方面的内容：

（1）自荐书（信）或推荐书（信）；

（2）学校主管部门或原单位出具的，能反映自己专业特色、知识结构、能力状况的各主要课程的学习成绩及对个人工作学习期间综合素质的评价；

（3）毕业证书、学位证书及有关外语、计算机等的达标证书；

（4）所考取的职业资格证书；

（5）个人工作经历、工作表现的有关材料或有关研究、发明方面的证明材料（如专利证书）；

（6）各种荣誉证书；

（7）能证明自己能力、专长的其他相关材料。

应聘者要精心准备上述材料。在准备这些材料前，应聘者要充分了解相关的政策、了解人才需求动态和用人单位的基本情况，充分认识自己，以便使自己的优点、特长、爱好在应聘中能得到充分的展示。

此外，应聘材料必须书写整洁，字迹工整，语句通顺，文字流畅，不能有错字、别字、漏字现象，也不能涂改。应聘材料的内容要突出重点，体现自己的优点、个性，能引起招聘单位的兴趣。

2. 自荐书的撰写要求

用人单位每一次招聘活动，都可能接触到一大批求职者。自荐书就会成为决定求职者是否入围进入面试关的主要依据，在面试过程中，直接录用或推辞均不多。聘用与否，用人单位还要在面试后进行斟酌，此时自荐书亦是主要参考资料。因此，写好自荐书是成功应聘的首要环节。

（1）自荐书的内容

• 个人简历

简历通常由个人基本情况（即姓名、性别、籍贯、年龄、政治面貌）、资历（指学习经历、实践经历或工作经历）和特长（个人对自己所具备的技能的概括和评价）几部分构成。

• 求职意向

要写清自己所适合的有意应聘的职业和岗位。注意不要过多，给人一种定位不准、缺乏专长的感觉；也不宜过于详细，使自己落入求职范围过窄的被动局面。

• 证明材料的复印件

在自荐书的后面应附上荣誉证书、外语和计算机等级证书以及职业资格证书等相关证明材料，以佐证你的专长和应聘实力。

（2）自荐书的格式及写作要求

自荐书一般包括标题、称谓、开头、正文、结尾和附件六部分。

• 标题

自荐书三个字写在首行中间，字号较正文大一些，字体与正文有所区别。

• 称谓

在第二行顶格写称谓。如果对应聘单位比较了解，可以直接写给应聘单位领导；如果不了解应聘单位的情况，最好写上"人事部负责人"。

- 正文

正文开头一般写问候、寒暄之语，然后介绍自己的身份。接下来是写应聘理由、应聘的职务与岗位、自身应聘的条件和能力。这是自荐信的核心部分，一定要注意措辞，同时还要突出个性，重点放在对特长、优势、能力的介绍上，但要符合实际，并与应聘岗位相吻合，给对方以自信而不自大的感觉。

- 结尾

结尾一般要强调想获得应聘职位的热切愿望和心情。右下角署上自己的姓名及日期。

- 附件

附件的内容主要是相关证明材料的复印件，注意宜精不宜多。

（3）自荐书范例

［样例］

自 荐 书

×××公司人事部负责人：

您好！

我是××大学××系应届毕业生，女，二十二岁，××省××市××县人。得知贵单位今年将在大专院校选用一批专业对口、品学兼优的毕业生。我根据自身情况，对照贵单位的招聘条件，自认为是合适人选，特向贵单位自我推荐。

我所修的专业是××，适合于从事××、××方面的工作，与贵单位所需人才专业吻合。

在大学期间，我在思想上积极要求进步，已于今年3月被系党总支批准为中国共产党预备党员。

我学习刻苦，成绩优异，三年间，多次获得二等奖学金。外语通过了实用英语A级考试，计算机通过了国家二级考试，并成功考取了××职业资格证书。

在校期间我还担任过学校宣传部副部长，具有一定的组织协调能力，尊敬师长，团结同学，曾多次被评为优秀学生会干部。

如贵单位能聘用我，我定将用我的智慧和热情为贵单位的发展贡献自己的力量。

注：个人基本简历和各种证明材料复印件附后

祝工作顺利！

静盼佳音！

×××

2013年6月26日

二、应聘的基本礼仪

1. 应聘时的仪容仪表

应聘是正式场合，着装应该较为正式。作为应聘者，穿着打扮应给人"信得过的印象，符合着装大方、精神饱满、有青年人的朝气和自信的特点。

（1）男士仪容仪表

男士应头发整洁，面部干净，擦亮皮鞋，服装颜色素净、干净整齐，衬衫以白色为好，切忌华丽、鲜艳。穿西装需扣好西服和衬衫扣子，打好领带，领带颜色以明亮为佳，但不应太鲜艳，图案要中规中矩。衣服口袋里不要装太多东西。戴眼镜的应聘者，镜框的佩戴最好能使人感觉稳重、协调。禁止穿背心、短裤、拖鞋等。

（2）女士仪容仪表

女士以裙装、套装最适宜。裙装长度应在膝盖左右或以下，太短有失稳重；服装颜色以淡雅或同色系的搭配为宜；头发梳理整齐，不要蓬松乱发，更不能染发烫发；略施脂粉，勿浓妆艳抹；不宜佩戴金银首饰和穿太高跟的鞋子。

由于季节和应聘职业性质的不同，着装上应有所区别。

（3）根据应聘岗位的特点着装

若是应聘要求严格的单位或工作岗位，如教师，就需要一套西服（女士要穿西服套装），而且以蓝色较为合适，这样显得端庄且职业化。一般不穿黑色、灰色服装。黑色给人一种压抑感和威胁感；灰色则给人以呆板缺乏创意之感。到一般单位应聘，着装就比较随意，但衣服和鞋子的颜色要协调一致。

若去应聘非常有创意的工作岗位，如策划公司、广告公司等，应聘者就要体现自己观念新、思想解放、有个性的特点，可穿休闲类服装或时髦一点的衣服。但要注意讲求色彩，在视觉上应该抢眼、耐看，达到从着装上显示出应聘者的创意性和个性的目的。

2. 到达应聘地点的时机选择

遵守时间，是商务活动中最起码的礼貌。时间观念是面试的主要内容之一，参加应聘应特别注意守时。应聘者一般应提前 5～10 分钟到达应聘地点，既表示求职的诚意，也能给对方以信任感，还可以在面试前调整自己的心态，并做一些简单的礼节准备，稳定自己的情绪。应聘者一定要牢记面试的时间、地点，有条件的应聘者最好能提前考察一下招聘地点及路线，以便熟悉环境，掌握路途往返时间，以免因一时找不到地方或途中延时而迟到。

3. 进入应聘现场的礼仪

进入应聘室之前，应聘者要关掉通讯工具（如手机），然后有节奏地轻轻敲门，得到允许后才能进入。入室应整个身体一同进去，入室后，背对招聘者将门关上，然后缓慢转身面对招聘者。关门动作宜轻，要表现从容、自然，见面时要向招聘者主动打招呼，问候致意或鞠躬致意，同时说声"您好"、"各位好"、"早上好"等问候语。然后主动进行自我介绍，并双手将个人的应聘材料递给招聘主管，同时说声"这是我的应聘材料，请多关照"。在招聘者没说请坐时，不要急于落座。请你坐下时应道声"谢谢"，然后轻稳的坐下，等待询问。

4．应聘过程中应保持的姿态

（1）坐姿

坐姿要端正，胸部挺直，脚踏在本人座位下，两膝并拢，将手放在膝上。两腿不要任意伸直，切忌跷二郎腿或不停抖动，两臂不要交叉在胸前，更不能把手放在邻座椅背上，否则会给别人一种轻浮傲慢、有失庄重的印象。

（2）面部表情

应聘者应始终面带微笑，谦虚和气，有问必答，切忌板起面孔，爱理不理，以眼瞟人。尤其是在对方有意怠慢、提刁钻问题时要特别注意。无缘无故地皱眉头或毫无表情、抓耳挠腮都会使人反感。眼睛是心灵的窗口，应聘过程中最好把目光集中在招聘人的额头上，且眼神自然，以传达应聘者对别人的诚意和尊重，切忌左顾右盼、东张西望。

5．应聘时如何回答对方的问题

一般地，应聘者要逐一回答招聘者的问题。对方介绍情况时，要认真倾听，并寻机点头或适当询问、答话。回答时要口齿清晰，声音适度，语速适中，用词准确，语言简练、完整，一般不使用简称、方言、土语和口头语。将对方和自己的发言比考率为6：4，不能打断招聘者的提问，打断别人的谈话是不礼貌的行为，会给人以急躁、随意、鲁莽的坏印象。当不能回答某一问题时，应如实告诉对方，不可含糊其辞、胡吹乱侃。对重复的问题也要有耐心，不要表现出不耐烦。

6．应聘时要处理的一些细节问题

参加应聘要多观察环境，见机行事。一件不起眼的小事，有时却会成为应聘成功的契机。

一位老板登报为公司招聘一名勤杂工，大约有30人前来应聘。这位老板从中挑了一个男孩。他的合伙人问他："你为什么单单挑中了这个男孩呢？他既没有带介绍信，也没有人推荐他"。"实际上，他带来了不少介绍信。"这位老板说，"他进门前，先在门口蹭掉了鞋上带的土，进门后随手关上了门，这说明他做事仔细小心。当他看到了那个跛脚的老人时，立刻起身让座，说明他心地善良，关心别人。进了办公室，他先将帽子脱去，我让他坐下时，他道谢后才入座，我问他的几个问题，他都回答得干脆果断，说明他是个懂礼貌、有教养的人。还有，我故意放了今天的报纸在地板上，其他的应聘者不是从报纸上迈过去，就是看到了也没有反应。只有他俯身捡起报纸把它放到桌子上。而且，他虽然不是衣着光鲜，但是十分整洁，不仅头发梳得整整齐齐，连指甲都是修剪得干干净净的。这样的一个年轻人，你难道会认为他没有带来合适的介绍信吗？我相信，勤杂工对他只是一个开始，将来他一定会大有前途。"

7. 交谈中要自然、放松，不要有捂嘴、歪脖、抠鼻孔、掏耳朵之类的小动作

应聘结束时，应一面徐徐起立，一面以眼神正视对方，趁机作最后的表白，以突显自己的满腔热忱。如："谢谢您给我一个应聘的机会，如果能有幸进入贵单位服务，我一定全力以赴。"然后欠身行礼，说声"再见"，轻轻把门关上并退出。特别要注意的是，告别话语要说得真诚，发自内心，才能让招聘者"留有余地"，产生"回味"。

最后，应聘归来之后可以写一封感谢信，感谢信是成功应聘的又一机会，它能使你显得与想得到这个工作的其他人不一样。

福特的应聘经历

美国福特公司名扬天下，不仅使美国汽车产业在世界占居鳌头，而且改变了整个美国的国民经济状况，可谁又能想到该奇迹的创造者福特当初进入公司的"敲门砖"竟是"捡废纸"这个简单的动作？那时候福特刚从大学毕业，他到一家汽车公司应聘，一同应聘的几个人学历都比他高，在其他人面试时，福特感到没有希望了。当他敲门走进董事长办公室时，发现门口地上有一张纸，很自然地弯腰把他捡了起来，看了看，原来是一张废纸，就顺手把它扔进了垃圾篓。

董事长对这一切都看在眼里。福特刚说了一句话："我是来应聘的福特。"董事长就发出了邀请："很好，很好，福特先生，你已经被我们录用了。"

从此以后，福特开始了他的辉煌之路，直到把公司改名，让福特汽车闻名全世界。

在我们的人生历程中，一次大胆的尝试，一个灿烂的微笑，一个习惯性的动作，一种积极的态度和真诚的服务，都可以触发生命中意想不到的起点，它能带来的远远不止于一点点喜悦和表面上的报酬。

三、面试

1. 面试时的表情运用技巧

如果主考官有两位以上时，回答谁的问题，应聘者的目光就应注视谁，并应适时地环顾其他主考官以表示对他们的尊重。谈话时，眼睛要适时地注意对方，不要东张西望，显得漫不经心，也不要眼皮下垂，显得缺乏自信。不要与主考官争辩某个问题，要冷静地保持不卑不亢的风度。对主考官提出的"无理"问题，应聘者也要从容不迫。

2. 面试时语言运用的技巧

面试时应聘者的语言表达艺术是其成熟程度和综合素养的标志。对应聘者来说，掌握语言表达的技巧能给人以良好的印象，提高应聘成功的几率。

（1）口齿清晰、语言流利、文雅大方

良好的口才是面试成功的重要因素。应聘者要展示自己的口才，交谈时通常要运用普通话，注意发音准确，吐字清晰，要控制说话的速度，保持语言流畅。为了增添语言的魅力，应注意修辞美妙，适当运用幽默性语言。忌用口头禅，更不能有不文明的语言。

（2）语气平和、语调恰当、音量适中

面试时要注意语音、语调、语气的正确运用。语气是指说话的口气；语调则是指语音的高低轻重配置。打招呼问候时宜用上语调，加重语气并带拖音，以引起对方的注意。自我介绍时，最好多用平缓的陈述语气，不宜使用感叹语气或祈使句。声音过大令人厌烦，声音过小则难以听清。音量的大小要根据面试现场情况而定，两人面谈且距离较近时声音不宜过大，群体面试而且场地开阔时声音不宜过小，以每个主考官都能听清你的讲话为宜。

（3）语言要含蓄、机智、幽默

在表达清晰的基础上，适当的时候可以插进幽默的语言，使双方谈话增加轻松愉快的气氛，也会展示自己的优雅气质和从容风度。尤其是当遇到难以回答的问题时，机智幽默的语言会显示自己的聪明智慧，有助于化险为夷，并给人以良好的印象。

（4）注意听者的反应

求职面试不同于演讲，而是更接近于一般交谈。交谈中，应随时注意听者的反应。如听者心不在焉，可能表示他对自己这段话没有兴趣；侧耳倾听，可能说明由于自己音量过小，使对方难于听清；皱眉、摆头可能表示自己言语有不当之处。根据对方的这些反应，适时地调整自己的语言、语调、语气、音量、修辞，包括陈述内容。这样才能取得良好的面试效果。

（5）掌握发问的技巧

求职面试，当主考官了解了应聘者的基本情况后，会给应聘者发问的机会，这是应聘者了解招聘单位的好机会，应该抓住时机，简单扼要地向主考官提问，从中判断这份工作是否值得你考虑。

待遇问题

一次某公司招聘，王先生向主考官介绍完自己的情况和应聘意向后，主考官问王先生还有什么问题要问，王先生立即抓紧机会问了一些有关职位待遇方面的问题，"能否介绍一下这个职位的工作范围？""这个职位向谁负责？职衔是什么？""这一职位是新增加的还是补缺的？""单位为员工提供什么福利？""若入职这一职位薪酬大约多少？""未来几年公司有什么发展大计"等，从中可以了解该公司的基本情况和未来发展规划，以及职位的职责、薪酬等。王先生的提问既能达到了解公司职位的目的，又给主考官留下稳重而富于创新的印象。

而李小姐应聘时的提问是："请问这个职位薪酬大约是多少？""这一职位要做什么具体工作？升职机会如何？""公司有没有安排住房？"李小姐提的问题的确是很实在，但给主考官的印象却是"功利主义"，只顾个人利益，没有集体精神。

王先生和李小姐的问话反映了其各自关心的利益和追求。由于两个提问的侧重点不同，收到的效果就不一样。因此，面试提问时，应聘者应注意提问的技巧。

3. 面试时手势运用的技巧

手势是人际交往时不可缺少的"体态语言"。适当的手势能提高谈话的效果，增强语言的感染力。在日常生活交往中，人们都在自觉不自觉地在运用手势帮助自己表达意愿。应聘者在面试中熟练运用手势也能产生理想的效果。

（1）表示关注的手势

在与他人交谈时，一定要对对方的谈话表示关注，要表示出你在聚精会神地听。对在感到自己的谈话被人关注和理解后，才能愉快专心地听取你的谈话，并对你产生好感。面试时尤其如此。一般表示关注的手势是：双手交叉，身体前倾。

（2）表示开放的手势

这种手势表示你愿意与听者接近并建立联系。它使人感到你的热情与自信，并让人觉得你对所谈问题已是胸有成竹。这种手势的做法是手心向上，两手向前伸出，手要与腹部等高。

（3）表示有把握的手势

如果你想表现出对所述主题的把握，可将一只手伸向前，掌心向下，然后从左向右做一个大的环绕动作，就好像用手"覆盖"着所要表达的主题。

（4）表示强调的手势

如果想吸引听者的注意力或强调很重要的一点，可把食指和大拇指捏在一起，以示强调。

（5）谈自己的手势

应聘人员在谈到自己时可用手掌轻轻按自己的左胸，以显得端庄、大方、可信。

应聘人员不能用拇指指自己的鼻子尖或用手指他人。手势不宜过多，也不宜太单一，更不能乱做手势。

以上介绍的是面试中常见的手势，要达到预期的目的，还应注意因时、因地、因人灵活运用。

4. 面试时回答问题的技巧

（1）把握重点、简洁明了、条理清楚、有理有据

一般情况下，回答问题要结论在先，议论在后，即先将自己的中心意思表达清晰，然后再做叙述和论证。否则，长篇大论，使人不得要领。面试时间有限，神经过于紧张，多余的话太多，容易走题，反倒会将主题冲淡或漏掉。

（2）讲清原委，避免抽象

主考官提问总是想了解一些应试者的具体情况，切不可简单地仅以"是"、"否"作答。针对所提问题的不同，有的需要解释原因，有的需要说明程度。不讲原委、过于抽象的回答，

往往很难给主考官留下具体深刻的印象。

(3)确认提问内容,切忌答非所问

面试中,如果对主考官提出的问题,一时摸不着边际,以致不知从何答起或难以理解问题的含义时,可将问题复述一遍,并先谈自己对这一问题的理解,请教对方以确认内容。对不明确的问题,要先搞清楚,并理解问题的实质含义,做到有的放矢,避免答非所问。

(4)有个人见解,有个人特色

主考官要接待若干名应试者,相同的问题要问若干遍,类似的回答也要听若干遍。因此,主考官会有乏味、枯燥之感。只有那些具有独到的个人见解和个人特色的回答,才会引起对方的兴趣和注意,才能给主考官留下深刻印象,这对应聘成功是极为有利的。

(5)知之为知之,不知为不知

面试遇到自己不知、不懂、不会的问题时,应聘者不应回避闪烁、默不作声,更不能牵强附会、不懂装懂。诚恳坦率地承认自己的不足之处,反倒会赢得主考官的信任和好感。

5. 消除过度紧张的技巧

面试成功与否常常关系到应聘者的前途,不少人面试时往往容易产生紧张情绪。必须设法消除过度紧张的情绪,克服自卑感。为此,做好应聘前的心理调整是十分必要的。

(1)面试前可翻阅一本轻松活泼、有趣的杂志书籍

阅读书刊可以转移注意力,调整情绪,克服面试时的怯场心理,避免等待时紧张、焦虑情绪的产生。

(2)面试过程中注意控制谈话节奏

进入考场致礼落座后,若感到紧张先不要急于讲话,而应集中精力听完提问,再从容应答。一般情况下,当人的精神紧张时,讲话速度会不自觉地加快,讲话速度过快既不利于对方听清讲话,又会给人一种慌张的感觉,而且容易出错,甚至张口结舌,进而强化自己的紧张情绪,导致思维混乱。但讲话速度过慢,缺乏激情,气氛沉闷,也会使人生厌。开始谈话时,可以有意识地放慢讲话速度,等自己进入状态后再适当增加语气和语速。这样,既可以缓解自己的紧张情绪,又可以扭转面试的沉闷气氛。

(3)回答问题时,目光可以对准提问者的额头

有的人在回答问题时眼睛不知道往哪儿看。经验证明,魂不守舍、目光不定的人,使人感到不诚实;眼睛下垂的人,给人一种缺乏自信的印象;两眼直盯着提问者,会被误解为向他挑战,给人以桀骜不驯的感觉。面试时把目光集中在对方的额头上,既可以给对方以诚恳、自信的印象,也可以鼓起自己的勇气,消除自己的紧张情绪。

第二节 办公室礼仪

办公室是一个处理公司业务的场所,办公室的礼仪不仅是对同事的尊重和对公司文化的

认同，更重要的是每个人为人处事，礼貌待人的最直接表现。办公室礼仪涵盖的范围其实不小，但凡电话、接待、会议、网络、公务、公关、沟通等都有各式各样的礼仪。

一、办公室仪表礼仪

办公室工作人员必须仪表端庄、整洁。具体要求是：

(1)头发：办公室人员的够发要经常清洗保持清洁，做到无异味，五头皮屑；男士的头发前边不能过眉毛，两边不能过鬓角；女士在办公室尽量不要留披肩发，前边刘海不能过眉毛。

(2)指甲：指甲不能太长，应经常注意修剪，女性职员涂指甲油要尽量用淡色。

(3)面部：女士职员要化淡妆上岗，男士不能留胡须，胡须要经常修剪。

(4)口腔：保持清洁，上班前不能喝酒或吃有异味食品。

(5)服装：工作场所的服装应清洁、方便，不追求修饰。

1)衬衫：无论是什么颜色，衬衫的领子与袖口不得污秽。

2)领带：外出前或要在众人面前出现时，应配戴领带，并注意与西装、衬衫颜色相配。领带不得肮脏、破损或歪斜松弛。

3)鞋子应保持清洁，如有破损应及时修补，不得穿带钉子的鞋。

4)女性职员要保持服装淡雅得体，不得过分华丽。

5)职员工作时不宜穿大衣或过分雍肿的服装。

二、办公室同事相处礼仪

1.真诚合作

同事之间属于互帮互助的关系，俗话说一个好汉三个帮，只有真诚合作才能共同进步。

2.同甘共苦

同事的困难，通常首先会选择亲朋帮助，但作为同事，应主动问讯。对力所能及的事应尽力帮忙，这样，会增进双方之间的感情，使关系更加融洽。

3.公平竞争

同事之间竞争是正常的，有助于同事成长，但是切记要公平竞争，不能再背后耍心眼，做损人不利己的事情。

4.宽以待人

同事之间经常相处，一时的失误在所难免。如果出现失误，应主动向对方道歉，征得对方的谅解；对双方的误会应主动向对方说明，不可小肚鸡肠，耿耿于怀。

三、办公室举止礼仪

在公司内职员应保持优雅的姿势和动作。具体要求是：

(1)站姿：两脚脚跟着地，脚尖离开约45度，腰背挺直，胸膛自然，颈脖伸直，头微向下，使人看清你的面孔。两臂自然，不耸肩，身体重心在两脚中间。会见客户或出席仪式站立场合，或在长辈、上级面前，不得把手交叉抱在胸前。

（2）坐姿：坐下后，应尽量坐端正，把双腿平行放好，不得傲慢地把腿向前伸或向后伸，或俯视前方。要移动椅子的位置时，应先把椅子放在应放的地方，然后再坐。

（3）公司内与同事相遇应点头行礼表示致意。

（4）握手时用普通站姿，并目视对方眼睛。握手时脊背要挺直，不弯腰低头，要大方热情，不卑不亢。伸手时同性间应先向地位低或年纪轻的，异性间应先向男方伸手。

（5）出入房间的礼貌：进入房间，要先轻轻敲门，听到应答再进。进入后，回手关门，不能大力、粗暴。进入房间后，如对方正在讲话，要稍等静候，不要中途插话，如有急事要打断说话，也要看住机会。而且要说：对不起，打断你们的谈话。

（6）递交物件时，如递文件等，要把正面、文字对着对方的方向递上去，如是钢笔，要把笔尖向自己，使对方容易接着；至于刀子或剪刀等利器，应把刀尖向着自己。

（7）走通道、走廊时要放轻脚步。无论在自己的公司，还是对访问的公司，在通道和走廊里不能一边走一边大声说话，更不得唱歌或吹口哨等。在通道、走廊里遇到上司或客户要礼让，不能抢行。

四、办公室环境礼仪

（1）不在公共办公区吸烟、扎堆聊天、大声喧哗；

（2）节约水电；

（3）禁止在办公家具和公共设施上乱写、乱画、乱贴；

（4）保持卫生间清洁；在指定区域内停放车辆。

（5）饮水时，如不是接待来宾，应使用个人的水杯，减少一次性水杯的浪费。

（6）不得擅自带外来人员进入办公区，会谈和接待安排在洽谈区域。

（7）最后离开办公区的人员应关电灯、门窗、及室内总闸。

（8）个人办公区要保持办公桌位清洁，非办公用品不外露，桌面码放整齐。

（9）当有事离开自己的办公座位时，应将座椅推回办公桌内。

（10）下班离开办公室前，使用人应该关闭所用机器的电源，将台面的物品归位，锁好贵重物品和重要文件。

五、办公室接听电话礼仪

电话作为便利的通讯工具在日常生活中的使用很关键，在办公室为了工作上的需要，我们可能经常要接听电话，所以维护好电话形象非常重要，代表了我们整个企业的形象。

（1）听到电话铃响若是嘴里在吃东西应该停止，若是在与同事打闹嬉戏也应等情绪平稳后再接电话，不要边吃东西边打电话，应该停止一切不必要的动作，电话铃响三声之内必须接听。

（2）在接到电话时首先要问候，如果接听电话晚了应该向客人道歉，问候时声音要有精神。然后自报家门，外线报哪个公司，内线报哪个部门，电话交谈时要配合肢体动作，如微笑、点头；

（3）讲话的声音不要过大，声调不要太高，话筒离口的距离不要过近，注意倾听，并时不时的说些"嗯"、"是"、"对"、"好"之类的短语。

（4）如果是需要转接电话应该请客人等待并且尽快转接，如果是代听电话应主动询问客人是否需要留言或转告。留言要准确记录，并重复确认留言。

（5）挂电话时要询问客人还有什么吩咐吗，表示对客人的尊重，没有事情就与客人道谢，感谢来电，说再见，等客人挂电话挂下电话。

六、办公室语言礼仪

在办公室里与同事们交往离不开语言，俗话说"一句话说得让人跳，一句话说得让人笑"，同样的目的，但表达方式不同，造成的后果也大不一样。在办公室说话要注意哪些事项呢？

首先，不要跟在别人身后人云亦云，要学会发出自己的声音。老板赏识那些有自己头脑和主见的职员。如果你经常只是别人说什么你也说什么的话，那么你在办公室里就很容易被忽视了，你在办公室里的地位也不会很高了。有自己的头脑，不管你在公司的职位如何，你都应该发出自己的声音，应该敢于说出自己的想法。

其次，不要在办公室里当众炫耀自己，不要做骄傲的孔雀。如果自己的专业技术很过硬，如果你是办公室里的红人，如果老板非常赏识你，这些就能够成为你炫耀的资本了吗？骄傲使人落后，谦虚使人进步。再有能耐，在职场生涯中也应该小心谨慎，强中自与强中手，倘若哪天来了个更加能干的员工，那你一定马上成为别人的笑料。

最后，要记住的是不要把办公室当做诉说心事的地方，人们身边总有这样一些人，他们特别爱侃，性子又特别的直，喜欢和别人倾吐苦水。虽然这样的交谈能够很快拉近人与人之间的距离，使你们之间很快变得友善、亲切起来，但心理学家调查研究后发现，事实上只有1%的人能够严守秘密。所以，当你的生活出现个人危机，如失恋、婚变之类，最好还是不要在办公室里随便找人倾诉；当你的工作出现危机，如工作上不顺利，对老板、同事有意见有看法，你更不应该在办公室里向人袒露胸襟。

七、办公室礼仪禁忌

（1）在办公室工作，服饰要与之协调，以体现权威、声望和精明强干为宜。男士最适宜穿黑、灰、蓝三色的西服套装领带。女士则最好穿西装套裙、连衣裙或长裙。男士注意不要穿印花或大方格的衬衫；女士则不宜把露、透、短的衣服穿到办公室里去，否则使内衣若隐若现很不雅观。在办公室里工作不能穿背心、短裤、凉鞋或拖鞋，也不适合赤脚穿鞋。戴的首饰也不宜过多，走起路来摇来摇去的耳环会分散他人注意力，叮当作响的手镯也不宜戴。

（2）在办公室里对上司和同事们都要讲究礼貌，不能由于大家天天见面就将问候省略掉了。"您好"、"早安"、"再会"之类的问候语要经常使用，不厌其烦。同事之间不能称兄弟道弟或乱叫外号，而应以姓名相称。对上司和前辈则可以用"先生"或其职务来称呼，最好不同他们在大庭广众之前开玩笑。

（3）对在一起工作的女同事要尊重，不能同她们拉拉扯扯、打打闹闹。在工作中要讲男女平等，一切按照社交中的女士优先原则去作未必会让女同事高兴。

（4）行为要多加检点。尽量不要在办公室里吸烟，更不要当众表演自己擅长的化妆术。如很想吸烟或需要化妆，则应去专用的吸烟室或化妆间。若附近没有这类场所，则只好借助于洗手间。

（5）办公时间不要离开办公桌，看书报、吃零食、打瞌睡一定会引起上司的不满。

（6）私人电话接起来没完没了会招致同事们的白眼，而坐在办公桌上办公或将腿整个翘上去的样子都是很难看的。

（7）要避免口衔香烟四处游荡，不要与同事谈论薪水、升降或他人隐私。遇到麻烦事，要首先报告给顶头上司，切莫委过或越级上告。

（8）在外国老板面前打同事们的小报告，常会被当作不务正业，弄不好会搞掉自己的饭碗。

（9）接待来访者要平等待人，而不论其是否有求于自己。回答来访者提出的问题要心平气和，面带笑容。绝不能粗声大气，或者以拳头砸桌子来加重语气。

（10）去别的办公室拜访同样要注意礼貌。一般需要事先联系，准时赴约，经过许可，方可入内。在别的办公室里，没有主人的提议，不能随便脱下外套，也不要

（11）随意解扣子、卷袖子、松腰带。未经同意，不要将衣服、公文包放到桌子和椅子上。公文包很重的话，则放到腿上或身边的地上。不要乱动别人的东西。在别的办公室停留的时间不宜太久，初次造访以 20 分钟左右为准。

第三节　娱乐场所礼仪

一、酒吧、KTV 礼仪

1. 酒吧礼仪

繁忙的工作之余，邀几个朋友，到酒吧里听歌跳舞，是一种极好的娱乐活动，应注意酒吧礼仪。

（1）酒吧不是大摆宴席的场所。如果你打算请客，那最好是去酒楼、饭店，那里天南地

北各种佳肴一应俱全。而酒吧通常只供应饮料和平常糕点，吃，在酒吧只是一种娱乐的辅助。

（2）若你想向酒吧里的歌手点歌，你应该叫来服务员，让他向歌手转告你的意见。给歌手小费，也不可直截了当，把钱塞给歌手或扔到台上都是不礼貌的。应该把钱夹在纸里，最好藏在一束鲜花中送到歌手面前。

（3）酒吧一般都设有卡拉 OK 演唱装置，顾客可以自愿去唱自己喜欢的曲目。别的顾客唱了，应该报以掌声。若自己去唱，应先告之服务人员，唱的时候和配乐相和谐，不要肆无忌惮地胡乱唱。

（4）由于酒吧特定的氛围，应特别强调与异性交往的礼节，应注意举止端庄大方，言语彬彬有礼。在酒吧里跳舞，就以请同来的女伴为宜，酒吧舞池不同于特别举办的舞会，它不是以社交为目的，一般不请不相识的人共舞。

（5）仿西式的酒吧，柜台前都设有不带靠背的单腿皮凳，顾客可以坐在柜台前喝酒。这是一种方便的设施，是为那些没有时间久留的人准备的。而有些人坐在上面喝酒说笑，影响服务员的工作，那样就不好了。

2．KTV 的礼仪

（1）在厅中说话不可提高嗓音，以能听到为准。

（2）若有朋友歌唱完毕时，应礼貌性地鼓掌鼓励。

（3）别人点的歌，不去跟着唱，更不去抢着唱。

（4）不纠正别人唱腔。

（5）不规范别人普通话。

（6）不做"麦霸"。

（7）不随意插播歌曲。

（8）不与身边的人议论和点评别人所唱的歌。

（9）别人邀你唱歌，不要局促慌乱，扭怩作态。

（10）唱歌时，要表现得从容大方，声情并茂。

二、晚会礼仪

晚会要事先精心安排好节目，要根据来宾的性质、身份、风俗习惯、双方的相互关系、本地的传统文化和实际能力拟定，应以具有本地特色的音乐、歌曲、戏剧、舞蹈为主，必要时可加入一两个来宾所在地知名节目或来宾喜爱的节目。

演出前应印制专门的节目单，人手一份，对每个节目略加介绍。

来宾座位的安排要便于安全保卫，位置要最佳，在正规的剧场内观看文艺演出，通常最好的座位在第七至九排的中间。

要让宾主集中就座，来宾进场、退场要比较方便。

演出前，接待人员要在门口迎候，并专门设立休息厅，主人与来宾共同步入剧场，其他观众应起立鼓掌欢迎。

演出结束时，主人与来宾要一同上台，向演员献花、见面、合影，来宾退场后，观众才离开。

三、沙龙礼仪

17世纪末期至18世纪，法国巴黎的文人和艺术家经常接受贵族妇女的招待，在客厅聚会，谈论文艺等问题。后来，就把有钱阶层的文人雅士清谈的场所叫做"沙龙"。到了现在，沙龙已经逐步形成为室内社交聚会的一种形式。

（一）沙龙的类型

沙龙的类型多种多样，主要有：

1. 社交性沙龙

由较熟悉的朋友、同事结成的定期或不定期的聚会，如同乡联谊会、校友联谊会等，以促进相互之间的了解和友情，从而形成固定的社会关系网络。

2. 学术性沙龙

由职业、兴趣相同或相近的人组成，以探讨某一领域问题为主要目的，以文学、艺术、科技等研究性领域为主。

3. 应酬性沙龙

以接待来访者、谋求增进了解和友谊为目的，如接待客人来访的座谈会、茶话会、舞会等。

4. 文娱性沙龙

以联络感情和相聚娱乐为目的。

5. 外语沙龙

以爱好外语的人进行交流为目的。

6. 综合性沙龙

兼有多种目的，促进人们自由交谈，互相了解，提高文化水平等。

（二）沙龙的礼仪

虽然沙龙聚会形式比较自由、随便，但毕竟是聚会，应当讲究必要的礼仪。

1. 按时到场

应当明确聚会的时间、地点等，并让每一位参加者都知道。这是公众活动所必须要有的也是必要的条件，要传达及时、有效，以确保沙龙尽可能地顺利进行。

2. 注重仪表

赴会的人穿衣服不一定要讲究面料，但一定要给人留下好印象。不同性质的沙龙可能对参与者的要求会各有所不同，参与者应当事先考虑好。如参加一个学术讨论性质的沙龙，就没必要穿得奇装异服，来吸引别人的注意。

3. 言谈真诚

沙龙是展示个人修养、结交新朋友的重要社交形式，所以言谈务必真诚。要言之有物、言之有理、紧紧围绕主题，防止空洞和信口开河。

4. 互相尊重

要尊重别人，不轻易打断他人的发言，确需插话时要礼貌地说一声"对不起"。

5. 举止文雅大方

文雅大方、彬彬有礼的举止有助于树立良好的形象，赢得大家的信任、友谊和尊敬。

四、音乐会礼仪

（1）着装一定要整洁、大方、得体。

（2）如有女伴，入场时应让女士先行，男士在后，并按"以右为尊"的礼节让女士坐在男士右边。

（3）按照时间，提前入场，对号入座。音乐会开场时，不得入场，也不允许中途退场。有特殊情况要提前退场或推迟进场的，应在一首乐曲结束时，指挥谢幕观众鼓掌的时候悄悄地离开或进场；

（4）严禁吸烟，不得携带宠物或危险品及食品入场（包括饮料以及口香糖等零食）。

（5）音乐开始后，要自动关闭手机等发声装置，或调整至振动状态。

（6）演出中应保持肃静，不应随便离座或外出，请勿交谈或打瞌睡。

（7）不要随意进入后台或休息室。

（8）演出中，照相时不能使用闪光灯，以免干扰演奏者的注意力，影响演奏家的正常发挥。

（9）当乐队指挥或独唱、独奏演员出场时应热烈鼓掌，并在每首乐曲全部结束后再次鼓掌。

（10）在演奏当中，乐章之间的停顿时间要保持安静。当一首乐曲完全结束后，指挥会转过身来谢幕，此时才可以用鼓掌、喝彩来表示对艺术家们的感谢；也可以用热烈的掌声来表示希望演奏家返场的要求。

（11）在整个音乐会结束的时候，出于礼貌，在乐队首席小提琴家起身退场时，观众方可起身退场。

（12）应尽可能看完整场演出后再离场。

五、画展礼仪

（1）着装一定要整洁、大方、得体。

（2）爱护环境，讲究卫生，不随地吐痰，不乱扔杂物。

（3）不要吸烟，不吃有声响和带壳（皮）的东西。

（4）要自动关闭手机等发声装置，或调整至振动状态。

（5）遵守规定，不允许拍照的不能偷拍。

（6）不能用手摸画，更不能涂抹。

（7）不对作品妄加评论。

（8）不要大声谈笑喧哗。

六、球类运动礼仪

（一）保龄球礼仪

（1）上投球区时，请务必更换保龄球鞋。

（2）只使用自己的保龄球。

（3）遵守先右后左的原则。

（4）待球瓶完全排好后再投球。

（5）请勿侵入相邻的球道。

（6）不要随便进入投球区。

（7）当相邻投球区的人已准备好时，请让先。

（8）投球的预备姿势请勿过久或呆立在投球区内。

（9）投球动作结束后，请勿久留在球道上。

（10）请勿影响投球者的注意力。

（11）切勿投出高球。

（12）勿在投球区以外挥动保龄球，特别是在别人休息的座椅前。

（13）成绩不佳时，请勿轻率迁怒球道。

（14）不要随便批评别人的缺点。

（15）勿将饮料洒落于球道上。

（二）观看篮球比赛礼仪

（1）观赛时，可以带上内容健康、尺寸恰当、表达心意的标语牌，适时亮出。

（2）在入场仪式上，逐一介绍双方比赛队员时，观众要为每一位球员鼓掌。

（3）比赛中，良好的互动可以激发运动员的斗志，因此，在观赛过程中，可以采取多种形式为运动员加油呐喊、助威喝彩，但不得发出与裁判员相同或相似的笛声和哨声。

（4）既应为己方加油，也应为对方精彩表演喝彩。

（5）注意控制情绪，文明友善，不说冒犯对方球队的话，更不能谩骂队员、教练和裁判，不往场内扔杂物。

（6）不要在对方球员罚球时用荧光棒等干扰。

（三）观看足球比赛礼仪

（1）足球比赛是对抗性、冲撞性很强的球类运动。观看足球比赛，情绪起伏会很大，因此，应特别注意控制自己的情绪。

（2）球队入场，要为双方球员鼓掌，为营造赛场氛围，球迷可以穿着与自己喜爱球队相同颜色的球衣，可以采取敲锣打鼓、有节奏鼓掌、摇摆旗帜等方式喝彩助威。

（3）观赛时，尽量不站起来，如前排有人站起来，影响到自己的视线，可以平和的语气提示对方。

（4）不喝倒彩，不辱骂、不用语言攻击场上队员、教练员、裁判员。

（5）不携带赛场明令禁止的各种物品入场，不往场地内投掷杂物，以免造成场内秩序混乱。

（6）比赛结束后带走垃圾，妥善处理。

（四）观看排球比赛礼仪

（1）进入排球比赛场地，观众举止应文雅得体。

（2）开赛前，举行运动员入场仪式，向观众行礼时，观众应以热情的掌声回应。

（3）比赛时，配合队员们始终营造高涨的赛场氛围，适时适度地呐喊助威。当队员每一次精彩的倒地救球、拦网或进攻得分时，观众的叫好声是对运动员的最大鼓励。当自己支持的球队由于失误而失分时，观众的掌声是对运动员的最大安慰。

（4）注意维持正常的赛场秩序，不向场内扔东西。

（5）比赛用球飞到观众席时，应捡起交到赛场工作人员处，而不应直接扔回场内，更不可把比赛用球当作纪念品留下。

（6）尊重裁判，特别在裁判员做出"持球"、"连击"等犯规判罚时，观众由于距离赛场较远，不宜轻易认为裁判误判，不能发出嘘声，更不能辱骂裁判员。

（五）观看乒乓球比赛礼仪

1. 需要一个良好的赛场环境

乒乓球运动是一项技术很精细的运动。比赛过程中，运动员处于一种高度集中的状态，必须仔细观察对手，迅速判断来球的旋转、速度、力量、落点及节奏，以决定自己回球的战术手段。因此，每个死球和每局结束可以鼓掌喝彩，但在发球开始到成为死球之前，不应鼓掌、踩地板、大声讲话、呐喊助威、随意走动、展示旗帜和标语等。

2. 不应使用闪光灯拍照

闪光灯会影响运动员的视力，使运动员无法判断来球的路线，从而影响回球的质量和命中率。

3. 不将锣鼓和喇叭带进体育馆内

过大的声音、过激的语言都会影响运动员的心情和注意力。

4. 不在场馆内吸烟，手机也要关闭或调整为振动、静音状态

（六）观看羽毛球比赛礼仪

（1）比赛中，观众要相对安静，不能随意发出响声，应将手机关闭或调至静音状态。

（2）羽毛球赛场的背景一般相对较暗，不能使用闪光灯拍照。

（3）运动员发球时，观众不能呐喊助威。

（4）为运动员加油鼓劲时，可以呼喊运动员或运动队的名称；

（5）对精彩的表演可报以长时间的热烈掌声和喝彩。

（6）不应喝倒彩，更不能用带有敌意的语言攻击对方。

（7）观赛可穿便装，但不宜穿怪异服装。

（七）观看网球比赛礼仪

（1）观看比赛，应提前入场。

（2）如果比赛已经开始，可在第3、5、7单局比赛结束换边时，由引导员帮助尽快入座。

（3）发球时运动员通常会用球拍原地拍球，这是运动员给自己加油打气并思考战术的过程，此时观众应该保持安静。

（4）比赛过程中，不能使用闪光灯拍照。

（5）观众去洗手间或者买饮料，最好在选手进行90秒休息的时候走动，在一个球成为死球的时候再回到座位上。

（6）比赛中，当捡到球员打飞的球后，应在比赛暂停时将球扔入场内，千万不可在比赛进行时将球扔进场内。

（八）观看棒球、垒球比赛礼仪

（1）观看棒球、垒球比赛时观众可能相当狂热，所以应注意控制自己的情绪。

（2）可为自己喜爱的球队加油，但要控制节奏，不能狂呼乱喊。

（3）投球和击球时刻是最紧张的，运动员需要集中全部精力，此时不要发出声响，击球后和场上出现精彩的本垒打时，方可尽情喝彩。

（九）观看手球比赛礼仪

（1）观赛时，不要向场地内乱扔杂物。

（2）要在每节比赛结束后如厕或者买饮料。

（3）欢呼喝彩要和场上比赛的节奏相吻合。

（4）罚球之前，观众最好保持安静，不要扰乱运动员的情绪，罚球结束之后再鼓掌喝彩。

（十）观看曲棍球比赛礼仪

（1）观众可随着攻防节奏的变化鼓掌或加油呐喊。

（2）在判罚短角球和点球时，全场应保持安静，因为这两种罚球都要听到裁判员的哨音才能触球。短角球是否成功取决于技术战术的配合，噪音可能会影响队员间的交流和发挥。点球则是守门员和罚球队员间的斗智斗勇，保持安静可以使运动员集中注意力，更好地发挥技术战术水平。

第四节　图书馆礼仪

邹：喂，你说什么，大声点，没听见。（坐在阅览室，拿着手机打着电话）

云儿：咳咳咳。（坐在邹旁边的同学。眼神轻轻地瞥了一眼邹，无奈地摇摇头，瘪瘪嘴，然后继续埋头开始自己的作业。）

邹：（丝毫没有觉察出自己的声音在阅览室显得有点突兀，仍然大嗓门儿地接电话）你是说真的吗，东方神起要到你们学校开演唱会？哈哈，不是吧？OH MY LADYGAGA! OPPA，你一定要等我哦！我肯定要去看演唱会，千载难逢的机会啊，即使飞檐走壁，逃课装病，我都不会错过！（邹激动地从座位上跳了起来，夸张地笑出了声。）

云儿：咳咳咳咳咳咳。（看不惯地盯了邹几眼。）

旁白（邹感受到云儿投来鄙夷的视线，没有一点抱歉的感觉，很拽地回瞪过去，然后心满意足地挂掉电话，拎着包走了。）

云儿：同学啊，还知道在图书馆要讲究最基本的文明礼貌么？素质啊，咱学校正宣扬的素质教育，不知道宣扬到哪里去了。唉～（又作苦恼状，无可奈何地摇摇头）

旁白：原本以为刚才的那一幕，只是图书馆中的一段小插曲，片刻闹腾之后，又可以恢复往日的平静，可是，情况总是喜欢向着我们不期待的那个方向发生。这不，麻烦又来了。

小红：诶诶诶，你跑那么快干嘛，慢点儿，前面有人——

云儿：哎呦～（把刚才借的书放回书架后，转身正准备回座位，就被一个人撞到了旁边的书架上，而那人手中的饮料无情地洒在了云儿的身上）

颜：对不起，对不起，同学，我不是故意的。（一副抱歉的样子，双手合拢，赶忙弓着身子道歉。从后面赶过来的小红，也赶紧拿出纸巾给云儿擦身上的饮料）

云儿：（郁闷地站直身子，上下打量了一下这位同学，本来一肚子的火，又被狠狠地压了下去）算了，没什么，我先去卫生间清洗一下。（接过小红递过来的纸巾，退场）

（小红和颜嬉笑着随便找个座位坐下，小红拿出耳塞戴上，听起了音乐。颜妍嚼着口香糖，认真地翻着书）

小红：我就说吧。（小声地说话）

颜：什么？（疑惑地眼神盯着小红）

小红：你是一个冒失鬼呗！哈哈……（颜妍开玩笑地打了一下小红，小红十分激动地叫了一声，然后好像发现自己的失态，捂着嘴，低头，不说话了，只是还在和颜小打小闹）

旁白：现在的图书馆再也不能回到最初的平静了，在阅读的过程中，有的同学隔着好几米远在叫别的同学，有的同学在嚼口香糖，有的在背英语，甚至有的同学还在走廊狭小的空间里追逐。图书馆的管理员实在看不下去了，就轻轻地走到小红和颜坐的位置前。

漆：咳咳咳。（两人都不约而同地望向声音的源头）

漆：同学，请你们注意一下。（压低声音，并用手指向旁边贴着的标语——请保持安静。）（小红和颜不好意思地低下头，挠了挠头发，不再说话了）

旁白：图书馆又回归了平静，只是不知道这一次的平静又可以坚持到什么时候呢。

图书馆是人类智慧的宝库，也是学习和交流知识、获取信息的场所。因此，要求读者在获取知识的同时，也应遵守图书馆的规章制度：

（1）读者上图书馆学习应衣着整洁，进图书馆前应自觉关闭手机，不能穿背心、拖鞋进图书馆，要自觉遵守图书馆的规章制度，爱护图书馆的设施，保持环境安静和清洁卫生，严禁吸烟。

（2）读者在图书馆学习要讲文明，讲礼貌，不要抢占座位，为自己或为他人划地盘。

（3）在阅览室不说话或通电话，不按手机键短信发个不停，不与旁人窃窃私语。

（4）不吃东西，不嚼口香糖。

（5）图书馆是公共学习场所，有空位人皆可坐，但欲坐在别人旁边的空位时，应有礼貌地询问其旁边是否有人。

（6）在阅览室内，不要同时将几本书放在面前，而只能拿一本书，将更多的书留给他人看。

（7）在图书馆借还图书、进行微机检索、课题查询、复印，或在语音室听录音，在影像室看录像等，要按顺序排队。

（8）在图书馆，特别是在阅览室，走路要轻，最好不要穿钉铁跟的皮鞋。入座和起座要轻，翻书也要轻。

（9）与学友交谈时，应轻声细语，若需长时间讨论，应到室外交谈。

（10）在图书馆学习和阅览图书、报刊时，应自觉爱护图书馆的公共设施和图书、报刊。

（11）阅览时不在图书、报刊上涂画或在图书、报刊上开"天窗"。

（12）看完的书籍按照要求放在图书馆规定的位置。

（13）查阅资料时，若遇到自己解决不了的问题，可以有礼貌地向图书馆咨询人员请教。

（14）离开图书馆时把自己的位子清理干净，将座椅向书桌靠拢。

第五节　出行礼仪

个人形象礼仪不仅仅在工作和与人交往过程中得到体现，同时在出行时也必须时时刻刻遵循礼仪规范，因此，我们有必要探讨出行礼仪。

一、乘坐交通工具时的礼仪

（一）乘坐飞机的礼仪

（1）在西方，一般没有到机场接人、送人的习惯。因为时间很宝贵，人们认为接机是一件很麻烦的事。你进机场或出机舱后，完全可以坐出租车去你要去的地方，没有必要让别人接送。

（2）旅行时轻装便行非常重要，手提物品也不能太多、太大。我们常常看到有人旅行时，手中拿几个纸袋子，看上去既不方便，更不得体。

（3）最好用一个比需要量大一些的行李包，因为旅行有时会增加东西。而且，最好能够随身带一个很薄的，可以折起来的行李袋，把它放在行李包底部，待需要的时候，可以马上拿出来用。

（4）上飞机后，最基本的一点是当你坐下来时，就要把安全带系好，等待起飞。并且整个飞行的过程中，都不要把安全带解下来。因为飞机可能遇到意想不到的气流，有时出现相当厉害的颠簸，这是对你的安全不利的。在飞机上，要遵守一切规章制度。

（5）当你在飞行途中坐累了，可以躺下休息。但在把座位放倒之前，要先向后座的乘客打声招呼；另外，去厕所之类的事情，要尽可能在飞机起、降之前完成。

（6）在飞机上不应与人大声聊天，那样是不尊重别人的表现。

（7）在飞机上用完餐，要将座椅复原，吃东西时要小心一点儿，最好不要喝酒，因为高空中空气比较干燥、氧气较少，胃里的酒精需要更多的氧气来消耗。不喝酒可以避免给你的身体增加过多负担。此外，在乘坐长途飞机时应多喝水，补充水分。这样，当你下飞机的时候，会感觉好一点。

（8）常常有人在飞机还没有完全停稳之前，就站起来拿行李，这是非常危险的。如果你站着，飞机发生颠簸或突然停下，你有可能摔倒而碰伤自己或别人。

下飞机时，不要拥挤着冲出机舱，应排队，按顺序走出去。

（二）乘坐火车的礼仪

（1）行李最好是轻便的、可以拉动的，因为很多火车没有托运。

（2）在座位上脱鞋，伸出脚搁在对面座位上，非但不雅观，还是对对面的旅客极大的不尊重，尤其是一些乘客的脚上有异味。

（3）较大的行李要放在行李架上，不要把别人的座位占了。

（4）如果需要吸烟，应到列车上的吸烟区或两节车厢之间的过道里去。

（5）特别要注意的是，不可大声聊天，每个人都应该自觉保持车厢安静。

（6）把废弃物放入垃圾箱内，有些不自觉的人，把这些东西随便丢在座位下面，这样很不好，也不卫生。自觉保持车厢的整洁也是我们每个人应该努力做到的。

（7）阅读后的杂志或报纸要整理好，随便一扔就下车也是不文明的行为。

（8）有些人在上厕所时有看报、看杂志的习惯。但在用厕紧张的火车上，千万不要这样做。因为这种行为让人觉得你非常自私，根本没有为别人考虑。

（三）乘坐公交车的礼仪

（1）在美国，很多人上车时，会开心地对司机说声"你好"，下车时对司机说声"谢谢"，这是礼貌。因为司机毕竟在一段短时间内为你工作。

（2）当你上车时，看见后面有人在奋力追赶，你应该提醒司机注意，并让司机尽可能等一等。

（3）无论在公共汽车上、火车上还是地铁上，都请记住——沉默是金。安静也是一种车厢文明。站在车厢里要扶好站稳，以免刹车时碰着、踩着别人，万一碰了别人要主动道歉。

（4）下雨天乘车，在上车前应把雨伞折拢，雨衣脱下叠好，不要把别人的衣服弄湿。乘车时不要穿有油污的衣服，不带很脏的东西，以免弄脏别人的衣服。必须带上车的，要招呼别人注意，并放到适当的地方。

（5）人多时，车上遇到熟人只要点头致意，打个招呼即可，不要挤过去交谈，更不要远距离大声交谈，那样显得很不文明。

（6）到站前，提前向车门移动时，要对别人说"请原谅"、"请让一下"或"对不起"、"麻烦您"。

（7）下车时要按次序下，注意扶老携幼。

（8）万一遇到车子熄火，要帮助推车的时候，如果你有能力，要主动下车去推，即使你由于某种原因不能推车，也应该下车。如果看见有人在别人推车的时候，还坐在车里，这是特别没有礼貌的行为。

（四）乘坐地铁的礼仪

一般来说，从进入地铁车站到买票、到进站，都有十分规范的指示和次序，一般不容易发生冲突和不礼貌的现象。所以，每一个坐地铁的人只要遵守秩序就可以了，并不需要你有很高的礼仪标准。但是，即使是这样，我们还是要注意，上车时不要争先恐后，在车厢里，应主动让座给老人和妇女。一定要注意车门边的安全，并保持车厢的清洁、安静。

（五）搭乘"的士"的礼仪

（1）在西方，人们对坐在什么位置上并不十分在意。但是，如果你真的在意你的位置与身份的统一，就有必要知道，以后排右座为首，左座次之，中座再次之，司机旁边的座位为末座。如果由主人充当司机驾车出去，那司机旁的位置则为首座。

（2）女士登车不要一只脚先踏入车内，也不要爬进车里。须先站在座位边上，让臀部坐到位子上，再将双腿一起收进车里，双膝一定要保持合并的姿势。

（3）下车时，记着拿好物件，包括废纸等，不要把别人的车子当作垃圾车。

（六）乘坐电梯的礼仪

（1）乘电梯一般的规矩是左边上下，右边站立。我们站着时要靠右边。空出左边方便有急事的人出入，绝不可双双对对地挡着"路"。手扶电梯扶手，以免失足。女士穿短裙时，可借用手袋或公文包按着裙脚。即使赶时间，也要注意礼貌和安全。

（2）乘升降式电梯时，当看到有人赶来时，应用手挡住电梯门防止它关上。电梯内，不宜大声谈话。尤其要遵守全世界的"电梯公约"——不准吸烟。这些都是电梯里的无形告示。

（七）排队的礼仪

排队是人们出行时常常会遇到的问题，一个人素质的高低往往从这个小小的事件中便可看出，所以，生活中我们要讲究排队的礼仪。

二、在超市等购物场所的礼仪

（一）不能成为环境污染的制造者

环境污染有两方面，一方面是空气污染，在中国有很多城市，污染程度很高。可喜的是，现在有好多城市，比如上海、北京、大连、沈阳，在马路上，绿化方面已改进了很多，但空气质量方面还不够好。而其他中小城市就相对来说差一些。另一方面，就是噪音污染。这个问题的重要性同空气污染一样严重。所以，公共场所不应大声喧哗，不能大嗓门交谈。空间是大家共有的，绝不能因为某一部分人，而妨碍了另一部分人，使得这个空间场所始终处在一种噪声污染之中。

（二）带好你的孩子

当你推着手推车经过一条狭窄走廊的时候，不要让你的孩子随手从商品架上拿不要的东西，不允许他们把东西扔得到处都是。更不要在你没付钱以前，让孩子打开商品包装。同时也要注意孩子的安全。

（三）捡起掉在地上的东西

当看见商品掉在通道上，无论是什么原因，你都要把它捡起来放回原处，这是为了给其他的购物者提供方便。

（四）手推车

当你选购货架上的货物时，注意你所推的手推车停放的位置，以便其他的人可以推车从容通过。结完账后，应将手推车放回原处。

（五）排队结账

当你排队结账的时候，你有满满一车东西，而你后面的人只有两三件，可让他排到你的前面，这就是"人人为我，我为人人"的良好公德。

（六）文明使用 WC

在外国，有些厕所干净的得客厅，镜子亮、地板干净，非常清洁。在中国，也许不能全都做到这样，但应保持一种起码的清洁卫生状况。

1. 清洁用过的厕所

每当你用完厕所，一定要先冲水，然后用纸巾把马桶垫圈擦干净。洗完手后，也一定要用纸巾把手和弄湿的洗手池台面擦干净才离开。这是一个非常浅显的道理：因为你进洗手间时一定不希望看见脏，所以也不要把脏留给别人。如果每个人多用一分钟清洁自己用完的厕所，那厕所就不臭了。

当你用完厕所，就要即时放水冲洗。有的地方，即使贴了告示，有人还是一走了之。这种坏习惯很难改过来，即使在办公场所的厕所，也还是有这样的情况。所以，我们一定要相互提醒才是。

2．毛巾、纸巾和烘手器

在一些发达国家，大部分厕所都有烘手器、毛巾或纸巾擦手。这是专为人们洗手后准备的。中国很多公共厕所都没有这些装备，有的地方尽管有，不少人却又对此视而不见。有些人习惯洗手以后一边走路一边挥动双手，请注意千万不要这样做，这样会把地板弄湿，在湿漉漉的地板上踩进踩出，地板很容易就会变脏，甚至引起摔跤。

3．要关门

用洗手间时要关门，用完洗手间后则不用关门。但是，我们常常看到相反的情况，这是不对的。当你用完洗手间，出来时不用把门关上。洗手间应该是漂亮、干净，而且没有气味的地方（在某些国家，有的厕所里还有花，甚至点燃有熏香）。

三、"有车一族"更要讲礼

（一）在交叉路口

当你的车行至交叉路口时，千万不要随便变换车道，因为这样会使你身后的车无所适从，也容易引起车祸。当汽车行至路口、人行横道或需转弯时，司机一定要减速，小心驾驶，需要等待时耐心等待，直到行人过完。

绿灯亮时，应立刻起步，以免身后那些司机等的时候太长。

（二）夜间行驶时

在夜间，当对面有车驶来，请把你的车头灯从远光灯切换到近光灯。如果你的车头灯依然用远光灯，会使对面的司机几乎看不见。这是非常不礼貌的，也是非常危险的。据说公路上很大一部分车祸就是因为迎面而来的远光灯引起的。

（三）高速公路上

如果你是个低速驾驶者，就应该在靠右边的车道行驶。否则，你也许会引起交通事故。因为那些想超速行驶的司机必须来回变道。

（四）不乱鸣喇叭

为了控制噪音污染，在很多大城市，鸣汽车喇叭是被禁止的。

尽量不要过多地按你的喇叭，因为这是没有礼貌的行为。如果你必须要按喇叭，不要一个劲地猛按，要稍微轻一点。还有，当前方的车忽然停下来，有些司机就会不停地按喇叭。建议你先别着急，很有可能人家是抛锚，正在束手无策，这时你应该停下车上前询问，主动关心才对。

（五）不乱扔垃圾

作为一个司机，既要保持车内外整洁，又要自觉维护道路清洁。不能边行车边向车外乱扔烟头、空罐等，更不能打开车窗向外吐痰、抛撒瓜皮果壳。不要在车里吸烟，这会使烟味一直留在车内,使人很难受。

(六)停车

停车要靠边,这在各国的交通规则上都有。但还是经常看到有些车在停车时没有靠边,主要是出租车和公交车。这样停车会给后面的汽车、自行车都带来很大的不方便甚至出车祸。

基本训练

● 知识题

1. 判断题

(1)应聘时女性必须穿套装。(　　　)

(2)求职应聘材料可以适当地虚构和夸大。(　　　)

(3)办公时间不要离开办公桌、看书报、吃零食、打瞌睡。(　　　)

(4)酒吧舞池不同于一般的舞会,它不是以社交为目的,一般不请不相识的人共舞。(　　　)

(5)全世界有一个共同守则——电梯里不准吸烟。(　　　)

2. 选择题

(1)自荐书的内容(　　　)

A. 个人简历　　　　　　　　　　　B. 求职意向

C. 证明材料的复印件　　　　　　　D. 职业资格证书

(2)读者在图书阅览室时,应做到"三轻",即(　　　)

A. 走路轻　　　　B. 说话轻　　　　C. 入座起座轻　　　　D. 行为轻

(2)公共场所应该做到(　　　)

A. 尊重　　　　B. 让步　　　　C. 倾听　　　　D. 克制

(3)柜面服务礼仪强调行为举止要体现出"四心",即(　　　)

A. 诚心　　　　B. 热心　　　　C. 细心　　　　D. 耐心

(4)公共场所文明礼貌用语有(　　　)

A. 您好　　　　B. 请　　　　C. 谢谢　　　　D. 对不起

● 素质题

作为一个大学生,你认为在图书馆应该注意哪些礼仪?

● 技能题

模拟一场面试,掌握整个面试过程中涉及的礼仪。

第十章　涉外商务礼仪

[知识目标]

了解涉外礼仪的基本概念、作用以及涉外礼仪的基础知识与理论依据，根据各国的实际，正确地选择不同的涉外礼仪。

[素质目标]

具有比较全面的涉外礼仪知识，在对外交往中能够正确把握涉外礼仪规范以及各国习俗禁忌。

[能力目标]

具有区分不同的涉外礼仪和运用所学的涉外礼仪的原理、方法开展对外交往，基本掌握选择不同的涉外礼仪的方法和技巧，维护自身形象和国家尊严的能力。

在信息时代，各个国家、地区和民族的交往越来越频繁，随着政治、经济和商界的接轨，中国与世界各国的交流日益频繁；同时私人间的交往也普遍起来，在不同性质、不同形式、不同层次的国际交往中，涉外礼仪无疑是增加交往双方相互理解和友谊的重要因素。但是，由于历史、文化、宗教、习俗等方面的差异，不同国家和地区在对外交往中的礼仪有很大不同，这就使涉外礼仪更具特殊性和复杂性。所以，了解和掌握交往中的涉外礼仪，懂得相关习俗和禁忌，对于发展国家友谊、理解和合作具有很重要。

第一节　涉外商务礼仪的原则

涉外礼仪的基本原则，是根据礼仪原则与涉外交往活动实践，从整体性、普遍性加以高度概括形成的，对涉外交际具有普遍的指导意义。从事涉外工作的人员，必须在实际工作中认真贯彻以下十二条原则。

一、维护形象

在国际交往之中，人们普遍对交往对象的个人形象倍加关注，并且都十分重视遵照规范的、得体的方式塑造、维护自己的个人形象。个人形象在国际交往中之所以深受人们的重视，主要是基于这样五个方面的原因：第一，每一个人的个人形象，在国际交往中还往往代表着其所属国家、所属民族的形象。第二，每一个人的个人形象，都真实地体现着他的教养和品位。第三，每一个人的个人形象，都客观地反映了他个人的精神风貌与生活态度。第四，每一个人的个人形象，都如实地展现了他对交往对象所重视的程度。第五，每一个人的个人形象，都是其所在单位的整体形象的有机组成部分。因此，在国际礼仪活动和社会、社交场合，应讲究必要的礼节，规范自己的行为。举止轻浮、不修边幅、懒懒散散都是不可取的。

二、不卑不亢

不卑不亢，是涉外礼仪的一项基本原则。其主要要求是：每一个人在参与国际交往时，都必须意识到自己在外国人的眼里，是代表着自己的国家，代表着自己的民族，代表着自己的所在单位的。因此，其言行应当从容得体，堂堂正正。在外国人面前既不应该表现得畏惧自卑，低三下四，也不应该表现得狂妄自大，放肆嚣张。应表现得既谨慎又不拘谨，既主动又不盲动，既注意慎独自律又不是手足无措，无所事事。

三、求同存异

应当如何对待中外礼仪与习俗的差异性？

首先，对于中外礼仪与习俗的差异性，是应当予以承认的。

其次，在涉外交往中，对于类似的差异性，尤其是我国与交往对象所在国之间的礼仪与习俗的差异性，重要的是要了解，而不是要评判是非，鉴定优劣。

在国际交往中，究竟遵守哪一种礼仪为好呢？一般而论，目前大体有三种主要的可行方法。

其一，是"以我为主"。所谓"以我为主"，即在涉外交往中，依旧基本上采用本国礼仪。

其二，是"兼及他方"。所谓"兼及他方"，即在涉外交往中，基本上采用本国礼仪的同时，适当地采用一些交往对象所在国现行的礼仪。

其三，则是"求同存异"。所谓"求同存异"是指在涉外交往中为了减少麻烦，避免误会，最为可行的做法，是既对交往对象所在国的礼仪与习俗有所了解并予以尊重，更要对国际上所通行的礼仪惯例认真地加以遵守。

四、入乡随俗

"入乡随俗"，是涉外礼仪的基本原则之一，其含义主要是：在涉外交往中，要真正做到尊重交往对象，首先就必须尊重对方所独有的风俗习惯。

原因之一，是因为世界上的各个国家、各个地区、各个民族，在其历史发展的具体进程中，形成各自的宗教、语言、文化、风俗和习惯，并且存在着不同程度的差异。这种"十里不同风，百里不同俗"的局面，是不以人的主观意志为转移的，也是世间任何人都难以强求统一的。

原因之二，是因为在涉外交往中注意尊重外国友人所特有的习俗，容易增进中外双方之间的理解和沟通，有助于更好地、恰如其分地向外国友人表达我方的亲善友好之意。

五、信守约定

作为涉外礼仪的基本原则之一，所谓"信守约定"的原则，是指在一切正式的国际交往之中，都必须认真而严格地遵守自己的所有承诺。说话务必要算数，许诺一定要兑现，约会必须要如约而至。在一切有关时间方面的正式约定之中，尤其需要恪守不怠。在涉外交往中，要真正做到"信守约定"，对一般人而言，必须在下列三个方面身体力行，严格地要求自己。第一，在人际交往中，许诺必须谨慎。第二，对于自己已经作出的约定，务必要认真地加以遵守。第三，万一由于难以抗拒的因素，致使自己单方面失约，或是有约难行，需要尽早向有关各方进行通报，如实地解释，并且还要郑重其事向对方致以歉意，并且主动地负担按照规定和惯例因此而给对方所造成的某些物质方面的损失。

六、热情有度

"热情有度"，其含义是要求人们在参与国际交往，直接同外国人打交道时，不仅待人要热情而友好，更为重要的是，要把握好待人热情友好的具体分寸，即一切都必须以不妨碍对方，不给对方增添麻烦，不令对方感到不安、不快为限。否则就会事与愿违，过犹不及。

中国人在涉外交往中要遵守好"热情有度"这一基本原则，关键是要掌握好下列四个方面的具体的"度"。

第一，要做到"关心有度"。

第二，要做到"批评有度"。

第三，要做到"距离有度"。在涉外交往中，人与人之间的正常距离大致可以划分为以下四种，它们各自适用不同的情况。

其一，是私人距离。其距离为 0.5 米之内，它仅适用于家人、恋人与至交。因此有人称其为"亲密距离"。

其二，是社交距离。其距离为大于 0.5 米，小于 1.5 米。它适合于一般性的交际应酬，故亦称"常规距离"。

其三，是礼仪距离。其距离为大于 1.5 米，小于 3 米。它适用于会议、演讲、庆典、仪式以及接见，意在向交往对象表示敬意，所以又称"敬人距离"。

其四，是公共距离。其距离在 3 米开外，适用于在公共场合同陌生人相处。它也被叫作"有距离的距离"。

第四，要做到"举止有度"。要在涉外交往中真正做到"举止有度"，要注意以下两个方面：一是不要随便采用某些意在显示热情的动作；二是不要采用不文明、不礼貌的动作。

七、不必过谦

在一般情况下，中国人讲究含蓄和委婉。在对自己的所作所为进行评价时，中国人大都主张自谦、自贬，不提倡多作自我肯定，尤其是反对张扬。但是国际交往实践证明，中国人的这种美德并不为外国人所理解，而且也不为其所认可。在许多情况下，非但不会得到好评，而且还极有可能自讨麻烦。"不必过谦"，即在国际交往尤其是涉及自我评价时，虽不应自吹自擂、自我标榜，但是也绝对没有必要妄自菲薄、自我贬低，对外国友人过度地谦虚、客套。在实事求是的前提下，要敢于并且善于对自己进行正面的评价或肯定。这不仅可避免不必要的误解，树立起互相坦诚的印象，更是贯彻国际交往行为惯例的实际行动。

八、不宜先为

所谓"不宜先为"原则，也被有些人称作"不为先"的原则。它的基本要求是，在涉外交往中，面对自己一时难以应付、举棋不定，或者不知道到底怎样做才好的情况时，如果有可能，最明智的做法，是尽量不要急于采取行动，尤其是不宜急于抢先，冒昧行事。也就是讲，若有可能的话，面对这种情况时，不妨先是按兵不动，然后再静观一下周围之人的所作所为，并与之采取一致的行动。

"不宜先为"原则具有双重的含义。一方面，它要求人们在难以确定如何行动才好时，应当尽可能地避免采取任何行动，免得出丑露怯。另一方面，它又要求人们在不知道到底怎么做才好，而又必须采取行动时，最好先是观察一下其他人的正确做法，然后加以模仿，或是同当时的绝大多数在场者在行动上保持一致。

自检：请你判断以下人员在涉外交往中的行为是否正确。

1. 一中国人向一外国人送小礼物。外国人道谢。中国人："没有什么！这是我家用不完的！"

2. 一中国人路逢一外国女士，互致问候。中国人："去哪里？"

3. 一外商与甲男士通电话："我们今天下午 14 点整在咖啡厅见。"咖啡厅内，一外商看表，大钟指向 14 点半，甲男士赶至。

4. 一外商与乙女士通电话："我们今天下午 14 点整在咖啡厅见。"大钟指向 14 点整，乙女士入内。

5. 一外商与几位中方公司员工见面，一男员工擤完鼻涕与外商握手。

6. 外商称道一女员工："小姐，你真漂亮！"女员工："哪里。"

九、尊重隐私

当前，国际礼仪强调以人为本，反对损害个人尊严，要求尊重个人隐私，维护人格尊严，并将尊重个人隐私与否视作一个人在待人接物方面有没有教养、能不能尊重和体谅交往对象的重要标志之一。因此，自觉地、有意识地回避对方个人隐私至关重要。

一般而论，在国际交往中，下列八个方面的私人问题，均被海外人士视为个人隐私问题。

第一，收入支出；

第二，年龄大小；

第三，恋爱婚姻；

第四，身体健康；

第五，家庭住址；

第六，个人经历；

第七，宗教信仰；

第八，所忙何事。

自检：请你指出在以下交谈中，男士犯了什么错误？

一男一女交谈。

男士问："您多大呢？"

女士不快："二十八岁。"

男士问："有对象吗？"

女士答："有。"

男士又问："结婚了吗？"

女士答："早结了。"

男士再问："有孩子吗？"

女士不答，不快！

十、女士优先

女士优先是国际社会公认的一条重要的礼仪原则，它主要适用于成年的异性进行社交活动之时。"女士优先"的含义是：在一切社交场合（有些公务场合除外），每一名成年男子都有义务主动自觉地以自己实际行动，去尊重妇女，照顾妇女，体谅妇女，关心妇女，保护妇女，并且还要想方设法、尽心竭力地去为妇女排忧解难。倘若因为男士的不慎，而使妇女陷入尴尬、困难的处境，便意味着男士的失职。

总之，在涉外社交应酬中，"女士优先"这一礼仪原则早已逐渐演化为一系列具体的、可操作的规范。不仅是世人皆知，而且在社会舆论的监督下，已成为衡量男子是否具有文明教养与礼仪风度的重要评价标准。

自检：西方社会"女士优先"是首要礼节，试问你在日常生活、工作中应注意些什么，以体现"女士优先"的礼仪特征？

十一、爱护环境

爱护环境是指在日常生活里，每一个人都有义务对人类所赖以生存的环境，自觉地加以爱惜和保护。

在涉外交往中，之所以要特别地讨论"爱护环境"的问题，除了因为它是作为人们应具备的基本的社会公德之外，还在于，在当今国际舞台上它已经成为舆论倍加关注的焦点问题之一。在国际交往中需要特别注意以下两点：

第一，要有"爱护环境"的意识，还要有实际行动；

第二，与外国人打交道时，在"爱护环境"的具体问题上更要好自为之，严于自律。具体而言，中国人在涉外交往中特别需要在"爱护环境"方面倍加注意的细节问题，又可分为下列八个方面：

其一，不可毁损自然环境。

其二，不可虐待动物。

其三，不可损坏公物。

其四，不可乱堆乱挂私人物品。

其五，不可乱扔乱丢废弃物品。

其六，不可随地吐痰。

其七，不可到处随意吸烟。

其八，不可任意制造噪声。

> **自检：**保护环境是涉外礼仪中应注意的一个重要问题，请结合你自己的日常言行，谈谈存在哪些违背此项礼仪要求的习惯。

十二、以右为尊

正式的国际交往中，依照国际惯例，将多人进行并排排列时，最基本的规则是右高左低，即以右为上，以左为下；以右为尊，以左为卑。

大到政治磋商、商务往来、文化交流，小到私人接触、社交应酬，但凡有必要确定并排排列时的具体位置的主次尊卑，"以右为尊"都是普遍适用的。

第二节　国际商务礼俗与禁忌

随着国际商务交往的日益频繁，与世界各国商人打交道的机会越来越多，各国、各民族和各地区由于不同的文化背景、礼仪传统和行为习惯，形成的礼俗风情存在很大的差异。因此，我们在交往，尤其是涉外交往中必须充分了解和掌握各国的商务礼仪，以此作为入国问俗、入国随俗的依据，从而成功地与交际对象建立良好的关系。

一、亚洲部分国家的礼俗与禁忌

（一）韩国

韩国也称大韩民国，古称高丽，具有璀璨的文化遗产和美丽的风光。韩国的主要宗教是佛教，除此之外，一些韩国人也信奉儒教、天主教或道教。

1. 礼俗

男子见面时习惯微微鞠躬后握手，并彼此问候。当晚辈、下属与长辈、上级握手时，后者伸出手来后，前者须以右手握手，随后再将自己的左手轻置于后者的右手之上。韩国人的这种做法，是为了表示自己对对方的特殊尊重。韩国妇女一般情况下不与男子握手。女士之间习惯鞠躬问候，社交时则握手。

韩国人与外国人交往时，可能会问及一些私人的问题，对此不必介意。韩国人有敬老的习惯，任何场合都应先向长者问候。

在一般情况下，韩国人称呼他人爱用尊称和敬语，但很少会直接叫出对方的名字。要是交往对象拥有能够反映其社会地位的头衔，那么韩国人在称呼时一定会经常用上。

2. 禁忌

韩国人大都珍爱白色，对熊和虎十分崇拜。

在韩国，人们以木槿花为国花，以松树为国树，以喜鹊为国鸟，以老虎为国兽，对此，不要妄加评论。

由于发音与"死"相同的缘故，韩国人对数目"4"十分反感，受西方习俗的影响，不少韩国人也不喜欢"13"。韩国人忌讳将"李"姓解释为"十八子李"。在对其国家或人进行称呼时，不要将其称为"南朝鲜"、"南韩"或"朝鲜人"，而宜称"韩国"或"韩国人"。

韩国人的民族自尊心很强，反对崇洋媚外，提倡使用国货。在韩国穿一身外国名牌的人，往往会被人看不起。

在韩国，忌谈的话题有政治腐败、经济危机、意识形态、南北分裂、韩美关系、韩日关系及日本之长等。

（二）日本

日本古称大和，后来正式定名为日本国，具有"日出之国"的意思。主要宗教有佛教、神道教、基督教，有许多人兼信仰两种以上宗教。日语为国语，部分中老年人懂汉语，大部分商人会英语。首都东京，是世界上人口最多的城市之一。现实行君主立宪政体。

1. 礼俗

日本是以注重礼节而文明的国家，讲究言谈举止的礼貌。日本人见面时，要互相问候致意，鞠躬礼是日本最普遍的施礼致意方式，一般初次见面时的鞠躬礼是30°，告别时是45°，而遇到长辈和重要交际对象时是90°，以示尊敬。在较正式的场合，递物和接物都用双手，在国际交往时，一般行握手礼。日本人在谈话时，常使用自谦语，贬己抬人。与人交谈时总是面带微笑，尤其是妇女。

日本人与他人初次见面时，通常会互换名片，否则即被理解为是不愿与对方交往。日本人见面时除了行问候礼之外，还要问好致意，见面时多用"您早"、"您好"、"请多关照"，分手时则以"再见"、"请休息"、"晚安"、"对不起"等话语。

称呼日本人时，可称之为"先生"、"小姐"、"夫人"。也可在其姓氏之后加上一个"君"字，将其尊称为"某某君"。

2. 禁忌

日本人忌紫色和绿色，认为是悲伤和不祥之色。他们忌讳"4"和"9"，因为它们分别与"死"和"苦"发音相似。他们喜欢奇数，不喜欢偶数，对"3"、"5"、"7"这三个数字特别喜欢。

日本人有三人不合影的习俗，因为他们认为在中间被左右两人夹着是不幸的预兆，很不吉利。

他们对狐狸和獾的图案很反感，认为这两种动物图案是晦气、狡猾、贪婪的象征。菊花和菊花图案是皇族的象征，送人的礼品上不能使用这一图案。日本人不喜欢在礼品包装上系蝴蝶结；用红色的彩带包扎礼品象征身体健康；不要给日本人送有动物形象的礼品。

日本人喜欢仙鹤和乌龟，认为它们是长寿的象征。使用筷子有许多禁忌，如忌将筷子直插饭中，不能用一双筷子依次给每个人夹、拨菜肴。

（三）泰国

泰国正式名称是泰王国，自称孟泰，泰语中"孟"是国家的意思，"泰"是"自由"的意思，"泰国"即"自由之国"。95%的居民信仰佛教，佛教为国教。泰国实行君主立宪制，国王是国家元首和国家的象征。

1. 礼俗

泰国人的常用礼节是"合十"礼。朋友相见，双手合十，稍稍低头，互相问好。在泰国，若有位尊者或长者在座，其他人无论坐或蹲跪，头部都不得超过尊、长者头部，否则是极大的失礼。

2. 禁忌

泰国人特别崇敬佛和国王，因此不能与他们或当着他们的面议论佛和国王。泰国人最忌他人触摸自己的头部，因为他们认为头是智慧所在，是宝贵的。

当着泰国人的面，最好不要踩门槛，他们认为门坎下住着神灵。泰国人忌讳褐色，而喜欢红色、黄色。习惯用颜色来表示不同的日期。在泰国民间，人们忌讳狗的图案。泰国人的家里大都不种茉莉花，因为在泰语里，它与"伤心"发音相似。

泰国人认为用左手拿东西给别人是鄙视对方的行为，所以给人递东西都要用右手，切忌用左手。

（四）沙特阿拉伯

沙特阿拉伯的正式名称是沙特阿拉伯王国，其得名来自于统治该国的沙特家族之名，意即"幸福的沙漠"。由于其石油产出量丰富，被誉为"石油王国"。沙特阿拉伯的国教是伊斯兰教，国家实行政教合一制度，全国居民有98%信仰伊斯兰教。

1. 礼俗

在人际交往中，沙特阿拉伯人大都表现得热情友好，落落大方。在见面时习惯相互问候，或伸出左手放在对方右肩并吻双颊。

由于受伊斯兰教教规的限制，沙特阿拉伯的妇女极少有人在外面抛头露面，并且不允许与异性进行接触。在遇到沙特阿拉伯的妇女时，如果是一位男士的话，注意不要主动上前问候和行礼；与沙特阿拉伯男子打交道时，也不要问候其妻子或恋人，更不要向她们赠送礼物。

作为客人，在沙特阿拉伯人家里，当主人劝你喝咖啡时，是不可不喝的，而且喝咖啡最好一饮而尽，才是礼貌之举，如不想再喝，可将小盅左右一摇，主人便知。

2. 禁忌

沙特阿拉伯人认为，娱乐会令人堕落，所以不要与其谈论休闲、娱乐，或是邀请其参加舞会、去夜总会玩乐。

因为沙特阿拉伯与以色列有矛盾，因此不要在其面前对以色列予以好评。在与沙特阿拉伯人交谈时，不要谈及中东政治、宗教矛盾、女权运动和石油政策等。

沙特阿拉伯人忌用左手递送东西，厌恶别人用眼睛盯着自己。沙特阿拉伯人是不下国际象棋的，因为他们认为那种玩法对国王有失恭敬。沙特阿拉伯人崇拜蓝色和绿色，因为认为它们分别代表生命和希望，是吉祥之色。

在公共场合，沙特阿拉伯人主张"男女授受不亲"。不论坐车、乘电梯，还是上银行，男女往往是需要各自分开的。

二、欧洲部分国家的风俗与禁忌

（一）英国

英国，是欧洲西部的群岛国家，主要宗教是新教和罗马天主教。英国是世界上工业化最早的国家，有"世界工场"之称。英国是依靠对外贸易发展本国经济的国家，是世界上最大的工业原料和食品进口国之一，世界贸易大国之一。现实行君主立宪政体。

1. 礼俗

英国人不喜欢被统称为"英国人"，而喜欢被称为"不列颠人"。他们崇尚"绅士风度"和"淑女风范"，讲究"女士优先"。

在日常生活中，英国人注意仪表，讲究穿着，男士每天都要刮脸，凡外出进行社交活动，都要穿深色的西服，但忌戴条纹的领带；女士则应着西式套裙或连衣裙。他们习惯握手礼，女子一般施屈膝礼，男子如果戴礼帽，遇见朋友时微微揭起以示礼貌。英国人十分重视个人教养，待人彬彬有礼，讲话十分客气，"谢谢"、"请"字不离口。

英国人办事认真，对新鲜事物持谨慎态度，具有独特的、冷静的幽默。他们注重实际，不喜空谈，日常生活绝对按事先安排的日程进行，时间观念极强。

2．禁忌

英国人忌 4 人交叉握手，忌"13"和"星期五"，忌用一次火点 3 支烟。他们不喜欢大象及其图案，讨厌墨绿色，忌黑猫和百合花，忌碰撒食盐和打碎玻璃。他们认为星期三是黄道吉日，喜欢养狗，认为白马象征好运，马蹄铁会带来好运。

在英国人看来，夸夸其谈、自吹自擂，说话时指手画脚都是缺乏教养的表现，所以与英国人刚刚认识就与他们滔滔不绝地交谈会被认为很失态。和英国人交谈要小心选择话题，不要以政治或宗教倾向作为话题，另外不要去打听英国人不愿讲的事情，千万不要说某个英国人缺乏幽默感，这很伤他的自尊心，他会感到受侮辱。因为英国人历来以谈吐幽默、高雅脱俗为荣。

（二）法国

法国的正式名称是法兰西共和国。"法兰西"源于古代法兰克王国的国名。世界贸易大国之一，素有"奶酪之国"、"葡萄之国"、"艺术之邦"、"时装王国"、"名酒之国"、"美食之国"之美称。首都巴黎更是鼎鼎大名的"艺术宫殿"、"浪漫之都"、"时装之都"和"花之都"。法国的主要宗教是天主教，90％的居民信奉天主教。现实行总统制共和政体。

1．礼俗

法国人非常善于交际，即使是萍水相逢，他们也会主动与之交往，而且表现得亲切友善，一见如故。

法国人天性浪漫好动，喜欢交际。在商务交往中，常用的见面礼是握手礼。而在社交场合，亲吻礼和吻手礼则比较流行。

法国大部分人为早睡早起型，工作强度很大，工作态度也极为认真。法国人有极强的民族自尊心和民族自豪感，在他们看来，世间的一切都是法国的最棒。

法国人注重服饰的华丽和式样的更新。妇女视化妆和美容为生活之必需。在社会交往中奉行"女士第一"的原则。

2．禁忌

法国人忌"13"和"星期五"。他们大都喜爱蓝色、白色与红色，不喜欢黄色和灰绿色。法国人视仙鹤为淫妇的化身，孔雀被看作祸鸟，大象象征笨汉。它们都是法国人反感的动物。菊花、康乃馨、牡丹花、杜鹃花与核桃等被视为不祥之物。

向法国人赠送礼品时，宜挑选具有艺术品位和纪念意义的物品，不宜将刀、剑、剪、餐具，或是带有明显的广告标志的物品作为礼品。男士向关系一般的女士赠送香水，也被法国人看作是不合适的。

（三）德国

德国的正式名称是德意志联邦共和国，主要宗教是基督教和天主教。在世界上德国有"经济巨人"、"欧洲的心脏"、"出口大国"、"啤酒之国"、"香肠之国"等美称。现实行内阁制共和政体。

1. 礼俗

德国人勤勉矜持，讲究效率，崇尚理性思维，时间观念强。在商务活动中，德国商人讲究穿着打扮。一般男士穿深色的三件套西装，打领带，并穿深色的鞋袜。女士穿长过膝盖的套裙或连衣裙，并配以高统袜，化淡妆。

德国人在交谈中很讲究礼貌。他们比较看重身份，特别是看重法官、律师、医生、博士、教授一类有社会地位的头衔。对于一般的德国人，应多以"先生"、"小姐"、"夫人"等称呼相称。但德国人没有被称为"阁下"的习惯。

他们爱饮啤酒，但在吃饭、穿衣、待客方面都崇尚节俭。给德国人赠送礼品，务须审慎，应尽量选择有民族特色、带文化味的东西，以此来表示慰问、致贺或感谢之情。

2. 禁忌

德国人对黑色、灰色比较喜欢，对于红色以及渗有红色或红黑相间之色，则不感兴趣。

对于"13"与"星期五"，德国人十分讨厌。他们对于四个人交叉握手，或是在交际场合进行交叉谈话，也比较反感，因为他们认为这是不礼貌的。

与德国人交谈时，不宜涉及纳粹、宗教与党派之争。在公共场合窃窃私语或是大声讲话，德国人认为都是十分无礼的。

三、美洲部分国家的礼俗与禁忌

（一）美国

美国全称为美利坚合众国，美国人主要信奉基督教、天主教。美国是世界第一经济大国，也是世界第一贸易大国。现实行总统制共和政体。

1. 礼俗

美国人崇尚进取和个人奋斗，他们为人诚挚，乐观大方，天性浪漫，性格开朗，善于攀谈，喜欢社交，似乎与任何人都能交上朋友。他们不大讲究穿戴，穿衣以宽大舒适为原则。但正式场合，美国人就比较讲究礼节了。接见时，要讲究服饰，注意整洁，穿着西装较好，特别是鞋要擦亮，手指甲要清洁。

美国人较少握手，即使是初次见面，也不一定非先握手不可，时常是点头微笑致意，礼貌地打招呼就行了。一般也不爱用先生、太太、小姐、女士之类的称呼，而认为对关系较深的人直呼其名是一种亲切友好的表示，从不以行政职务去称呼别人。对于能反映对方成就与地位的学衔、职称，如"博士"、"教授"、"律师"、"法官"、"医生"等却常用于称呼。经常说"请原谅"等礼貌用语。

他们交谈时，经常以手势助兴，与对方保持半米左右距离。不愿被人问其年龄、收入、所购物品的价钱，不喜欢被恭维其"胖"。对妇女不能赠送香水、衣物和化妆品。交往时必须遵循"女士优先"的原则。

2. 禁忌

美国人忌"13"和"星期五"。他们不喜欢黑色，偏爱白色和黄色，喜欢蓝色和红色。崇尚白头鹰，将其敬为国鸟。在动物中，美国人最爱狗。认为狗是人类的忠实朋友。对于那些自称爱吃狗肉的人，美国人是非常厌恶的。在美国人眼里，驴代表坚强，象代表稳重，它们分别是共和党和民主党的标志。

在美国，成年同性共居于一室之中，在公共场合携手而行或是勾肩搭背，在舞厅里相邀共舞，都有同性恋之嫌。

美国人认为个人空间不可侵犯，所以与美国人相处要保持适当的距离，碰了别人要及时道歉，坐在他人身边应征得对方同意，谈话时不要距离对方太近。

美国人大都喜欢用体态语表达情感，但忌讳盯视别人、冲别人伸舌头、用食指指点交往对象等体态语。

（二）加拿大

加拿大，国民多是英、法移民的后裔，多数信奉天主教。加拿大有"枫叶之国"、"移民之国"、"粮仓"、"万湖之国"、"真诚的北疆"等美称。现实行君主立宪制政体，为英联邦成员国之一，并且奉英国国君为本国国家元首。

1. 礼俗

加拿大人性格开朗、讲究礼貌、不保守、重实惠，自由观念较强。人们相遇时，都会主动打招呼、问好，握手是其见面礼，拥抱、接吻等见面礼只用于亲友、熟人、恋人和夫妻之间。他们对于交往对象的头衔、学位、职务，只在官方活动中才使用；在中国社交活动里普遍必备的名片，普通加拿大人不大常用，只在公司高层商务活动中才使用名片。

在日常生活里，加拿大人的着装以欧式为主。在参加社交应酬时，加拿大人循例都要认真进行自我修饰，或是为此专门上一次美容店。在加拿大，参加社交活动时男子必须提前理发修面，妇女们则无一例外地进行适当的化妆，并佩带首饰。不这样做会被视为对交往对象不尊重。

2. 禁忌

枫叶是加拿大的象征，被加拿大人视为国花，枫树为加拿大的国树，对此要十分尊重。在加拿大白色的百合花主要用来悼念死者，因其与死亡有关，所以绝对不可以以之作为礼物送给加拿大人。白雪在加拿大人心目中有着崇高的地位，并被视为吉祥的象征与辟邪之物。在不少地方人们甚至忌讳铲除积雪。加拿大人很喜欢红色与白色，因为那是加拿大国旗的颜色。

他们通常都很忌讳"13"这个数。在宴会上，一般都是双数的席次。

加拿大人不喜欢外来人过分地把他们的国家和美国进行比较。加拿大人喜欢外来人谈有关他们国家和人民的长处。

（三）巴西

巴西，是一个天主教国家，首都巴西利亚是新兴的现代化城市，曾获得"世界建筑博览会"的称号。巴西有"宝石之国"、"可可王国"、"咖啡王国"、"天然橡胶国"之称。现实行总统制共和政体。

1. 礼俗

巴西人性格开朗豪放，待人热情而有礼貌。他们的风俗也颇为有趣。例如，男人喜欢在自己的胸前画一只虎以表示英勇，或者在胸前画一支箭以表示自己是最好的射手。他们还把一种稀有的"金桦果"视为幸福的象征。

巴西人不羞于表露感情，人们在大街上相见也热烈拥抱，无论男女，见面和分别时都握手。妇女们相见时脸贴脸，用嘴发出接吻的声音，但嘴不接触脸。

巴西的印第安人有一种习俗颇为有趣。洗澡和吃饭是他们生活中最重要的内容。若有人到他们家中做客，便邀请客人一起跳进河里去洗澡，有的一天要洗上十几次。据说，这是他们对宾客最尊敬的礼节，而且洗澡次数越多，表示对宾客越客气、越尊重。

2. 禁忌

在巴西，紫色表示悲伤，黄色表示绝望。他们认为人死好比黄叶落下，所以忌讳棕黄色。另外，还认为深咖啡色会招来不幸，所以，非常讨厌这种颜色。

应避开涉及当地民族的玩笑，对当地政治问题最好闭口不谈。

四、非洲及大洋洲部分国家的礼俗与禁忌

（一）埃及

埃及地跨非、亚两洲，国教是伊斯兰教，国语是阿拉伯语。现实行总统制共和政体。

1. 礼俗

埃及人正直、爽朗、宽容、好客。无论是拜访公司或朋友，都要提前订好时间。埃及人对专访的客人甚表重视，即使是不速之客，他们也会给予热情招待。但在同商人洽谈生意时，往往却需要耐心等待一段时间，他们主要是想多了解一些对方的情况。在埃及从事活动，持有阿文和英文名片均可，但有英、阿文对照的名片更方便，当地两三天内即可印好。

埃及伊斯兰教徒有个绝不可少的习惯：一天之内祈祷数次。

2. 禁忌

埃及人爱绿色、红色、橙色，忌蓝色和黄色，认为蓝色是恶魔，黄色是不幸的象征，遇丧事都穿黄衣服。埃及人喜欢金字塔形莲花图案。禁穿有星星图案的衣服，除了衣服，有星星图案的包装纸也不受欢迎。禁忌猪、狗、猫、熊。此外，也忌熊猫，因它的形体近似猪。3、5、7、9是人们喜爱的数字，忌讳13，认为它是消极的。

他们在用餐时，通常不喜欢互相交谈，否则会被认为是对神的一种冒犯行为。晚餐在日落以后和家人一起共享，所以在这段时间内，有约会是失礼的。

　　埃及人习惯用右手就餐，认为左手不洁净，不但不能用左手与他人接触，更不能用左手给别人递送食品或其他物品。埃及人一般都遵守回教教规，忌讳喝酒，但可大量饮茶。

　　男士不要主动和妇女攀谈，不要夸人身材苗条；不要称赞埃及人家里的东西，否则会认为你在向他索要；不要和埃及谈论宗教纠纷、中东政局及男女关系。

　　通常在埃及人面前尽量不要打哈欠或打喷嚏，埃及人讨厌打哈欠，认为哈欠是魔鬼在作祟，而认为打喷嚏不一定是坏事。

　　（二）澳大利亚

　　澳大利亚的正式名称为澳大利亚联邦，在拉丁文里其含义是"南方之地"。"牧羊之国"、"骑在羊背上的国家"、"坐在矿车上的国家"、"淘金圣地"等都是对澳大利亚的美称。澳大利亚的主要宗教是基督教，约98%的居民都是基督教徒。

　　1. 礼俗

　　澳大利亚人情味很浓，乐于同他人进行交往，并且表现得质朴、开朗、热情。人们相见时喜欢热情握手，彼此以名相称。他们喜欢交朋友，爱同陌生人打招呼、聊天，喜欢请别人到自己家里做客。

　　澳大利亚人时间观念很强，会见必须事先联系并准时赴约。他们待人接物都很随便，如果你应邀到澳大利亚人家做客，可以给主人带瓶葡萄酒，最好给女主人带上一束鲜花。

　　澳大利亚男子多穿西服，打领带，在正式场合打黑色领结，达尔文服是流行于达尔文市的一种简便服装。妇女一年中大部分时间都穿裙子，在社交场合则穿上西装上衣。无论男女都喜欢穿牛仔裤，他们认为穿牛仔裤方便、自如。土著居民往往赤身裸体，或在腰间扎一条围巾，有些地方的土著人讲究些，披在身上的装饰品丰富多彩。

　　澳大利亚人有个绝对无法通融的习惯，那就是每周日上午，一定要到教堂听道。澳大利亚人自古至今，一直严守"周日做礼拜"的习惯。

　　2. 禁忌

　　澳大利亚人对兔子特别忌讳，认为兔子是一种不吉利的动物，人们看到它都会感到倒霉。与他们交谈时，多谈旅行、体育运动及到澳大利亚的见闻；议论种族、宗教、工会和个人私生活以及等级地位问题，最令澳大利亚人不满。

　　在数字方面，受基督徒的影响，澳大利亚人对于"13"与"星期五"普遍感到反感。

　　澳大利亚人不喜欢将本国与英国处处联系在一起。

　　澳大利亚人对于公共场合的噪声极其厌恶，在公共场所大声喧哗者，尤其是在门外高声喊人的人，他们是最看不起的。

基本训练

● **知识题**

1. 判断题

(1)外交礼仪的第一条基本原则是不卑不亢、互相尊重。(   )

(2)与外国客人打交道时，为活跃气氛、加深彼此了解，可以适当聊一些个人家庭、经济等方面的话题。(   )

(3)向外宾赠送礼品时，在不清楚对方爱好时可以送一些我国的特色纪念品，如竹编、熊猫玩具、中国画等。(   )

(4)根据礼仪规格，对高级贵宾应安排送花，但必须是鲜花，不能用绢花或干花。(   )

2. 选择填空题

(1)从总体上讲，外交礼仪具有规范性、(   )和对等性的特征。

A. 民族性　　　　　B. 平等性　　　　　C. 严肃性　　　　　D. 礼宾性

(2)同行时，两人同行以前者、右者为尊，三人行以(   )为尊。

A. 左者　　　　　B. 右者　　　　　C. 中者　　　　　D. 长者

(3)一国最高元首来访，礼炮鸣响应为(   )。

A. 17响　　　　　B. 19响　　　　　C. 21响　　　　　D. 23响

(4)日本人最讨厌的颜色是(   )。

A. 白色　　　　　B. 黑色　　　　　C. 红色　　　　　D. 绿色

● **素质题**

1. 涉外商务礼仪应遵循的基本原则有哪些?

2. 保护环境是涉外礼仪中应注意的一个重要问题，请结合你自己的日常行为，谈谈存在哪些违背此项礼仪要求的习惯。

● **技能题**

1. 公司老总准备到加拿大考察，他要你准备一份有关加拿大民间习俗及禁忌的材料。请你就此写一份关于加拿大礼仪习俗情况的备忘录。

2. 小张医生作为我国援非医疗队的一员，被派往中非某国，在一次巡回医疗中，他来到一个土著部落。该部落酋长以最隆重的仪式欢迎他的到来，请他用鲜牛粪洗手，喝直接从牛身上取下来的鲜血，小张为难了，你说他该怎么办?

3. 你所在企业与一外商谈妥了一项进出口协议，就在当晚你赴庆祝酒会途中，发生了严重堵车，按时到达已不可能，此时你怎么办(假设你是此次谈判的主谈人)?

● **分析题**

1. 中国的国旗凭什么不能插在前面？

这是一个真实的故事：小陆是一位年轻的企业家，刚从部队转业不久，放弃了做公务员的机会，自己办起了企业，为一些外国品牌做代理。一次，德国方邀请其在中国的一些代理商去总部参观，晚上，他们在德方总经理的陪同下来到闻名的慕尼黑啤酒馆。一长溜的长桌，上千人在那里喝啤酒、听音乐，啤酒馆里按顺序插着许多国家的国旗，德国、美国、日本……小陆发现中国的国旗插在较不显眼处，他就一下子冲上去将国旗拔起插到美国国旗旁，旁人都惊呆了。但不一会儿四周响起了热烈的掌声，德方总经理上前紧紧拥抱住小陆，使劲翘着大拇指，嘴里还不停地念叨着什么……

2. 这位美国姑娘是不是没礼貌呀？

一天，参加工作不久的杨安琪小姐被派到外地出差。在卧铺车厢里，她碰到一位来华旅游的美国姑娘。美国姑娘热情地向杨安琪打招呼，使杨小姐觉得不与人家寒暄几句实在显得不够友善，便操着一口流利的英语，大大方方地与对方聊了起来。交谈中，杨小姐有点没话找话地询问对方："你今年多大岁数呢？"美国姑娘答非所问地说："你猜猜看。"杨小姐自觉没趣，又问道："你这个岁数，一定结婚了吧？"更令杨小姐吃惊的是，对方居然转过头去，再也不理她了。一直到分手，两个人再也没说一句话。

（二）实训部分

实训一　职场着装礼仪

一、实训目的和要求

1. 了解着装的基本原则。
2. 掌握白领女性的着装要领。
3. 掌握白领男性的着装要领。

二、实训内容：本单元分三个项目进行实训

（一）职场人员着装禁忌

类　别	禁忌	实训指导设计	教师点评
制服	制便混穿	检查学生是否触犯并指导纠正	
	又脏又破、过脏过乱		
	随意搭配		
西服	在非常正式的场合穿着夹克打领带	指导学生用五种不同的方法打领带：十字结、王子结、温莎结、浪漫结、简式结	
	男士在正式场合穿着西服套装时袜子出现了问题		
裙服	穿黑色皮裙	检查学生是否触犯并指导纠正	
	裙、鞋、袜不搭配		
	光脚		
	三截腿		

（二）不同场合的着装要求

场合	标准	实训指导设计	教师点评
公务场合	宜穿套装、套裙或制服	帮助掌握	
	不宜穿时装、便装		
	不宜穿短袖衬衫		
社交场合	时尚、个性	通过看有关影像资料及服饰杂志指导学生进行职业化着装	
	宜着礼服、时装、民族服装，一般不选择过分庄重保守的服装		
休闲场合	舒适自然	帮助掌握	
	宜穿运动装、牛仔装、沙滩装等		

（三）商务人员职场着装六忌

着装六忌	实训指导设计	教师点评
过于杂乱	检查学生是否触犯并指导纠正，尤其是女生，容易犯这些方面的错误	
过于鲜艳		
过于暴露		
过于短小		
过于紧身		
过于透视		

实训二　职场仪容礼仪

一、实训目的和要求
1. 了解头部修饰要领：面部、发部、手部。
2. 掌握化妆规范。

二、实训内容：本单元分两个项目进行实训

（一）仪容礼仪

	实验内容及标准	实训指导设计	教师点评
脸 部	不蓄胡须、鼻毛不外现、干净整洁、口无异味	自检并纠正	
发 部	男士：前不覆额、侧不掩耳、后不及领、面不留须。女士：最好留短发，长发盘起	1. 观看发型设计的影像资料 2. 请专门的发型师进行现场指导	
手 部	清洁、不蓄长指甲、不上彩甲、腋毛不外现	自检并纠正	

（二）化妆（全体女生）

	实验内容及标准	实训指导设计	教师评分
皮肤	清爽、卫生、光洁、细腻、柔嫩，而非积垢、生疮、暴皮、干裂、松弛、老化、粗糙	1. 自检并纠正 2. 观看化妆影像资料 3. 教彩妆时，教师按要求分项讲解，边示范边讲；学生按教师的要求跟着练习。教师指出学生化妆中存在的问题并加以纠正；对每一项进行评分	
头发	忌发干、发黄、发脆、开叉或脱发，忌过分地将一头乌发染成红色、金色、亚麻色或多种颜色并存，忌发型奇形怪状		
眉毛	忌眉毛稀疏残缺、眉棱不清、眉型妖冶或刁钻，忌修得过长或过短、过粗或过细、过弯或过直、下拖或上吊		
眼部	忌眼线过重，眼影过浓，睫毛膏过量把睫毛粘成一撮，以免不见其美，反显其脏		
鼻部	鼻侧影美观无积垢		
唇部	有唇型，忌唇彩过于妖艳		
腮红	匀称		

附：补充材料——化妆的一般技巧和步骤

第一步：呵护皮肤

清洁皮肤是美化肌肤的第一步，也是化妆的第一步。如果睡觉前没能好好地清洁肌肤，毛孔就没有完全打开，你的晚霜就不能修复你的肌肤。比如说，脸上长粉刺、黑头等，部分原因就是没能彻底地清洁皮肤造成的。要根据自己的皮肤类型选择相对应的晚霜。如果是油性皮肤，就选择无油的晚霜；干性皮肤，就选择营养性的晚霜；如果想均匀你的肤色，让皮肤变白，就选用一些天然润白的产品；如果肌肤已经老化，就要选用可以修护皱纹的系列产品。有条件的话，可以每个星期使用一下面膜等产品，这样可以护理肌肤。在感觉肌肤劳累的时候，或者要出席一些重要活动的时候，用面膜清洁，可以使自己容光焕发。阳光是产生皱纹的第一因素。所以，在夏季或是在强烈阳光照射下，不要忘记敷用防晒产品。

第二步：打粉底

打粉底，是用来调整面部皮肤颜色的一种基础化妆。其具有四点特别要注意：

一是事先要清洗好面部，并且拍上适量的化妆水、乳液。

二是选择粉底霜时要选择好颜色。不同的肤色应该用不同的粉底霜。选用的粉底霜，最好和肤色差不多，不让两者反差过大，看起来失真。

三是打粉底时一定要用海绵扑，并且要做到取用适量、涂抹细致、薄厚均匀。

四是不要忘记脖颈部位。在脖颈那儿打上一点粉底，才不会使自己面部和颈部"泾渭分明"。如果脸上有雀斑，可以用不透明的盖斑膏、掩盖霜掩饰，也可用油性、浓稠的粉底掩盖。抹普通粉底时，应将长有雀斑等污斑的地方突出不抹。然后，在有斑的地方涂以较浓的油性粉底，并以它为中心向周围伸展，使颜色自然地、不留痕迹地由浓转淡。如果斑的颜色和肤色相差不大，可以用和粉底颜色相似的盖斑膏；如果斑是红色或黑色，可以用较浅色调的盖斑膏遮掩；白色的疤痕等就可用较暗的盖斑膏，涂在所要掩饰的部位，轻轻揉匀，使边缘和粉底相融合。脸色较深的，可以使用控制色来调整肌肤的色彩。控制色可用补色或调整色，如绿色、灰色、黄色、粉红色，通常用绿色。需要注意的是，先抹的普通粉底和用来掩饰的浓粉底一定要相融合，不留痕迹。打完粉底后，再用香粉扑面，效果会更好。

第三步：修饰眉毛

眉毛的形状会跟着面部表情的变化而改变，眉毛的颜色和形态，又影响人的脸型相貌。比较理想的眉毛结构是眉头在内眼角上方偏里侧一些；眉峰的位置在眉梢到眉头的1/3处；眉梢的位置在眼尾至鼻翼外侧的斜线上。画眉毛要按自然长势，有的地方轻，有的地方重，有的部位稀，有的部位密。眉的中部、眉的下沿重一些，眉的上部边沿、眉梢则稀些。修饰眉毛的具体步骤如下：

先用小眉刷轻刷双眉，以除去粉剂及皮屑。

接着用温水浸湿的棉球或热毛巾盖住双眉，使眉毛部位的组织松软，使用柔软剂，使其变得松软。

然后拔除多余的散眉毛。散眉拔除后，用收敛性化妆水拍打双眉及其周围的皮肤，以收缩皮肤毛孔。

再用小刷子轻刷双眉，让它保持自然位置，必要时用眉笔修饰。

每个人的眉毛长度形状不一，所以，就要进行特殊调整。

（1）浓眉型：先根据眉毛和眼睛之间的距离，拔去多余的眉毛；如果距离合适或太远，可重点拔上排眉毛；如两眉之间距离太近，可以拔掉眉间的眉毛；如眉峰明显突出，可以在太突出的部位拔去一些眉毛。眉型要修成眉头稍粗直，至眉顶有一定弯度，从而使眉尾比眉头稍细。

（2）稀疏眉型：稀疏的眉毛有两种情况，一是眉毛少而乱。这种眉毛可以用一般梳理或定型梳理方法，将散乱的眉毛聚合在一起；也可以直接拔掉多余部分的散眉，然后，在稀少的眉毛间用眉笔描画，使真假结合的眉毛有色有形。二是眉型小，颜色淡，使脸部不精神。改变这种状况，可用眉墨染眉，或用棕色、深灰色眼影粉仔细地揉搓在眉毛上，以加深色彩。

（3）杂乱型：眉头的眉毛倒竖不齐，修眉时，要留意先将眉头的眉毛修整齐，然后再修眉弯及眉尾，用小梳子梳理好眉毛。将长出的眉毛剪短，将多余眉毛拔去。

（4）眉头细而眉尾粗型：将眉尾修成比眉头细少为佳，用眉笔着重描画眉头，将多余的眉毛拔去。

（5）连锁眉型：指两道眉生成连接起来，只要把两眉中间的眉毛拔掉就行了，然后再将眉型修好。

（6）断眉型：用眉笔在断眉之间画一画即可。也可以用染眉和画眉相结合的办法。而男性的眉毛一般不用描画。如特殊情况需要描画，可适当描几笔。眉峰要显著用力，整个眉都浓密一些，才能显出示阳刚之美。

另外，描眉时也要注意自己的脸型。

（1）长脸型：描眉宜取直线眉，眉梢略向下弯；眉毛不要修得很细，要画得稍粗一些，若画细了，就会造成过于老成的形象；眉毛也不宜画得太弯，因为画圆了，则显得脸更长；长脸型最忌上扬的眉形，因它会更强调脸的长度。

（2）圆脸型：采上扬眉（即所谓钟表显示的 10 点 10 分时的形状），两眉上挑，画成弧形，上挑圆弧形，能增加眉和眼的距离，并和下颌轮廓线产生对应，以拉长脸颊。千万别描成直线形的水平眉，否则，会分裂脸部的纵面，使圆脸看起来更圆。

（3 方脸形：采用比较清峻的眉峰，反而能缓和方型脸；面颊宽阔呈四角形，可顺着脸型描出四角形眉，不能描画圆眉。

（4）三角形脸：要注意将眉毛描画成高而长，带有自然的圆弧形，不要把眉毛描成短而宽的，这样，会使宽大的下巴更为突出。

（5）倒三角形脸：下巴削瘦，会显得瘦弱，所以，眉型不应过分强调棱角，理想的眉型应该是自然柔和的圆弧线，弧线的最高点可略偏向内侧。眉毛的长短要适中。

第四步：画眼线

眼线可以勾勒眼睛的轮廓，娴熟的画线技巧可以改变不完美的眼睛形状，使之更美。画眼线所需的工具是眼线笔或眉笔、液状眼线或饼状眼线。液状眼线含有油质，用质量比较好的手刷涂抹；饼状眼线是很好的勾眼线用品，可以用刷子沾上水后涂在眼睛上。

首先，要明确眼睛形状需要调整成怎样的。眼睛小的，画眼线可以明显一些；圆形眼睛，可以从眼睛中间处开始往外面，使圆形变得更像杏形；眼尾下垂的，可以画得稍高；眼尾斜吊的，画时可在尾部微微往下描些。

眼睛过大或"金鱼眼"，最好别画眼线，即使画，一定要贴着眼睫毛根。

画上眼线时，要从内眼角朝外眼角方向画。画下眼线时，应该从外眼角朝内眼角画，并且在距内眼角约 1/3 处收笔。

对眼睛较小的女性来说，眼线是特别重要的，它能使眼睛看起来变大。

其次，选用眼线液颜色时，黑发和皮肤偏黑的人适合用黑色眼线液，其他的适合用深棕色。

眼线液和睫毛膏、眼影同时使用，会产生很好的效果。晚上的话，可将有色眼线液和眼影混合使用。

第五步：上腮红的要诀

上腮红，也就是化妆时在面颊处涂上适量的胭脂。上腮红的好处，是可以使化妆者的面颊更加红润，面部轮廓更加优美，使你看上去容光焕发。

在化工作妆时上腮红，需要注意三条：

一是让腮红和唇膏或眼影属于同一色系，以体现妆面的和谐美。

二是要让腮红和面部肤色过渡自然。

三是要扑粉进行定妆。

上腮红时要根据脸型抹。

圆脸：可将腮红从颧骨中心向靠近鼻梁的部位逐渐拉长，呈长弧形涂抹，再自然地向耳边舒展，渐渐淡下去，可以使脸型产生长一些的视觉效果。

窄长脸型或小脸型：选用浅桃红或艳些的苹果红色的腮红，以颧骨为中心往外侧推抹，横面铺开为扇形，到两颊自然地匀开，可以使脸显得丰满圆润。

颧骨偏高脸型：应选用明快一些的涂抹在颧骨下边，自然地向周围舒展开，这样可以使高颧骨下面的部位显得丰满，看起来高颧骨就不太突出了。如果颧骨下边凹得较明显，还可以在最凹处再使用更浅点的腮红或淡粉底色，同时淡淡地匀开，上下左右柔和起来。

正常脸型：可以同时使用棕、粉红、淡红偏黄三种颜色的腮红。棕色涂在颧骨下的阴影部位，粉红涂在颧骨处，淡红偏黄颜色涂在颧骨之上和眼外角及眼下部位。

瘦弱、憔悴的面容：腮红要轻柔而圆润地向面颊周围自然地展开，面积可大些。这样，绯红的面颊可使瘦弱、憔悴的面容显得红润、柔和而有光泽。

第六步：怎样美唇

口红或唇彩是女人最常用的化妆品，应该选一些能让你的皮肤和牙齿看起来白一些，眼睛亮一些的口红或唇彩。

要先用唇线笔描好唇线，确定好理想的唇形。唇线笔的颜色要略深或相似于口红的颜色。

描唇形时，嘴应自然放松微微张开，先描上唇，后描下唇。描上唇时从左右两侧分别沿着唇部的轮廓线向中间画。上唇嘴角要描线，下唇嘴角不描。

完美的嘴唇要对称，左边嘴唇一定是右边嘴唇的翻版，上唇和下唇的厚度必须一样。如果上唇薄一些，就用唇线笔把它画得厚一些，使之和下唇对称。

唇线笔要尖，才可以画一条精细的线。然后涂好口红或唇彩，涂的时候不要超出先前画好的唇形，最后用纸巾吸去多余的唇膏，并检查一下牙齿上有没有沾上唇彩的痕迹。这样唇部的美化就基本完成了。

第七步：香水的妙用

女性适当喷洒一点香水能增强自身的魅力。但喷香水也有一定的方法，要注意使用不要过量，避免产生适得其反的效果。

香水要喷洒或涂抹在适当的地方：

一般洒在耳朵后面或是手腕的脉搏上。

另外手臂内侧和膝盖内侧也是合适的部位。

除了直接涂于皮肤，还可以喷在衣服上，一般多喷在内衣和外衣内侧，裙下摆以及衣领后面。

而面部、腋下的汗腺、易被太阳晒到的暴露部位、易过敏的皮肤部位以及有伤口甚至发炎的部位，都不适合涂香水。

通常，清淡如花的气味，如茉莉花香味比较适合大多数人。在工作时，应使用这种清新淡雅的香水。

第八步：掌握合适的补妆时间

在外面的时候，化好妆后要检查化妆的效果，进行必要的调整和补充。化彩妆的女士经常会出现妆容残缺的现象。在正式场合，以残妆示人，既有损形象，也显得不礼貌。为了避免妆容残缺，化妆后要经常进行检查，特别是在出汗、用餐、休息后，要及时检查一下妆容。如果发现妆面残缺，要马上补妆。补妆的时候，要回避别人，在没有人的地方或洗手间进行。由于补妆只是局部性修补，应该以补为主，只需在妆容残缺的地方稍作弥补就行了，不用抹掉旧妆重新化妆。如果晚上还有应酬的话，在临走之前要洗掉残妆，重新化一个清新的晚妆。晚妆可以稍微浓一些，同样也要注意补妆。

实训三　职场仪态礼仪

一、实训目的和要求

掌握基本的仪态要领：站姿、坐姿、行姿。

二、实训内容

1. 站姿训练；2. 坐姿训练；3. 行姿训练；4. 蹲姿

		实验内容及标准	实训指导设计	教师点评
仪姿仪态	站姿	头正：两眼平视、嘴微闭、收颌梗颈、表情自然、面带微笑。	1. 自检并纠正 2. 观看形体训练影像资料 3. 教师按要求分项讲解，边示范边讲；学生5人一组按教师的要求跟着练习。教师指出学生训练中存在的问题并加以纠正	
		肩平：微微放松、稍向后下沉。		
		臂垂：两臂自然下垂、中指对准裤线。		
		躯挺：挺胸收腹，臀部向内向上收紧。		
		腿并：男女生有区别。		
	坐姿	腿直		
		身正		
		文雅		
		附：男生表演标准式和斜身交叉式，女生表演标准式和侧点式。		
	行姿	头正		
		肩平		
		躯挺		
		步位直		
		步幅适度		
		步速平稳		
		注：男女生有区别		
	蹲姿	交叉式（女）：两腿交叉半蹲		
		半蹲式：两腿弯曲半蹲		
		半跪式：前腿弯曲，后腿跪地		
		男士没有严格的规定		

附：补充材料

（一）站姿训练

1. 站姿训练的要领

练习站姿应掌握的要领是：平、直、高。

（1）平：头和双肩摆平正，两眼平视，最好经常通过镜子来观察、纠正和掌握。

（2）直：腰直、腿直；后脑勺、背、臀、脚后跟成一条直线。可以靠墙壁站立，后脑勺靠墙，下巴会自然微收；腿膝尽可能绷直，往墙壁贴靠；脚跟顶住墙，把手塞到腰、墙之间，如果刚好能塞进去就可以了；如果空间太大，可把手一直放在背后，弯下腰，慢慢蹲下去，蹲到一半时，多余的空间就会消失，然后再站直，体会正确站立的感觉。

（3）高：重心上拔，尽可能使人显高。练习方式是挺胸收腹，脖子向上拉直。在墙上吊一个物体，每当挺直上拔时，头顶刚好能碰到。

按照上面的要领反复练习，平时再注意点，形成习惯，就一定会有一个良好的站立姿势。

2. 站姿实践操作

（1）靠墙站立练习：要求脚跟、小腿、臀、双肩、后脑勺都紧贴墙，每次坚持 15～20 分钟。练习站立动作的持久性。

（2）两人一组练习：要求背靠背，双方的臀部、肩背、后脑勺为接触点，练习站立动作的稳定性。

（3）面对训练镜练习：要求在正确的站姿基础上，结合脸部表情练习（重点是微笑），通过训练镜完善整体站姿的形象。

以上练习中要注意肌肉张弛的协调性，强调动作的挺胸立腰、呼吸自然均匀，面带微笑。同时注意站立时要以标准站姿的形体感觉为基础，进行整体规范动作训练。注意正确的站姿应体现在每个人的生活、工作中，融入自身的行为举止中，养成习惯。只有将正确规范的动作与自然相结合，才能运用自如，分寸得当，使人感到既有教养又不造作。

（二）坐姿训练

（1）面对训练镜，练习入座前的动作。入座时，走到座位前面再转身，转身后右腿向后退半步，然后轻稳地落座。动作要求轻盈舒缓，从容自如。

（2）面对训练镜，练习入座时的动作。以站在座位的左侧为例，先左脚向前迈出一步，右腿跟上并向右侧一步到座位前，左腿并右腿，接着右腿后退半步，轻稳落座；入座后右腿并左腿成端坐，双手虎口处交叉，右手在上，轻放在一侧的大腿上。

（3）练习入座后的端坐姿态。动作要求以正确坐姿规范为基础，配合面部表情，练习坐姿的直立感、稳定性等综合表现（男女士各按要求练习）。

（4）坐姿腿部的造型训练。在上身姿势正确的基础上，练习腿部的造型。男士练习两腿开合动作；女士练习平行步、丁字步、小叠步的动作。要求动作变换要轻、快、稳，给人以端庄大方、舒适自然的印象。

（5）离座动作训练。离座起立时，右腿先向后退半步，然后上体直立站起，收右腿，从左侧还原到入座前的位置。

（三）行姿训练

［练习一］

走直线：行走时双脚内侧稍稍碰到地上画的直线。即证明走路时两只脚几乎是平行的。配上节奏明快的音乐，训练行走时的节奏感。强调眼睛平视，不能往地上看，收腹、挺胸、面带微笑，充满自信和友善。

［练习二］

顶书而行：这是为了纠正走路时摇头晃脑的毛病，而保持在行走时头正、颈直的训练。

实训四　职场微笑礼仪

一、实训目的和要求

了解微笑要领，养成富有内涵的、善意的、真诚的、自信的微笑习惯。

二、实训内容：微笑训练

实验内容及标准			实训指导设计	教师点评
训练方法	他人诱导法	同桌、同学之间互相通过一些有趣的笑料、动作引发对方发笑	1. 自检并纠正 2. 观看微笑训练影像资料 3. 教师按要求分项讲解，边示范边讲；学生2人一组按教师的要求跟着练习。教师指出学生训练中存在的问题并加以纠正	
	情绪回忆法	通过回忆自己曾经的往事，幻想自己将要经历的美事引发微笑		
	口型对照法	通过一些相似性的发音口型，找到适合自己的最美的微笑状态。如"一"、"茄子"、"呵"、"哈"等		
	习惯性佯笑	强迫自己忘却烦恼、忧虑，假装微笑。时间久了，次数多了，就会改变心灵的状态，发出自然的微笑		
	牙齿暴露法	笑不露齿是微笑；露上排牙齿是轻笑；露上下八颗牙齿是中笑；牙齿张开看到舌头是大笑		
训练步骤	基本功训练	课堂上，每个人准备一面小镜子，做面部运动		
		配合眼部运动		
		做各种表情训练，活跃脸部肌肉，使肌肉充满弹性；丰富自己的表情仓库；充分表达思想感情		
		观察、比较哪一种微笑最美、最真、最善，最让人喜欢、接近、回味		
		出门前，心理暗示"今天真美、真高兴"		
	创设环境训练	假设一些场合、情境，让同学们调整自己的角色，绽放笑脸		

续表

	实验内容及标准		实训指导设计	教师点评
训练步骤	课前微笑训练	每一次礼仪课前早到一会儿,与老师、同学微笑示意,寒暄		
	微笑服务训练	课外或校外,参加礼仪迎宾活动和招待工作		
	具体社交环境训练	遇见每一个熟人或打交道的人都展示自己最满意的微笑。试着用微笑化解矛盾,用微笑打动别人,用微笑塑造自我成功的形象。每天早上起床,经常反复训练		

实训五　职场手势语礼仪

一、实训目的和要求

掌握手势语的操作要领，便于与他人进行更好的情感互动与交流。

二、实训内容：手势语训练

	实验内容及标准		实训指导设计	教师点评
训练技巧	情境举止训练	如一些具体的场合，交谈、辩论、演讲、歌唱、舞蹈、日常交往等		
	模仿动作表演	如影星、歌星、同学等		
	避免不良的手势、动作与举止	及时纠错并示范		
	同学之间互相监督提醒	随时以最佳状态出现在众人面前		
训练方法	横摆式	在表示"请进"、"请"时常用横摆式。做法是：五指并拢，手掌自然伸直，手心向上，肘微弯曲，腕低于肘。开始作手势应从腹部之前抬起，以肘为轴地向一旁摆出，到腰部并与身体正面成45°时停止。头部和上身微向伸出手的一侧倾斜。另一手下垂或背在背后，目视宾客，面带微笑，表现出对宾客的尊重、欢迎	1. 观看各种有丰富手势语的影视片 2. 教师按要求分项讲解，边示范边讲；学生3~5人一组按教师的要求跟着练习 3. 教师指出学生训练中存在的问题并加以纠正	
训练方法	前摆式	如果右手拿着东西或扶着门，需要向宾客作向右"请"的手势时，可以用前摆式。做法是：五指并拢，手掌伸直，由身体一侧由下而上抬起，以肩关节为轴，到腰的高度再由身前右方摆去，摆到距身体15厘米，并不超过躯干的位置时停止。目视来宾，面带微笑，也可双手前摆		

续表

		实验内容及标准	实训指导设计	教师点评
训练方法	双臂横摆式	当来宾较多时,表示"请"可以动作大一些,采用双臂横摆式。做法是:两臂从身体两侧向前上方抬起,两肘微曲,向两侧摆出。指向前进方向一侧的臂应抬高一些,伸直一些,另一手稍低一些。也可以双臂向一个方向摆出		
	斜摆式	请客人落座时,手势应摆向座位的地方。做法是:手要先从身体的一侧抬起,到高于腰部后,再向下摆去,使大小臂成一斜线		
	直臂式	需要给宾客指方向时,用直臂式。做法是:手指并拢,掌伸直,屈肘从身前抬起,向指引的方向摆去,摆到肩的高度时停止,肘关节基本伸直。注意指引方向,不可用一个手指指示,这样显得不礼貌		

实训六　日常见面礼仪

一、实训目的和要求

1. 了解称呼的礼仪。
2. 掌握介绍的礼仪。
3. 学会使用名片。
4. 掌握握手的礼仪。
5. 掌握接待的礼仪。

二、实训内容：本单元分五个项目进行实训

（一）称呼礼仪训练

实施办法：教师先阐述规则，同学们每两人一组进行演练，时间控制在 3 分钟之内。

商务会面中的正式称呼			商务会面中不适当的称呼	
行政职务	只称职务：如"董事长"	无称呼	在商务活动中不称呼对方就直接开始谈话是非常失礼的行为	
	职务前加上姓氏。如"王总经理"、"张董事长"	不适当的俗称	有些称呼不适宜正式商务场合，切勿使用。"兄弟"、"哥们儿"等称呼，会显得使用这种称呼的人档次不高，缺乏修养	
	职务前加上姓名。如"×××总经理"			
技术职称	仅称职称。如"常律师"	不适当的简称	比如"王"、"李"、"孙"等便感觉太随便	
	在职称前加上姓名。如"文腊梅教授"			
泛尊称	男性称"先生"，女性未婚者或不明确其婚否者则称"女士"。在公司、外企、宾馆、商店、餐馆、歌厅、酒吧、交通行业，这种称呼较通用	地方性称呼	有些称呼，具有很强的地方色彩。比如，北京人爱称人为"师傅"，山东人爱称人为"伙计"，但是，在南方人听来，"师傅"等于"出家人"，"伙计"肯定是"打工仔"	
自检：你是否做到在正规的场合使用正确的称呼？改进措施：			自检：你是否在正规的场合使用了不正确的称呼？改进措施：	

(二)介绍礼仪训练

1. 自我介绍表演

自我介绍的原则(标准)	模拟演练,教师指导	教师点评
态度自然友善		
评价自信而又谦虚		
内容繁简适宜	1. 教师解说规则	
语言文雅得体	2. 教师做出示范	
说好"我"字	3. 学生表演	
巧用名片	4. 教师指出演练中存在的问题并加以纠正	
巧报姓名		
克服羞怯		

2. 介绍他人表演:是否遵循"尊者优先了解情况"的原则。

介绍他人的规则(标准)	模拟演练,教师指导	教师点评
上级与下级认识时,先介绍下级,后介绍上级		
介绍长辈与晚辈认识时,先介绍晚辈,后介绍长辈		
介绍年长者与年幼者认识时,先介绍年幼者,后介绍年长者		
介绍女士与男士认识时,先介绍男士,后介绍女士	1. 教师解说规则,即"尊者优先了解情况"原则 2. 教师设计情景 3. 学生分角色表演 4. 教师指出演练中存在的问题并加以纠正	
介绍已婚者与未婚者认识时,先介绍未婚者,后介绍已婚者		
介绍同事、朋友与家人认识时,先介绍家人,后介绍同事、朋友		
介绍来宾与主人认识时,先介绍主人,后介绍来宾		
介绍与会先到者与后来者认识时,先介绍后来者,后介绍先到者		

（三）名片使用礼仪训练

	实验内容及标准	实训指导设计	教师点评
名片交换的顺序	由近而远，或由尊而卑		
名片的递交	递名片时脚尖起身站立，走上前去，使用双手或者右手，将名片正面对着对方后递给对方	1. 教师解说规则并做出示范 2. 教师设计情景 3. 学生两人一组进行表演 4. 教师指出演练中存在的问题并加以纠正	
	若对方是外宾，最好将名片上印有外文的那一面对着对方		
	将名片递给他人时，应说"请多关照"、"常联系"等话语，或是先做一下自我介绍		
	不要将名片背面对着对方或是颠倒着面对对方		
	不要将名片举得高于胸部递给对方		
	不要以手指夹着名片递给对方		
名片的接受	他人递名片给自己时，以双手或以右手接过，不要用左手接过		
	接过名片后，要从头到尾把名片认真默读一遍，意在表示重视对方		
	接受他人名片时，应使用谦词敬语，如"谢谢"、"请您多关照"		

（四）握手礼仪训练

	实验内容及标准	实训指导设计	教师点评
握手的基本要求	目视对方	1. 教师解说规则并做出示范 2. 教师设计情景 3. 学生两人一组进行表演 4. 教师指出演练中存在的问题并加以纠正	
	面带笑容		
	稍事寒暄		
	稍许用力		
伸手的顺序	职位、身份高者与职位、身份低者握手，应由职位、身份高者先伸出手来		

续表

实验内容及标准		实训指导设计	教师点评
伸手的顺序	女士与男士握手,应由女士先伸出手来		
	年长者与年幼者握手,应由年长者先伸出手来		
	长辈与晚辈握手,应由长辈先伸出手来		
	社交场合的先至者与后来者握手,应由先至者先伸出手来		
	主人应先伸出手来,与到访的客人相握		
	客人告辞时,应先伸出手来与主人相握		
握手的禁忌	三心二意		
	戴着墨镜		
	戴着手套		
	只用左手		
	与异性握手用双手		

（五）交往中的接待礼仪训练

实验内容及标准		实训指导设计	教师点评
文明待客	来有迎声	1. 教师解说规则并做出示范 2. 教师设计情景 3. 学生组合进行表演 4. 教师指出演练中存在的问题并加以纠正	
	问有答声		
	去有送声		
	问候语:"您好!"		
	请求语:"请!"		
	感谢语:"谢谢!"		
	道歉语:"抱歉!"或"对不起!"		
	道别语:"再见!""保重!"或者"慢走!"		
热情待客	目视对方,注意与对方交流眼神		
	语言上无障碍		
	避免出现沟通脱节问题		
	表情、神态自然		
	注意与交往对象进行互动		
	举止大方		

实训七　职场礼品礼仪

一、实训目的和要求
掌握礼品的选择、赠送、接受礼仪。

二、实训内容
礼品礼仪

实验内容及标准			实训指导设计	教师点评
选择礼品	选择礼品	具有宣传性		
		具有纪念性		
		具有独特性		
		具有时尚性		
		具有便携性		
	忌送礼品	现金或金银珠宝		
		粗糙或过季商品		
		药品		
		违法之物		
		有违他人风俗禁忌物品		
		广告用品		
赠送礼品	赠送时间	节假日、纪念日、节庆日	通过案例教学，帮助学生学会有关礼品礼仪技能	
		双方见面之初		
		客人离去		
		告别宴上		
		办公室、写字楼等处		
	赠送方式	包装		
		说明		
接受礼品	受赠	态度大方		
		拆启包装		
		欣赏礼品		
		表示谢意		
	拒绝	态度友善		
		说明原因		
		表达谢意		

实训八　职场宴请与餐饮礼仪

一、实训目的和要求

1. 掌握赴宴的基本礼仪。

2. 掌握中餐的基本礼仪。

3. 掌握西餐的基本礼仪。

二、实训内容：本单元分三个项目进行

（一）宴请礼仪

实验内容及标准		实训指导设计	教师点评
宴请商务客人的 5M 原则（之一）			
约会	在照顾各方面关系的前提下,尽量控制范围,减少人数	通过案例解读或借助多媒体与各种影像资料介绍宴请礼仪，帮助学生掌握有关宴请礼仪	
	征求被邀主宾的意见,选择主、宾双方都适宜的时间		
	不要选择对方工作繁忙的时间		
	涉外宴请避开对方国内重大节假日		
	回避选择禁忌日为宴请日期。如西方国家忌讳"13",特别是恰逢 13 日的星期五		
	伊期兰民族的斋月有白天禁食的习俗。所以,宴会只宜安排在日落以后		
	给对方充裕的准备时间,以便安排好各方面工作		
	特定的节日、纪念日的宴请,只能在节日、纪念日之前或当日举行,不能拖到节日、纪念日之后。		
	临时决定的宴请,事前不可能有准备,如客人突然造访等。		

续表

实验内容及标准		实训指导设计	教师点评
宴请商务客人的 5M 原则(之一)			
环境	通常应选择环境幽雅、卫生方便、服务优良、管理规范的饭店或宾馆		
	客人多,在大宾馆;客人少,则可在小酒楼		
	宴会可安排在饭店、宾馆,冷餐会、酒会则可安排在大厅或花园		
	注意按来宾的意愿和地方特色选择宴请地点		
	尽可能选择举办者所熟悉的、有声誉的饭店或宾馆		

实验内容及标准		实训指导设计	教师点评
宴请商务客人的 5M 原则(之二)			
费用	既要热情待客,又要量力而行,反对浪费。强调宴请内容的少而精,避免大吃大喝,铺张浪费	通过案例解读或借助多媒体与各种影像资料介绍宴请礼仪,帮助学生掌握有关宴请礼仪	
菜单	拟订菜单要考虑宴请对象的喜好和禁忌		
	拟订的菜单既要注意通行的常规,又要照顾到地方的特色		
	应考虑开发的菜单,应安排有冷有热,有荤有素,有主有次		
	菜单以营养丰富、味道多样为原则		
	略备些家常菜,以调剂客人口味		
	晚宴比午宴、早宴都隆重些,所以菜的种类也应丰富一些		
	考虑季节,菜肴应时、鲜、特,如春吃鲥鱼秋吃蟹		
	在征得饭店同意的情况下,可以自己设计菜单,以更加适应客人的口味和宴会的需要		

实验内容及标准			实训指导设计	教师点评
宴请商务客人的 5M 原则(之三)				
举止	礼貌入席	一般以从自己行进方向的左侧入座	通过案例解读或借助多媒体与各种影像资料介绍宴请礼仪,帮助学生掌握有关宴请礼仪、西餐礼仪、中餐礼仪	
		同桌的女士、长者、位高者先落座		
		落座后椅子与餐桌之间不要过近或过远,距离最好为 20 厘米左右		
		双手不宜放在邻座的椅背或餐桌上,更不要用两肘撑在餐桌上		
	举止文雅	入席后当众补妆、梳理头发、挽袖口或松领带是不礼貌的,用餐中千万不要动不动就用自己的筷子为别人夹菜,卫生的问题会让被敬者为难		
	交谈适度	就餐期间,静食不语是不礼貌的		
		交谈的对象要尽量广泛		
		交谈的内容应愉快、健康、有趣		
		交谈的音量要适中		
		若的确有话不便公开讲,则应另找适宜的场合个别交谈		
		与人交谈时应放下手中餐具,暂停进食		
	正确使用餐具	不能用筷子敲打任何餐具或插在饭碗中		
		席间若失手把餐具掉落在地上,应请服务员补上相应的餐具		
		不小心打翻酒水溅到邻座的客人身上,应表示歉意并帮助擦干,如对方是女士,则应把干净的餐巾递给去,由其自己擦干		
		应把餐巾摊放在膝盖上,主人打开餐巾就意味着宴席的开始		
		餐巾不应用来擦汗、擦眼镜或擦拭餐具		
		只使用餐厅提供的餐巾纸,不要把自己随身带的纸掏出来使用		

（二）西餐礼仪

实验内容及标准		实训指导设计	教师点评
餐具使用	右手用刀,左手持叉。如只用叉子,也可用右手拿叉。使用刀时,不要将刀刃向外,更不要用刀送食物入口	通过案例解读或借助多媒体与各种影像资料介绍宴请礼仪,帮助学生学会有关宴请礼仪	
	汤匙是座前最大的一把匙,放在盘子右边,不要错用放在桌子中间那把较小的匙,那可能是甜食匙		
	切肉应避免刀切在瓷盘上发出响声		
	谈话时,可不必把手中刀放下,但做手势时则应将刀叉放下,不要手持刀叉在空中比划。中途放下刀叉,应将刀叉呈八字形分开入在盘子上		
	吃面条,可以用叉卷起来吃,不要挑		
	取面包应用左手去拿,然后放在旁边小碟中或大盘的边沿上。不要用刀切面包,也不要把整片面包涂上黄油,应该每次掰一小块面包,吃一块涂一块。不能用它沾汤或擦盘子		
进餐礼仪	取黄油应用奶油刀。黄油取出后放在旁边的小碟子里,不要直接往面包上抹		
	吃色拉时只用叉子。可用右手拿叉,叉尖朝上		
	吃小虾时,可以叉取食。吃大虾的话,则应先用手剥壳,再送入口内,有时亦可以叉取食,但不必切割		
	吃牡蛎时,应采用专门的餐叉,一只一只地吃		
	吃带壳的蜗牛,可先用专门的夹子将肉夹出食之,然后再吮吸壳内的汤汁。若蜗牛已去壳,则可直接以餐叉取用		
	吃冻子时,须以刀切割,以叉取食		
	吃泥子时,应主要使用餐叉		
	西餐中所吃的鱼,可先用餐刀将其切开,轻轻将骨、刺剔出后,再把它切成小块,以叉入口		
	吃鸡的时候,须先设法去骨后,再以刀叉切割成小块,而后分而食之		

续表

	实验内容及标准	实训指导设计	教师点评
进餐礼仪	吃肉菜时,一般要从左往右,以大小一次入口适度为宜,将其以刀叉切割进食		
	主菜若是肉类应搭配红酒,鱼类则搭配白酒。上菜之前,不妨来杯香槟、雪利酒或吉尔酒等较淡的酒		
	吃饼干时,应当用右手单独拿着吃。吃蛋糕时,亦须如此		
	吃馅饼时,应当先用刀叉切成大小适当的小块,然后再用右手托着吃		
	吃三明治,一般应当用双手捧着吃。如果它不太大,则可仅用右手捏着吃		
	通心粉,又叫意大利面条。标准的方法,是右手握叉,在左手所握的汤匙的帮助下,把它缠绕在餐叉上,然后入口而食。不应一根一根挑着吃。吸食它的做法,也是不对的		
	吃土豆片,应以手取食。但数量不要过大,也不要先捏碎再吃		
	烤土豆大都是连皮一起上桌的。吃的时候,应用左手轻按住它,右手持刀先在其上切个口子,令其散热。过一会儿,再用餐叉从口子里取食之。必要的话,还可略作切割之后再吃。吃时,还可浇上一些专用的肉汁		
	吃布丁和冰淇淋,应以专用的餐匙取食之		
	普通的草莓,可用手取食,沾些糖或酸奶油也可以。吃带调味汁的草莓,则必须使用餐匙		
	吃菠萝时,首先应当将其切割成小块,然后再以餐叉进食。不要用手抓食,或举而咬食		
	最正规的吃苹果的方法,是取一个苹果,先切成大小相仿的四块,然后逐块去皮,再以刀叉食之。不过现在绝大多数人,都是用手拿着去皮的小块苹果直接吃了		

续表

	实验内容及标准	实训指导设计	教师点评
进餐礼仪	对付整只的香蕉,应先剥除其外皮,再用刀叉切成小段,逐段食之,一般不应当一边用手拿着剥皮,一边慢慢咬着吃		
	吃橙子有两种方法,正规的吃法是:先用刀除去其外皮,再用刀叉将其内皮剥离,然后用刀叉分瓣而食。大众的吃法,则是在用刀去皮后,切成几小块,然后用手取食		
	吃葡萄时,可取过一小串,一粒一粒用手揪下来吃。其皮、核,可先悄然吐入手中,再转移至餐盘内。吃果盘内不成串的单粒葡萄时,则宜以餐叉相助取食		
	喝饮料或喝水时,应把口中食物先咽下,不要用水冲嘴里的食物		
	用餐完毕,则将刀叉并拢一起,放在盘子里		

(三)中餐礼仪

	实验内容及标准	实训指导设计	教师点评
入座礼仪	由椅子的左侧入座,进餐时,身体要坐正,不要前俯后仰,也不要把两臂横放在桌上,以免碰撞旁边的客人		
进餐礼仪	中餐宴席进餐伊始,服务员送上的第一道湿毛巾是擦手的,不要用它去擦脸	通过案例与示范教学,帮助学生学会有关中餐礼仪	
	客人入席后,不要立即动手取食。而应待主人打招呼,由主人举杯示意开始时,客人才能开始;客人不能抢在主人前面		
	夹菜要文明,应等菜肴转到自己面前时,再动筷子,不要抢在邻座前面,一次夹菜也不宜过多		
	夹菜应先拣离自己最近的菜下箸,夹菜时不要在碗碟里乱翻找,较远的菜应等主人或同座客人表示请用后再下箸		
	进餐时,使用筷子不能交叉。要等别人夹完,再去取食		

续表

	实验内容及标准	实训指导设计	教师点评
进餐礼仪	进餐时，可以劝菜，但不要布菜		
	端碗时，不要大把托着		
	吃饭时，要细嚼慢咽，忌狼吞虎咽，吧嗒嘴		
	上龙虾、鸡、水果时，会送上洗手盅。洗手时，可两手轮流沾湿指头，轻轻涮洗，然后用小毛巾擦干		
	席上谈话不应含着食物		
	汤和食物如果太热不可用嘴吹		
	不要发出不必要的声音，如喝汤时"咕噜咕噜"，吃菜时嘴里"叭叭"作响，这都是粗俗的表现		
	嘴里的骨头和鱼刺不要吐在桌子上，可用餐巾掩口，用筷子取出来放在碟子里		
	席中不要酗酒		
	掉在桌子上的菜，不要再吃		
	进餐过程中不要玩弄碗筷，或用筷子指向别人		
	不要用手去嘴里乱抠。用牙签剔牙时，应用手或餐巾掩住嘴		
	不要让餐具发出任何声响		
	用餐结束后，可以用餐巾、餐巾纸或服务员送来的小毛巾擦擦嘴，但不宜擦头颈或胸脯		
	餐后不要不加控制地打饱嗝或嗳气		
	客人不得中途退席，如确有急事，要向主人说明原因，表示歉意，同时要向其他客人示意，方可离席		
	客人餐毕，一般不要离席，应等其他客人吃完		
	散席时，客人要向主人等致谢意，然后握手告别。并与其他客人告别		

实训九　职场舞会礼仪

一、实训目的和要求

1. 了解参加舞会前的准备。
2. 掌握邀舞的礼仪。
3. 掌握舞姿礼仪。

二、实训内容

	实验内容及标准	模拟演练	教师点评
舞会前的准备	讲究个人卫生,头发、口腔、手部应清洁,身体不要有异味,服装整洁,发型整齐,女士略施淡妆		
进场的礼仪	面带笑容;不高声说笑;脚步要轻,不在舞池中穿行;礼貌入座		
邀舞礼仪	1. 男士邀女士:行半鞠躬礼得到女士应允方可进入舞池	1. 自检并纠正 2. 教师解说规则并做出示范 3. 教师现场教跳交谊舞 4. 全体学生参与	
	2. 女士邀男士局限于彼此熟知的舞伴		
	3. 不可舍近求远		
	4. 不可独占舞伴		
	5. 拒绝邀请必须巧妙谢绝		
	6. 不可同性跳舞		
舞姿礼仪	1. 身体平直正稳		
	2. 保持一拳的距离		
	3. 男士动作轻柔文雅,女士动作自然端庄		
	4. 共舞时,双方寻找适当的交谈话题		
	5. 舞曲结束后,双方致谢		

实训十　职场语言礼仪

一、实训目的和要求

1. 掌握口头语言礼仪。

2. 掌握体态语言礼仪。

二、实训内容

（一）语言礼仪

实验内容及标准				模拟演练	教师点评
口头语言	有效的倾听		复述故事	1. 教师解说规则 2. 教师设计情景;学生表演 3. 分两大组,每组中2人为一小组,分配不同的角色,模拟情景练习 4. 教师指出演练中存在的问题并加以纠正 5. 分模块考查每大组代表,并给分,由代表组给其他组员按标准给分	
	得当的语言表达	准确发音	绕口令训练		
		语音语调控制	声音的控制		
			语调的控制		
		语态表情	眼神(凝视区域)		
			注视方向的调整		
			注视时间的控制		
体态语言	敬礼的方式		相距5米内,目光注视,面带微笑,近至1.5到2米时,停下脚步,双手握于胸前(女)或两侧,微侧身面向来者鞠躬30度(视来宾身份而定)并问好		
	手势		鼓掌;自然搭放;递接物品;展示物品;招呼他人		
	常见手势的含义		"OK";伸大拇指;"V"字型;伸出食指;捻指作响……		

附：绕口令训练

1. 哥挎瓜筐过宽沟,过沟筐漏瓜滚沟,隔沟挎筐瓜筐扣,瓜滚筐空哥怪沟。

2. 你会炖冻豆腐,你来炖我的炖冻豆腐,你不会炖炖冻豆腐,别胡乱炖坏了我的炖冻豆腐。

3. 大柳河旁有六十六棵大青柳,大青柳下的六十六个入伍六个月的新战士学编篓,教编篓的是六十六岁的刘老六。

（二）谈话礼仪

		禁忌或标准	实训指导设计	教师点评
说什么	忌谈话题	不得非议党和政府	1. 教师分项举出案例 2. 学生自由组合寻找谈话的主题，即聊天十分钟；主题可以是某段经历、某处风景或某个人物 3. 教师抽学生代表进行示范	
		不可涉及国家秘密与行业秘密		
		不得非议交往对象的内部事务		
		不得背后议论领导、同事与同行		
		不得涉及格调不高雅之事		
		不得涉及个人隐私之事		
	宜选话题	拟谈的话题		
		格调高雕的话题		
		轻松愉快的话题		
		时尚流行的话题		
		对方擅长的话题		
如何说	交谈四忌	不打断对方		
		不补充对方		
		不纠正对方		
		不置疑对方		
	尊重他人四要求	讲普通话		
		声音低，速度慢		
		神态专注		
		与谈话对象互动		

实训十一　职场电话礼仪

一、实训目的和要求

掌握电话与手机使用的礼仪。

二、实训内容

1. 拨打电话的礼仪

	实验内容及标准	实训指导设计	教师点评
时间	不要在他人的休息时间之内打电话。每日上午 7 点之前、晚上 10 点之后,午休时间和用餐时间,都不宜打电话	1. 模拟情景:假如你是一位保险推销员,你想催要客户保费,进行现场通话表演 2. 自由组合进行电话通话表演 3. 教师指出操练中出现的有关错误	
	给海外人士打电话,先要了解一下时差,千万不能骚扰人家		
	打公务电话,不要占用他人的私人时间,尤其是节、假日时间		
	避开对方的通话高峰时间、业务繁忙时间、生理厌倦时间		
	社交电话,最好在工作之余拨打		
	通话时间一般应遵守通话"三分钟"原则		
规范内容	通话之前,应做好充分准备,避免出现说话、缺少条理、丢三落四的问题		
	电话接通后,致以问候,自报单位、职务、姓名,感谢代接转之人		
	要讲的话已说完,就应果断地终止通话。由通话双方中的位高者终止通话		

续表

	实验内容及标准	实训指导设计	教师点评
规范内容	打电话时,不要把话筒夹在脖子下,也不要趴着、仰着、坐在桌角上,更不要把双腿高架在桌子上,不可一边走一边打		
	不要以笔代手去拨号		
	话筒与嘴的距离保持 3 厘米左右,不可"吻"话筒		
	通话时嗓门不要过高,免得令对方觉得"震耳欲聋"		
	挂电话时应轻放话筒,不要用力一摔,令对方起疑		
	不要骂骂咧咧,更不要用粗暴的举动拿电话机撒气		

2. 接听电话的礼仪

	实验内容及标准	实训指导设计	教师点评
接听及时	电话铃声响起后,应尽快予以接听		
	不要让别人代劳,尤其不要让孩子代接电话		
	不要铃声才响过一次,就拿起听筒。这样会令对方觉得突然,而且容易掉线	1. 模拟情景:一客户手机故障,打电话到海尔长沙客户服务中心,你作为业务员请接电话,进行现场通话表演	
	电话铃声响了许久才接电话,要在通话之初向对方表示歉意		
	最好铃响两次后拿起话筒		
礼貌应答	拿起话筒后,应自报家门,并先向对方问好	2. 自由组合进行电话通话表演	
	通话时要聚精会神,语气谦恭友好。不要拿腔拿调,戏弄嘲讽对方	3. 教师指出操练中出现的有关错误	
	通话终止时,要向对方道一声:再见		
	接到误拨进来的电话,要耐心地告诉对方拨错了电话,不能冷冷地说"打错了",就把电话用力挂上		
	接电话不能发怒,恶语相加,甚至出口伤人		

续表

	实验内容及标准		实训指导设计	教师点评
分清主次	接听电话时不要与其他人交谈,也不能边听电话边看文件、看电视、甚至是吃东西			
	在会晤客人或举行会议期间有人打来电话,可向其说明原因,表示歉意,并承诺稍后再联系			
	接听电话时,千万不要不理睬另一个打进来的电话。可对正在通话的一方说明原因,要其稍候片刻,然后立即去接另一个电话。待接通之后,先请对方稍候,或过一会再打进来,随后再继续方才正打的电话			
	不论多忙多累,都不能成为拔下电话线找清静的理由			
常规应对	重点情节要重复。			
	电话掉线要迅速再拨			
	代接电话注意以礼相待,尊重隐私,记忆准确,传达及时			
	代接电话时,首先告诉电话拨打方要找的人不在,然后才可以问他是何人、有何事,绝对不允许将这一顺序颠倒			

3. 使用手机的礼仪

		实验内容及标准	实训指导设计	教师点评
手机的携带	常规位置	可以放在随身携带的公文包之内	1. 案例教学 2. 帮助掌握	
		可以放在上衣口袋之内,尤其是上衣内袋之内,但注意不要影响衣服的整体外观		
		不要在不使用时将其执握在手里,或是将其挂于上衣口袋之外		
	暂放位置	参加会议时,可将其暂交秘书或会务人员代管		
		在与人坐在一起交谈时,可将其暂放手边、身旁、背后等不起眼之处		

续表

		实验内容及标准	实训指导设计	教师点评
使用手机的禁忌	遵守公共秩序	不应在公共场合,尤其是楼梯、电梯、路口、人行道等人来人往之处,旁若无人地使用移动通讯工具		
		不得在要求"保持安静"的公共场所,如音乐厅、美术馆、影剧院,动不动就用大嗓门对着手机喊叫,必要时,应关机,或让其处于静音状态		
		不允许在上班期间,尤其是办公室、车间里,因私使用自己的移动通讯工具		
		在开会、会见等聚会场合,不能当众使用移动通讯工具,以免给别人留下用心不专、不懂礼节的坏印象		
	注意安全	移动通讯工具的使用会分散人们对别的事情的注意力,它本身还会产生电磁波,使用移动通讯工具时,必须牢记安全准则		
		在驾驶汽车的时候,不要使用手机通话,或是查看手机信息		
		不要在加油站、面粉厂、油库等处使用移动通讯工具,以免引发火灾、爆炸		
		不要在病房内使用移动通讯工具,以免其信号干扰医疗仪器正常运行,或者影响病人休息		
		不要在飞机飞行期间启用手机或寻呼机,以免给航班带来危险		
		涉及商业秘密、国家安全的事项最好不要在手机之中使用,因为手机容易出现信息外漏,产生不良事端		

实训十二 职场文书写作及演讲的礼仪

一、实训目的和要求

1. 掌握商务交往中文书写作及演讲的技巧。

2. 掌握应聘的技巧。

二、实训内容

（一）文书写作及演讲的礼仪

实验内容及标准			实训指导设计	教师点评
				评分
书信类文书礼仪	一般书信类	称呼	顶格写,视关系而称呼	在教师节来临之际,请以校学生会的名义,给全校教师写一封感谢信
		问候语	写在称呼的下一行空两格处,独立成段。从节日、生活、工作、身体等方面问候	
		正文	分段写,先询问对方的情况,再介绍自己情况,若是复信,主要应回答对方提出的问题	
		祝颂语	表示祝愿或敬意,分两段写,第一行空两格,第二行顶格写	
		署名	自称和姓名,写在右下方	
		日期	通常用数字,写在右下脚	
		信封	信封上的邮编、地址、人名都要写准确	
	商务信函	格式	与一般书信基本相同,但要有美感	×饮料厂因其产品高级牌健康饮料质量上乘和慷慨捐助群众性体育活动闻名全国,××参观团来厂参观学习后对该厂的热情接待表示感谢。请根据内容写一份感谢信
		称谓	称谓要得体,要正确使用对方的姓名和头衔	
		内容得当	字迹工整,言之有物,语句通顺,措辞得当	
		语言规范	准确使用词汇,正确使用语法、拼写和标点	
		结尾讲究	结束语,致敬语,署名,日期	
		仔细审校	表达清楚准确,无歧义和模棱两可	
		回复时间	及时迅速	

续表

致辞类文书礼仪	欢迎时的演讲	突出"欢迎"二字	欢迎词:代表班长欢迎新同学加入	
		对象不同欢迎词不同,对上级应当谦恭,对客户应当诚恳,对新员工应当热情		
		致欢迎地点最好是特意布置过的接待室、会议室		
		在内容上,欢迎词应有自我介绍,郑重表明欢迎之意、对被欢迎者的建议与希望等		
		在演讲的态度上,要胸有成竹,充满自信,面带微笑。与听众进行"等距离交流"		
		可以用演讲稿		
	欢送时的演讲	对被欢送者的高度评价	致欢送词:同事调任高一级职位,离开本单位	
		对以往相处时光的美好回忆		
		真心实意的惜别之情		
		对被欢送者的美好祝愿		
		欢送词要注意文采,要有真情实感		
	祝贺时的演讲	"恭喜"为重要内容	致祝贺词:同行开业	
		力戒过度恭维,词不达意		
		充满热烈、喜悦、愉快、激动的气息		
		称颂、赞扬、肯定被祝贺者,表示对被祝贺者的敬重与谢意,最后表示对被祝贺者良好的祝福		
	答谢时的演讲	力戒套话、废话	答谢词:荣获院三好学生奖	
		自我评价要中肯		
		对他人的感谢,要以事实说话		
		找些个人不足,希望得到大家继续关照		
		说话要沉着,不要喜形于色		
	解说时的演讲	要有针对性,针对听众可能提出的问题做好准备	1.新产品介绍:任意一款你自己最熟悉的产品 2.教师指出问题并加以纠正	
		突出"被解说者的特点",打动对方,吸引注意力,如农博会上介绍某产品时		
		冷静对待反驳者,寻找支持者的目光		

（二）应聘礼仪

实验内容及标准				实训指导设计	教师点评
应聘材料的准备	应聘材料要齐备	自荐书	应聘者要精心准备上述材料。在准备这些材料前,应聘者要充分了解相关的政策、了解人才需求动态和用人单位的基本情况,充分认识自己,以便使自己的优点、特长、爱好在应聘中能得到充分的展示 应聘材料必须书写整洁、字迹工整、语句通顺、文字流畅,不能有错字、别字、漏字现象。也不能涂改。应聘材料的内容要突出重点,体现自己的优点、个性,能引起招聘单位的兴趣	1. 都是解说规则 2. 都是设计模拟招聘会情景 3. 学生扮演应聘者进行分项技能的训练 4. 教师指出训练中存在的问题并加以纠正	
		毕业证书、学位证书			
		外语及计算机达标证书			
		职业资格证书			
		学校主管部门的相关证明材料			
		各种荣誉证书			
		个人实践或工作经历的证明材料			
	自荐书的撰写	自荐书的内容	个人简历		
			求职意向		
			证明材料的复印件		
		自荐书的格式	标题:自荐书三个字书在首行中间,字号较正文大一些,字体与正文有所区别		
			称谓:在第二行顶格写称谓,一般是"人力资源部负责人"		
			正文:正文开头一般写问候、寒暄之语,然后介绍自己的身份。接下来是写应聘理由、应聘的职务与岗位、自身应聘的条件和能力。同时还要突出个性,重点放在对特长、优势、能力的介绍上,但要符合实际,并与应聘岗位相吻合,给对方以自信而不自大的感觉		
			结尾:结尾一般要强调想获得应聘职位的热切愿望和心情。右下角署上自己的姓名及日期		
			附件主要是相关证明材料的复印件,注意宜精不宜多		

续表

实验内容及标准				实训指导设计	教师点评
应聘过程的基本礼仪	仪容仪表礼仪	男士仪容仪表	头发整洁,面部干净,擦亮皮鞋,服装颜色素净、干净整齐、衬衫以白色为好,切忌华丽、鲜艳。穿西装需扣好西服和衬衫扣子,打好领带,领带颜色以明亮为佳,但不应太鲜艳,图案要中规中矩。衣服口袋里不要装太多东西。戴眼镜的应聘者,镜框的佩戴最好能使人感觉稳重、协调。禁止穿背心、短裤、拖鞋等		
		女士仪容仪表	以裙装、套装最适宜。裙装长度应在膝盖左右或以下,太短有失稳重;服装颜色以淡雅或同色系的搭配为宜;头发梳理整齐,不要蓬松乱发,更不能染发烫发;略施脂粉,勿浓妆艳抹;不宜佩戴金银首饰和穿太高跟的鞋子		
		根据应聘岗位特点着装	若是应聘要求严格的单位或工作岗位,以蓝色较为合适,显得端庄且职业化。一般不穿黑色、灰色服装		
			若去应聘非常有创意的工作岗位,应聘者就要体现自己观念新、思想解放、有个性的特点,可穿休闲类服装或时髦一点的衣服。但要注意讲求色彩,在视觉上应该抢眼、耐看,达到从着装上显示出应聘者的创意性和个性的目的		
			到一般单位应聘,着装就比较随意,但衣服和鞋子的颜色要协调一致		
	遵守时间约定		遵守时间,是商务活动中最起码的礼貌。应聘者一般应提前 5~10 分钟到达应试地点		
	入场礼仪		进入应聘室之前,应聘者要关掉通讯工具		
			轻轻敲门,得到允许后才能进入。入室后将门轻轻关上		
			见面时要向招聘者主动打招呼,问候致意或鞠躬致意,同时说声"您好"、"各位好"、"早上好"等问候语。主动进行自我介绍,并双手将个人的应聘材料递给招聘主管,同时说声"这是我的应聘材料,请多关照"		

续表

实验内容及标准			实训指导设计	教师点评
应聘过程的基本礼仪	入场礼仪	在招聘者没说请坐时，不要急于落座。请你坐下时应道声"谢谢"，然后轻稳的坐下，等待询问		
	应聘过程中应保持的姿态	坐姿:坐姿要端正,胸部挺直,脚踏在本人座位下,两膝并拢,将手放在膝上。两腿不要任意伸直,切忌跷二郎腿或不停抖动,两臂不要交叉在胸前,更不能把手放在邻座椅背上,否则会给别人一种轻浮傲慢、有失庄重的印象		
		面部表情:应聘者应始终面带微笑,谦虚和气,有问必答,切忌板起面孔,爱理不理,以眼瞟人。尤其是在对方有意怠慢、提刁钻问题时要特别注意。无缘无故地皱眉头或毫无表情,抓耳挠腮都会使人反感。眼睛是心灵的窗口。应聘过程中最好把目光集中在招聘人的额头上,且眼神自然,以传达应聘者对别人的诚意和尊重,切忌左顾右盼,东张西望。力戒套话、废话		
	回答对方问题技巧	一般地,应聘者要逐一回答招聘者的问题		
		对方介绍情况时,要认真倾听,并寻机点头或适当询问、答话		
		回答时口齿清晰,声音适度,语速适中,用词准确,语言简练、完整,一般不使用简称、方言、土语和口头语		
		将对方和自己的发言比考率为 6∶4,不能打断招聘者的提问,打断别人的谈话是不礼貌的行为,会给人以急躁、随意、鲁莽的坏印象		
		当不能回答某一问题时,应如实告诉对方,不可含糊其辞、胡吹乱侃。对重复的问题也要有耐心,不要表现出不耐烦		
		交谈中要自然、放松,不要有捂嘴、歪脖、抠鼻孔、掏耳朵之类的小动作		
	细节问题处理	参加应聘要多观察环境,见机行事。一件不起眼的小事,有时却会成为应聘成功的契机		
	应聘结束礼仪	应聘结束时,应一面徐徐起立,一面以眼神正视对方,趁机作最后的表白,以突显自己的满腔热忱。如:"谢谢您给我一个应聘的机会,如果能有幸进入贵单位服务,我一定全力以赴。"然后欠身行礼,说声"再见",轻轻把门关上并退出		

实训十三　职场位次排列礼仪

一、实训目的和要求

1. 掌握行进中的位置排列礼仪；
2. 掌握乘坐轿车的位置排列礼仪；
3. 掌握会客、谈判的位置排列礼仪。

二、实训内容

（一）行进中的位次排列礼仪

		实验内容及标准	实训指导设计	教师点评
行进中的位次排列	常规	并行时，讲究内侧高于外侧，中央高于两侧；单行行进时，讲究前方高于后方	1. 教师解说规则 2. 教师设计情景 3. 学生分角色表演 4. 教师指出演练中存在的问题并加以纠正	
	上下楼梯	一般而言，上楼下楼宜单行行进，以前方为上。但男女同行时，上下楼宜令女士居后		
	出入电梯	出入无人值守的升降式电梯，一般宜请客人后进、先出		
	出入房门	出入房门时，若无特殊原因，位高者先出入房门，若有特殊情况，如室内无灯而暗，陪同者宜先入		
乘坐轿车位次排列		公务用车时，上座为后排右座		
		社交应酬中，上座为副驾驶座		
		接待重要客人时，上座为司机后面之座		
会客时的位次排列		宾主对面而坐，面门为上		
		宾主并排而从时，以右为上		
		难以排列时，可自由择座		

（二）商务谈判的座次礼仪

实验内容及标准			实训指导设计	教师点评
谈判的位次排列		举行双边谈判时,应使用长桌或椭圆形桌子,宾主应分坐于桌子两侧		
	双边谈判	如果谈判桌横放,面对正门的一方为上,应属于客方;背对正门的一方为下,应属于主方	1. 教师解说规则 2. 通过范例解读或借助多媒体与各种影像资料介绍位次排列礼仪 3. 设计情景,学生表演 4. 教师指出演练中存在的问题并加以纠正	
		如果谈判桌竖放,应以进门的方向为准,右侧为上,属于客方;左侧为下,属于主方		
		在进行谈判时,各方的主谈人员应在自己一方居中而坐		
		其他人员则应遵循右高左低的原则,依照职位的高低自近而远地分别在主谈人员的两侧就座		
		假如需要译员,应安排其就座于仅次主谈人员的位置,即主谈人员之右		
	多边谈判	自由式,参加谈判的各方可自由择座。		
		主席式,也就是说面对房间正门设一个主位,谁需要发言,就到主位去发言,其他人面对主位,背门而坐。		

（三）商务交往中的位次排列礼仪

实验内容及标准			实训指导设计	教师点评
签字仪式位次排列	双边签字仪式	签字桌横放		
		双方签字者面门而坐,宾右,主左	1. 看碟 2. 教师解说规则 3. 设计情景,学生表演 4. 教师指出演练中存在的问题并加以纠正	
		双边仪式参加者列队站于签字者后,中央高于两侧,右侧高于左侧		
	多边签字仪式	签字桌横放		
		签字座席面门而设,仅为一张		

续表

实验内容及标准			实训指导设计	教师点评
会议的位次排列	小型会议	面门而坐		
		居右而坐(进门方向)		
		自由择座		
	大型会议	主席台的位次排列讲究居中为上,以右为上,前排为上		
		主持人之位可在前排正中;亦可居于前排最右侧		
		发言席一般可设于主席台正前方,或者其右前方		
宴会的位次排列	宴会桌次	居中为上		
		以右为上		
		以远为上		
	宴会座次	面门居中者为主人		
		主人右侧者为主宾		
		主左宾右分两侧而坐		
旗帜的位次排列	国旗与其他旗帜的同时使用	国旗居中		
		国旗居右		
		国旗居前		
		国旗为高		
		国旗为大		
	中国国旗与其他国家国旗同时使用	活动以我为主,此时外国国旗为上		
		活动以别国为主,此时中国国旗为上		

实训十四　涉外礼仪

一、实训目的和要求

1. 掌握学习涉外礼仪的注意事项；
2. 掌握涉外商务交往中四大方面的具体要求。

二、实训内容

实验内容及标准			实训指导设计	教师点评
维护形象	讲究卫生	不能在公众场合随手乱扔物品,随地吐痰,同时要注意自己仪表的干净和整洁,身上没有异味,没有异物		
	举止大方	举止应当落落大方,不卑不亢		
	热情友善	一个真正有教养的人面对交往对象时都会热情而友善		
遵守约定	先期约定	凡重要活动,均应提前进行约定,不允许不邀而至	1. 教师解说规则 2. 通过范例解读或借助多媒体与各种影像资料介绍涉外礼仪 3. 教师设计情景,学生演练 4. 教师指出演练中存在的问题并加以纠正	
		作为客人,对主人提出的具体时间,应予以优先考虑		
		而客人提出方案时,最好多提供几种方案供主人选择		
		一般情况下,不便拜会的时间是极为忙碌时、节假日、凌晨、深夜,以及用餐和午休时间		
		宾主双方应事先通报各自到场的具体人数及其身份,竭力避免自己一方中出现令对方反感的人物		
		双方人员一经约定,就不能随意变动		
		尤其做客者一方,一定不能增加拜访人数		
	依约而行	对已有约定,一定要遵守		
		不早到,否则让对方措手不及		
		不迟到,否则令对方焦急等待		

续表

实验内容及标准			实训指导设计	教师点评
热情有度	关心有度	对外国人而言,不该关心的私事,是不允许外人关心的		
	谦虚有度	在外国人看来,过度谦虚,不是虚伪,就是缺乏自信		
	距离有度	私人距离,小于0.5米		
		常规距离,0.5米至1.5米		
		礼仪距离,1.5米至3米		
		公共距离,3米以上		
女士优先	适用范围	西方国家及社交活动		
	具体要求	进门出门的时候,男士要为女士开关门		
		在女士面前有教养的男士是不可以吸烟的		
		当女士落座或起立时,男士要为女士端起凳子,或者推进椅子		
		当女士在衣帽间更换外衣外套时,作为绅士需要协助女士		
		当女士在室外行走之时,如果手提笨重物品,男士要上前为之效劳		
		当女士遭遇尴尬和难堪之时,比如道中有积水,座椅上不洁之物,男士要主动出面,为女士排忧解难		

参考文献

[1] 张岩松. 现代公关礼仪. 经济管理出版社, 2006

[2] 憨氏. 礼仪培训课. 内蒙古文化出版社, 2006

[3] 千秋. 商务礼仪的 N 个细节. 海潮出版社, 2005

[4] 陈秋玲. 社交礼仪的 N 个细节. 海潮出版社, 2005

[5] 姜桂娟. 公关与商务礼仪. 北京大学出版社, 2005

[6] 胡成富. 社交礼仪. 中国财政经济出版社, 2005

[7] 瑞芙女社编译. 女人礼仪书. 中国妇女出版社, 2005

[8] 张百章. 公关礼仪. 东北财经大学出版社, 2005

[9] 鲍日新. 社交礼仪, 让你的形象更美好——献给大学生朋友. 上海教育出版社, 2005

[10] 张韬, 施春华, 尹风芝. 沟通与演讲. 清华大学出版社, 2005

[11] 黄林. 商务礼仪. 机械工业出版社, 2005

[12] 金正昆. 公关礼仪. 北京大学出版社, 2005

[13] 金正昆. 涉外礼仪教程. 中国人民大学出版社, 2005

[14] 金正昆. 商务礼仪教程. 中国人民大学出版社, 2005

[15] 金正昆. 社交礼仪教程. 中国人民大学出版社, 2005

[16] 金正昆. 政务礼仪教程. 中国人民大学出版社, 2005

[17] 金正昆. 服务礼仪教程. 中国人民大学出版社, 2005

[18] 国英. 公共关系与现代交际礼仪案例. 机械工业出版社, 2004

[19] 陈柳. 职业人形象设计与修炼. 上海远东出版社, 2004

[20] 周裕新. 公关礼仪艺术. 同济大学出版社, 2004

[21] 杨继明, 罗来发. 实用公关礼仪. 南方出版社, 2000

[22] 赵景卓. 现代礼仪. 中国物资出版社, 1998

[23] 林叶云. 涉外商务礼仪. 上海科学普及出版社, 1999

[24] 殷珍泉. 礼仪有学问. 台海出版社, 2004

[25] 李莉. 实用礼仪教程. 中国人民大学出版社, 2002

[26] 何浩然. 中外礼仪. 东北财经大学出版社, 2002

[27] 谢柯凌. 交际礼仪 365. 山东人民出版社, 2001

[28] 杨眉. 现代商务礼仪. 东北财经大学出版社, 2000

[29] 邱伟光. 公共关系礼仪文化. 高等教育出版社, 2000

[30] 杨眉. 现代商务礼仪. 东北财经大学出版社, 2000

［31］李兴国. 现代商务礼仪. 黑龙江科学技术出版社，1998

［32］郭文臣等. 交际与公关礼仪. 大连理工大学出版社，1998

［33］熊经浴. 现代商务礼仪. 金盾出版社，1997

［34］李品媛. 现代商务谈判. 东北财经大学出版社，1997

［35］卢慧. 礼节礼仪常识. 大连理工大学出版社，1995

［36］晓燕. 公关礼仪. 百花洲文艺出版社，1995

［37］刘裔远，王国章. 社交服务必读——实用礼宾学. 立信会计出版社，1993

图书在版编目(CIP)数据

现代礼仪教程 / 孙虹乔著.—长沙：中南大学出版社，2013.8
（2021.1 重印）

ISBN 978-7-81105-742-3

Ⅰ.现… Ⅱ.孙… Ⅲ.礼仪—教材 Ⅳ.K891.26

中国版本图书馆 CIP 数据核字（2013）第 132880 号

现 代 礼 仪 教 程

孙虹乔 著

□**责任编辑** 周兴武
□**责任印制** 周 颖
□**出版发行** 中南大学出版社
    社址：长沙市麓山南路   邮编：410083
    发行科电话：0731-88876770   传真：0731-88710482
□**印 装** 长沙印通印刷有限公司

□**开 本** 787 mm×960 mm 1/16   □**印张** 16.75   □**字数** 399 千字
□**版 次** 2013 年 8 月第 1 版   □2021 年 1 月第 6 次印刷
□**书 号** ISBN 978-7-81105-742-3
□**定 价** 38.00 元

图书出现印装问题，请与出版社调换